20년차 신 부장의
경제지표 이야기

20년차 신 부장의

경제지표
이야기

신년기 지음

지음미디어

이 책은 통화정책, 금리, 물가, 경기 등 주요 거시 경제지표에 대해 설명하고 이러한 지표가 특히 채권투자 전략에 시사하는 점을 실무적인 관점에서 서술하고 있습니다. 거시 경제지표의 영향에 대한 분석의 중요성에도 불구하고, 현실적으로 경영학 전공 수업에서 채권에 대해 강의할 때 여러 제약으로 인해 이론적인 모형에 대한 설명 및 계산 문제에 치중하는 경우가 많습니다. 이 책은 전공 수업에서 충분히 다루지 못하는 부분에 대한 참고서로서, 특히 현업에서 거시경제 환경 변화에 대해 해석하고 투자 전략을 수립하는 훌륭한 사례를 제공하고 있습니다. 이 책은 읽기 쉬운 말로, 경제학과 경영학을 포괄하는 쉽지 않은 내용들에 대해 직관적으로 설명하고 있습니다. 이 책에서 제공하는 시사점을 거시경제학, 화폐금융론 등에서 다루는 경제학 이론 모형과 채권론, 투자론 등에서 다루는 경영학 이론 모형을 결합하여 공부함으로써 학문적, 실무적 측면에서 경제 및 금융시장에 대해 보다 깊이 이해할 수 있을 것으로 생각됩니다.

－강상구, 경기대학교 경영학과 교수

2012년 여름, 미국 카네기멜론 MBA에서 저와 유사한 커리어를 걷고 계시던 신년기 상무님을 처음 만났습니다. 신년기 상무님은 은행에서 해외채권 업무를 하셨고, 저는 보험사에서 해외채권을 담당하다가 지식에 대한 목마름을 채우고자 떠났던 해외 유학길에서 만났습니다. 우리는 채권투자, 통화정책, 금융공학 등 비슷한 수업을 들으며 함께 공부했고, 졸업 이후에도 동종업계에서 종사해온 지 벌써 10년이 넘었습니다. 비록 회사는 달랐지만 여의도에서 같은 해외채권 투자 업무를 하며 중요한 지표 및 통화정책 회의가 있을 때마다 함께 얘기를 나누었고, 매번 상무님의 깊은 분석과 통찰에 감탄하며 정답이 없는 금융시장에 대처하며 지내왔습니다. 이 책을 읽으니, 10년 전에 함께 공부하고 연구하던 그 시절이 다시 생각납니다. 하나하나 찾아보고 물어보았던 것들이 이렇게 훌륭하게 정리되어 책으로 출판된 것을 보며 10년 전, 아니 금융 쪽 커리어에 제가 입문할 때쯤 이 책을 봤더라면 더 빨리 성장할 수 있지 않았을까 하는 생각도 듭니다. 이 책은 매크로 지표를 이해하고, 지표의 발표가 시장에 어떻게 영향을 미치는지 상세하게 설명되어 있습니다. 금융업 종사자거나, 금융시장에 대한 이해를 바탕으로 개인투자를 잘하고 싶은 사람이라면 이 책을 곁에 두고 반복적으로 정독하면서 자기 것으로 체화하면 분명 큰 도움이 될 것이라고 생각합니다.

－탁하진, NH아문디 자산운용 글로벌 채권 본부장

하루를 정리하는 저녁 시간, 메인 뉴스를 보다 보면 그날 발표된 주요 경제지표와 그 지표의 의미, 그에 따른 영향 등을 설명해주고는 합니다. 그러한 지표가 생각보다 훨씬 다양하다는 것, 해당 지표가 발표되는 시점에 수많은 금융시장 참여자들이 촉각을 곤두세우고 있는 상황, 지표 발표의 순간에 즉각 반응해 움직이는 금융시장의 모습은 금융권에서 일을 하지 않으면 경험하기 힘듭니다. 어떤 지표가 중요한지, 그 지표는 어떻게 만들어지고 어떻게 해석해야 하는지 등을 알게 되는 것은 주식, 채권, 외환 등 자산군을 막론하고 금융시장과 경제 상황을 이해하는 데 가장 펀더멘털하고도 핵심적인 요소입니다. 이 책은 은행, 보험사, 자산운용사 등을 거치며 20년간 매일 금융시장에서 겪은 저자의 경험을 통해 의미 있는 주요한 지표들을 추려내고, 알기 쉽고 재미있게 대화 형식으로 정리해 금융시장 밖에 있는 독자들에게도 가장 현실감 있는 간접 경험을 제공합니다. 재미있게 일독하여 주요 경제지표에 대해 이해하고 나면, 책상 옆에 두고 지표가 나올 때마다 핸드북처럼 사용할 수 있을 만큼 자세한 정보까지 정리돼 있습니다. 미국의 주요 지표들에 대한 책이지만 전 세계 금융시장에 가장 영향력이 큰 미국 시장에 대한 보다 깊은 이해를 도와준다는 점에서 해외 투자를 하지 않는 분께도 권하고 싶습니다. 당장 신입 직원들에게 선물해야겠습니다.

−구주회, 도이치뱅크Deutsche Bank 한국 Institutional Client Group 본부장

바야흐로 전문투자자나 관련 분야 종사자가 아닌 개인도 국내외 금융시장의 흐름을 이해해야 하는 시대가 된 것 같습니다. 미 연준이나 유럽 중앙은행의 발표는 우리의 주요 뉴스거리가 되었습니다. 하지만 쏟아져 나오는 각종 수치나 지표들을 명확히 이해하는 것은 또 다른 문제라, 삼삼오오 모여앉아 금리 인상의 여파를 가늠해보는 일반인들의 대화는 허공을 맴도는 경우가 많습니다. 이러한 가운데 20년 가까이 한 우물을 파온 전문가의 입장에서 다소 딱딱할 수 있는 내용들을 유연한 스토리텔링을 통해 간명하게 전달하고자 노력한 저자의 노력과 열정에 박수를 보냅니다. 학생이나 개인투자자를 비롯하여 경제 전반에 관심을 가진 분들이라면 누구나 이 책을 요긴하게 그리고 오랫동안 활용할 수 있을 것이라고 생각합니다.

−김원민, 티온네트워크 부사장

2022년 7월 13일, 그리고 연준의 자이언트 스텝

2022년 7월 13일 밤 9시 30분, 미국의 CPI 수치가 발표됩니다.

실제 9.1% 예상 8.8% 전월 8.6%

금리는 치솟고 주가는 급락하기 시작합니다. '이제 CPI가 고점을 찍고 내려오겠지?' 하고 채권 및 주식을 저가 매수했던 투자자들은 망연자실 합니다.

"망했다. 채권 빨리 던져라."

1970년대부터 1980년대 초까지 전 세계 금융시장을 지배했던 '그레이트 인플레이션 시대'의 재림이었습니다. 2008년 금융위기 이후, 아무리 연준을 포함한 주요국 중앙은행이 돈을 풀어도, 기존의 경제 이론('인플레이션은 화폐적 현상이다.' _밀턴 프리드먼)을 비웃기라도 하듯 물가는 꿈쩍하지 않았습니다. 이는 2020년 코로나바이러스 창궐로 팬데믹이 절정에 이르렀습니다.

잊힌 경제지표였던 물가가 그 존재감을 드러내기 시작한 것은 지난 2021년 하반기부터입니다. 경제 활동이 장기간 묶여 있었던 환경에서 일손이 모자라 가동률도 떨어지면서 공급 측면에서 원활한 생산 및 유통이 어려워졌습니다. '공급의 문제로 인한 물가 상승은 중앙은행의 통화정책으로 제어하기 어려우며, 이는 일시적이므로 곧 풀릴 것이다'라는 논리를 가지고 있었던 연준은 2022년부터 고삐 풀린 망아지처럼 물가 급등에 속수무책 당하기 시작합니다.

결국 7월에 발표한 전월(2022년 6월) CPI를 보고, 연준은 기존의 빅 스텝(50bp 인상)에서 자이언트 스텝(75bp)으로 인상하기 시작합니다.

그림 A. CPI 추이(2021년 1월~2023년 4월)

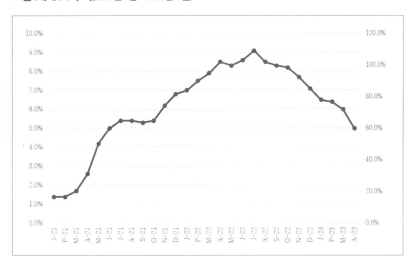

(출처) 세인트루이스 연은(FRED)

그림 B. 연방기금금리 추이(2021년 1월~2023년 4월)

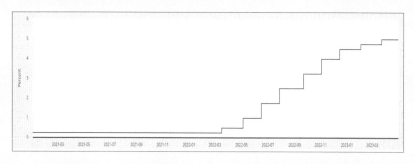

이후 2-10년 국채 금리는 역전 현상(일반적으로 만기가 짧은 채권 금리가 만기가 긴 채권 금리보다 낮은 것이 정상인데, 현재는 단기 금리가 장기 금리보다 더 높다)이 심해지고, 금리 상승(채권 가격 하락)세는 점점 심해집니다. 금리가 상승한다는 것은 대출비용이 상승해서 돈을 빌려서 투자하는 데 제약 사항이 커지는 것을 의미합니다. 결국 이와 같은 현상은 궁극적으로 경기둔화 우려가 높아져 주식으로 대표되는 위험자산의 가격이 하락함을 암시합니다.

투자자들의 경제지표에 대한 관심이 높아졌습니다. 특히 전 세계 금융시장에 절대적인 영향을 미치는 미국의 주요 경제지표 발표일에는 밤중(오후 9시 30분, 또는 11시경)에도 불구하고 많은 사람이 경제 미디어의 유튜브 라이브 방송에 동시 접속하며 실시간으로 챙겨보고 있습니다. 예전에는 소수 기관투자자의 전유물이었던 경제지표 뉴스가 이제는 개인들이 꼭 챙겨보는 필수 아이템으로 자리 잡았습니다. 그 결과, 그들의 희비가 엇갈립니다.

또한 경제지표 발표 때마다 애틀랜타 연은의 GDPNow와 같이, 과거에는 대표적인 후행지표로 간주하던 GDP 지표가 이제는 실시간으로 반영하는 지표로 변화하고 있습니다. 또한 CME(1948년 세계 최초로 설립된 미국 시카고 소재 세계 최대 규모의 파생상품 거래소)에서는 'Fed Watch'를 통해서 연방기금금리 선물 포지션 및 매매 규모를 바탕으로 향후 FOMC에서 금리를 얼마나 올릴 것인가, 또는 내릴 것인가 등의 확률을 계산하여 공개하기도 합니다.

경제지표와 주요 금융상품 가격 간의 관계는 충분관계입니다. 경제지표로 인해서 금융상품 가격 변동에 어느 정도 영향을 주지만, 그 반대로 금융상품의 가격 변동이 특정 경제지표에 의해 좌지우지되지 않는다는 말입니다. 또한 해당 경제지표 이외에 다른 요인들(전쟁, 전염병 등)에 의해 금융상품 가격이 결정되기도 합니다. 때로는 경제지표가 잘나왔는데도 주식 가격이 떨어지고, 경제지표가 둔화를 나타내고 있는데도 채권 금리가 치솟는 현상이 발생하기도 합니다.

결론적으로 경제지표는 금융상품 가격에 상당한 영향을 미치고 있습니다. 그러나 도식적으로 'A가 일어나면 B가 일어난다' 또는 'B의 원인은 A 때문이다'라고 익히고 있으면 안 됩니다.

제가 이 책을 기획한 것은 경제지표 자체에 대한 상세한 분석을 위함은 아닙니다. 다만 경제지표가 금융시장에 어떤 영향을 미치고, 직전 졸저인 《20년 차 신부장의 채권투자 이야기》에서 언급했던, 현재 내가 서 있는 경기 사이클이 어디인지를 경제지표를 통해 익히는 방법을 말씀드리기 위함입니다.

금융시장에 영향력이 높은 경제지표를 중심으로 다음과 같은 내용을 담았습니다.

1. 경제지표 유래, 산출 방법 등 방법론 요약
2. 경제지표 해석 방법
3. 경제지표가 일반적으로 금융시장에 미치는 영향

또한 경제지표 해석은 결과적으로 연준의 향후 통화정책 방향으로 귀결됩니다. 따라서 통화정책의 핵심인 연준의 목적, 기준금리 및 포워드 가이던스에 대한 기초적인 내용을 같이 담았습니다. 경제지표가 어떻게 연준의 통화정책에 영향을 줄 것인지를 고려하여 해석할 줄 알아야 한다는 데 방점을 찍었습니다.

독자 여러분의 가독성을 조금이라도 높이기 위해서, 이 책은 저의 경험을 바탕으로 외화채권부 신달라 부장을 중심으로 주요 경제지표 발표 전후에 일어나는 부서원 그리고 해외지점 직원 간의 소통, 그리고 액션을 포함한 '에피소드' 형식으로 구성했습니다.

생생한 전달을 위하여 에피소드에 포함된 경제지표뿐만 아니라 발표 직후, 그리고 이후의 금융시장 가격은 실제 수치입니다. 저는 이 책을 통해, 독자 여러분이 경제지표에 대해 관심을 가지고 제대로 해석하여 재테크 및 업무에 조금이나마 도움이 되기를 바랄 뿐입니다.

항상 저에게 동기부여를 해주고 새로운 영역에 도전하게 해주며, 모자란 남편에게 항상 '최고'라고 응원해주는 영원한 인생의 동반자 모 약사님, 똘똘이 큰딸 지윤이와 열정만은 리오넬 메시인 우리 아들 종혁에게 그동안 못했던 감사의 말을 남기고 싶습니다.

PART 3
의장님, 물가가 제일 중요한가요?

PART 4
의장님, 고용이 제일 중요한가요?

신난은행 외환채권부

신달라 부장

해외채권 운용 20년 경력의 베테랑, 강의를 통해 실무에 필요한 스킬과 자신의 해외채권 시장의 노하우를 전하고 있다. 함께 일하는 직원들의 의견을 경청하고, 상품에 대한 이해가 완벽하게 되면 빠르게 결정을 내린다.

두동강 차장

외화채권부의 2인자이자 채권운용경력 10년 차, 매사 조심스러운 성격으로 신달라 부장에게는 '악마의 변호인'으로 불린다.

차영하 과장

일명 '미스터 민'으로 불리며, 철저한 '평균 회귀론자'이다. 평소 말꼬리가 긴 것이 특징이어서 신 부장에게 늘 지적당하곤 하지만, 상대의 기분을 잘 맞춰주는 것이 장점이다.

안예슬 대리

연차가 낮고 먼저 나서서 말하는 것을 꺼리는 성격이지만, 평소 항상 백데이터를 준비하고 지시에 충실하다. 또한 배우려는 의지가 강하다.

김승리 주임

국내 최고의 금융공학대학원인 가이스트에서 박사 학위를 받은 수재로, '젊은 천재'이다. 역발상에 능하고 부서의 막내이지만 시장을 보는 시각, 자신감이 있다.

신난은행 해외지점

홍콩지점 마이클 웅

아버지가 중국인이고 어머니가 한국인인 화교로 비교적 한국말에 능숙하다. 주요 지표를 분석하고 시장에 어떤 영향을 미치는지에 대한 궁금증이 생기면 신 부장에게 도움을 요청한다.

런던지점 찰리 킴

11살 때 부모님을 따라 런던에 정착했다. 지표가 어떻게 만들어지는지 본질에 대해 탐구하고, 신 부장에게 배움을 요청한다.

뉴욕지점 테드 장

해외채권부 주니어로 '유 노우'를 연발한다. 경제지표에 대해 궁금한 것이 있으면 차영하 과장에게 실시간으로 '화상회의'를 요청한다.

1

의장님,
도대체 당신의
통화정책은 무엇인가요?

01

연준의 2가지 목표
2023년 1월 10일(화)

2023년 1월 10일 저녁 8시 30분

신 부장은 홍콩, 뉴욕 그리고 런던 지점장과 금년 해외지점의 해외채권 이익 목표를 정하기 위해 화상회의를 요청하였습니다. 각 지점장들이 직원들의 도움으로 한 명씩 접속합니다.

"다 들어오셨나요? 그러면 이제 회의를 시작하겠습니다."

"올해 우리 홍콩지점의 이익 목표를 신 부장님께서 50억 원으로 제출하셨다는데, 이거 저희에게 너무 벅찹니다. 올해 받은 한도가 5억 달러, 우리 돈으로 환산해도 6,000억 원 정도인데 지금 시장 상황에서 가능하겠습니까? 좀 줄여주세요."

홍콩지점장 정만복은 목표 수익을 줄이기 위해서 안간힘입니다. 그도 그럴 것이 그는 금년 본부장 승진을 앞둔 상황인데, 작년에 마이너스 수익을 보여 잔뜩 긴장한 상태입니다.

"에이, 지점장님. 한도 6,000억 원에 목표 50억 원이면요, 단순 수익률로 0.8%입니다. 지금 국채 10년 금리가 4%인데 이자 수익만으로도 충분히 달성할 수 있을 거 같은데요?"

"에이, 부장님. 작년에 채권 수익률이 마이너스 10%가 넘었어요. 올해도 미연방준비위원회(이하 연준)에서 기준금리를 계속 올릴 거 같은데 쉽겠어요? 좀 내려주세요. 합리적으로 말씀드리는 겁니다."

그도 그럴 것이 작년 홍콩지점은 신난은행 해외지점 중 최초로 ETF 시범 운용 지점으로 선정되었습니다. 그래서 미 국채 10년을 대표하는 IEF US를 시범 운용하였습니다. 그러나 2022년 결과는 다음과 같습니다.

그림 1-1 IEF US 추이(2022년)

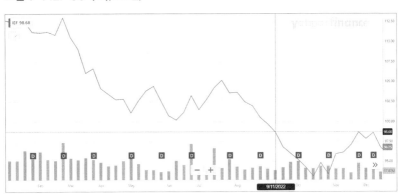

(출처) 야후 파이낸스

"작년에 IEF 운용했다가 17% 정도 손실이 났습니다. 올해도 연준이 통화정책을 긴축으로 가져가서 기준금리를 5%로 가정했을 때, 추가로 발생할 수 있는 손실을 감안했습니다. 따라서 저희 지점은 30억 원으로 수정을 제안하는 바입니다."

런던지점장이 중간에 끼어듭니다.

"그런데 신 부장님, 도대체 연준이 금리를 얼마나 올릴 거라고 생각하시고 저희 목표치를 짠 거예요?"

"네, 지금 점도표[1]에 나온 것처럼 중간값 5.1%, 즉 현재 시점에서 2~3회 25bp씩 인상하는 것으로 예상하고 있습니다."

뉴욕지점장이 마이크를 켭니다.

"그런데 도대체 연준은 왜 이렇게 공격적으로 금리를 올리고, 또 올리려고 하는 겁니까? 30년 인생 기업여신만 한 저에게도 매우 생소한 상황이네요. 금리에 따라 채권 가격이 저렇게 널뛰기하는 것도 생경하고요."

"제가 여러분 지점의 목표 수익을 최종 확인하기 전에, 과연 연준이 무엇이고 그들의 목표가 무엇인지 공유하면, 왜 이런 목표치가 나오는지 조금이나마 이해하실 거라고 생각합니다.

우선 연준, 영어로는 The Federal Reserve Bank라고 하고, FRB 또는 FED라고 부르기도 합니다. 미국 연방정부의 통화정책 설립은 1913년이고요. 미국은 아시다시피 연방제 국가입니다. 즉 각 주의 이해관계에 따라 때로는 합의가 어렵기도 하지요. 개인의 자유를 지키고 행사하는 것이 가장 높은 수준의 덕목이라고 생각하는 미국의 경우에는 중앙은행의 설립에 대해서 부정적이었습니다. 사실 유럽보다 중앙은행 설립 시기가 늦었고요.

혹시 세계에서 가장 빨리 중앙은행을 세운 나라가 어딘지 아십니까?"

"제가 《롬바드 스트리트》[2]라는 책을 읽은 적이 있습니다. 스웨덴 아닙

---

1 Part 1. 04 포워드가이던스, 그림 1-16 참고 (p65).

2 월터 바지호트가 쓴 19세기 말 당시 금융 중심지였던 영국 런던의 롬바드 스트리트를 중심으로 발달한 거대한 화폐시장의 형성 과정 등을 묘사한 책으로, 영국 중앙은행의 역할을 자세히 기술하였다. 특히 '최종대부자(Last Resor)'라는 용어로 중앙은행이 유사시 무제한적인 유동성을 금융시장에 공급함으로써 위기를 극복해야 한다고 주장했다.

니까?"

홍콩지점장이 자신 있게 대답합니다.

"맞습니다. 스웨덴의 락소뱅크입니다. 1668년에 세워졌죠. 영란은행은 그로부터 26년 후 1694년에 세워졌습니다. 그래서 스웨덴 중앙은행의 금리 결정을 저는 좀 유심히 봐요. 거시경제가 변할 때 그 변곡점을 민감하게 반영하여 선제적으로 통화정책을 결정하는 경향이 있습니다.

어쨌든, 1913년 연준법The Federal Reserve Act이 의회를 통과하고, 12개의 지역 연방준비위원회와 함께 연준을 설립하게 됩니다. 설립 배경은 1893년, 1907년에 일어난 금융기관의 연쇄 부도(패닉)에 근거합니다. 한 은행에서 부도가 발생하면, 고객들은 자신의 돈을 찾으려 하기 때문에 '뱅크런'이 발생하지요. 이것이 다른 은행들의 파산으로 이어지고요.

따라서 원래는 이 법에 따르면, 연준은 두 가지 의무를 부여받게 되는데요. 첫 번째는 최종대부자Last resort로서 민간은행 패닉 발생 시 적절한 유동성 공급으로 연쇄 패닉을 막을 것, 두 번째는 당시 금융 제도의 근간이었던 금본위제[3]를 유지하기 위한 금 관리를 할 것입니다. 사실 두 번째 항목은 이제 박물관의 칼집 속에 들어간 의무가 되었지요.

지금 연준의 목표가 만들어진 것은 1977년입니다. 당시는 어떤 시대였나요?"

"1차 오일쇼크 직후였던 걸로 압니다. 그때 저는 초등학생이었는데,

---

3 통화가치를 금의 가치에 연계한 통화체계이다. 제1차 세계대전 이후에 전 세계에 적용된 시스템이며, 우리에게는 제2차 세계대전 직전 브레튼우즈에서 달러를 기축통화로 하여 1달러당 금 35온스의 가치를 등가로 하는 '브레튼우즈 체제'로 친숙하다. 1971년 닉슨의 금태환 중지 발표로 역사 속으로 사라졌다.

저희 부친께서 '제미니 차를 몰방해서 샀더니만, 주유소에 휘발유가 없어서 운전 못 한다'라고 혀를 끌끌 차시더라고. 허허."

런던지점장이 대답합니다.

"네, 맞습니다. 당시에는 한마디로 스태그플레이션 시대였죠. 물가는 그야말로 천정부지, 그런데 실업률도 엄청나게 높아진 시대였죠. 어떠한 경제 논리로도 설명이 안 되던 시기였습니다."

'원래 물가와 실업률은 반비례 관계 아닌가요?'

뉴욕지점장이 채팅창에 질문을 올려놓습니다.

"네, 맞습니다. 사실 필립스 곡선에 대해 아실 겁니다. 뉴질랜드 출신으로 런던경제대학 교수인 필립스A.W.Philips가 과거 영국의 100년 치 자료를 토대로 평균임금 상승률과 실업률 간의 관계를 조사했는데, 그 관계가 반비례라는 걸 발견합니다.

이 이론 자체가 모델링을 통하여 검증했다기보다는 실증을 통한 직관적인 이론이다 보니 이해하기는 매우 쉬워요. 즉 기업 실적이 늘어나서 고용할 수요가 늘어나면, 고용할 사람들의 임금을 올려주면서까지 고용해야겠죠. 반대로 구조조정을 해서 고용을 줄이면, 구직자들은 자신들의 임금을 낮추면서까지 일자리를 구하려고 하겠죠?

그래서 연준을 포함한 중앙은행은 1960년대까지 이 필립스 곡선에 기반한 통화정책을 펼칩니다. 당시 연준의 목표는 물가 안정 하나였죠. 그리고 필립스의 등식이 맞으면, 단순히 경기를 어느 정도 둔화시켜서 물가를 안정시키거나, 물가가 너무 낮으면 금리나 통화량을 조절하여 시중에 돈을 풀고 신용을 창출하는 정책을 쓰면 되니까 간단했죠.

그런데 1970년대 OPEC Organization of the Petroleum Exporting Countries이라는 석

유 카르텔이 만들어지고, 이들이 석유를 무기화하면서 물가가 오르게 되지요. 그런데 예전과 다르게 실업률도 빠르게 올라가면서 필립스 곡선의 공식이 깨지게 됩니다. 제가 1970년대 미 CPI와 실업률 자료를 올려드리겠습니다(그림 1-2). 1970년대 중반은 미국 정치사에도 엄청난 변곡점이 발생하는데요. 아시죠?"

"네, 1974년 닉슨 대통령이 사임하죠. 워터게이트⁴ 사건으로 말이죠."

뉴욕지점장이 마이크를 켜고 대답합니다.

"네, 맞습니다. 여기서 워터게이트 사건에 대해 이야기하면 오늘 집에

그림 1-2 CPI, 실업률 추이(1970년 1월~1977년 12월)

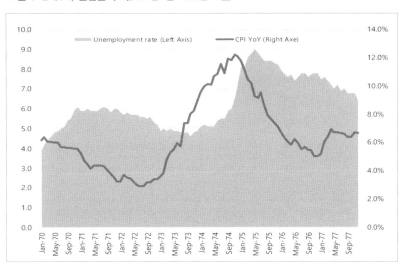

실업률: 회색 음영(우측 축)   (출처) 세인트루이스 연은(FRED)

CPI YoY(전년 동기 대비): 파란색 실선(우측 축)

---

4 1972년 6월 리처드 닉슨 대통령의 측근이 닉슨의 재선을 위한 공작의 일환으로, 워싱턴의 워터게이트 빌딩에 있는 민주당 본부에 침입하여 도청 장치를 설치하려 했던 미국 역사상 최대의 정치 스캔들이다. [네이버 지식백과] 워터게이트 사건(시사상식사전, pmg 지식엔진연구소)

못 갈 수도 있어서 생략하겠습니다. 제가 왜 정치적인 이슈를 말씀드리냐 하면, 이런 정치적인 혼란 중에 연준이 물가를 잡는다고 긴축정책을 쓴다면 실업률이 올라가고, 정치인들은 표를 다 깎아먹는 상황이 벌어지죠.[5] 실업률이 올라가면 그건 '연준 니네 책임이야' 하는 추가 의무를 부여하게 됩니다. 그것이 1977년 연준법 개정이고, 이를 통한 1) 물가 안정Price Stability, 2) 물가 안정 속에서의 최대 고용Maximum Employment입니다. 오늘날의 FOMC 성명서에는 항상 이 두 가지 연준의 책무가 항상 디폴트로 들어가 있습니다. 제가 회의방에 업로드하겠습니다."

그림 1-3 FOMC 성명서(2022년 12월)

Recent indicators point to modest growth in spending and production. Job gains have been robust in recent months, and the unemployment rate has remained low. Inflation remains elevated, reflecting supply and demand imbalances related to the pandemic, higher food and energy prices, and broader price pressures.

Russia's war against Ukraine is causing tremendous human and economic hardship. The war and related events are contributing to upward pressure on inflation and are weighing on global economic activity. The Committee is highly attentive to inflation risks.

The Committee seeks to achieve maximum employment and inflation at the rate of 2 percent over the longer run. In support of these goals, the Committee decided to raise the target range for the federal funds rate to 4-1/4 to 4-1/2 percent. The Committee anticipates that

(출처) Federal Reserve Bank

---

5 실제 1970년대 연준의장이던 아서 번스(재임 1970~1978년)는 잦은 금리정책 변경으로 물가도, 실업률도 안정시키지 못한 정책 실패를 겪게 된다.

⇨ 최근 지표들은 지출과 생산에서 적당한 성장을 나타내고 있습니다. 지난 몇 달 동안 취업률은 강하게 증가하였으며 실업률은 낮게 유지되고 있습니다. 인플레이션은 여전히 상승세를 보이고 있으며, 이는 팬데믹으로 인한 공급과 수요의 불균형, 식품 및 에너지 가격 상승 그리고 광범위한 가격 압력으로 인한 것입니다.

러시아의 우크라이나에 대한 전쟁은 엄청난 인간적·경제적 고통을 야기하고 있습니다. 이 전쟁과 관련된 사건들은 인플레이션 상승 압력을 증가시키고 글로벌 경제 활동에 부담을 주고 있습니다. 위원회는 인플레이션 위험에 매우 주의를 기울이고 있습니다.

<u>위원회는 장기적으로 최대 고용과 2%의 인플레이션을 달성하기 위해 노력하고 있습니다. 위원회는 금리를…</u>. (이하 '생략')

"부장님, 저 두 가지 목표를 지키기 위해서 연준이 어떤 통화정책을 쓰는지 궁금합니다. 미디어상에는 '기준금리를 인상한다, 채권을 매입한다' 등으로 알고 있지만, 구체적으로 어떤 도구를 사용해서 통화정책을 펼치는지 한번 정리해주세요."

"알겠습니다. 잠시 화장실 좀 다녀오고 다시 시작할게요."

홍콩지점장의 요청에 신 부장이 이를 수락하며, 잠시 마이크를 무음으로 변경하고 자리를 뜹니다.

02

목표를 지키기 위한 노력 1.

통화량 목표제

2023년 1월 10일(화)

화장실에 다녀온 신 부장이 다시 화상 회의방에 들어옵니다.

"이어서 설명해드리겠습니다. 연준의 두 가지 목표, 즉 물가 안정 및 최대 고용만 있을까요? 그 외의 목표는 다음과 같이 정리할 수 있습니다. 제가 전자칠판에 적겠습니다.

연준의 설립 목표[6]

1. conducts the nation's monetary policy to promote maximum employment, stable prices, and moderate long-term interest rates in the U.S. economy;
⇨ 최대 고용, 물가 안정 및 적정한 장기 금리 유지를 위하여 통화정책을 실행합니다.

2. promotes the stability of the financial system and seeks to minimize and contain systemic risks through active monitoring and engagement in the U.S. and abroad;

---

6 https://www.federalreserve.gov/aboutthefed.htm

⇨ 금융 시스템 안정을 도모하고 국내외 금융시장에 대한 적극적인 모니터링 및 관여를 통해 시스템 리스크를 최소화하고 억제하는 데 힘을 씁니다.

3. promotes the safety and soundness of individual financial institutions and monitors their impact on the financial system as a whole;
⇨ 개별 금융기관의 안정성과 건전성을 도모하고, 전체적으로 그들이 금융 시스템에 미치는 영향도를 모니터링합니다.

4. fosters payment and settlement system safety and efficiency through services to the banking industry and the U.S. government that facilitate U.S.-dollar transactions and payments; and
⇨ 달러 거래 및 결제를 가능하게 하는 은행 산업 및 미국 정부에 대한 서비스들을 통해서 결제 시스템 안정과 효율성을 촉진합니다.

5. promotes consumer protection and community development through consumer-focused supervision and examination, research and analysis of emerging consumer issues and trends, community economic development activities, and the administration of consumer laws and regulations.
⇨ 소비자 중심의 감독 및 검토, 새로운 소비자 문제 및 동향에 대한 연구 및 분석, 지역사회 경제 개발 활동, 소비자법과 규제의 관리를 통해 소비자 보호 및 지역사회 개발을 촉진합니다.

글로벌 채권시장에 참여하고 있는 저희 입장에서는 이러한 연준의 역할 중에 1~3번을 주목할 필요가 있는데요. 그들이 이러한 업무를 하는 데 있어 당연히 판단 근거가 있어야 하겠죠? 무엇일까요?"

"연준이 기준금리를 계속 인상하고, 보유 중이던 미 국채와 Agency MBS를 매각한 것은 과도하게 상승한 인플레이션 때문 아닙니까? 그렇다면 그들이 판단할 수 있는 경제지표들이 있어야 하지 않겠습니까?"

표 1-1 신 부장이 주로 보는 주요 지표

성장	물가	고용	금융시장
GDP ISM 제조/서비스 내구재 주문 베이지북 산업생산 경기선행지표	CPI, PCE PPI Case-Shiller(부동산) ECI 시간당 임금 상승률	Non-farm Payroll 실업률 참여율 JOLTs ISM Employment	S&P 500 장기 금리 Repo 금리 모기지 금리 10년-기준금리 커브 금융기관 CDS

홍콩지점장이 대답합니다.

"네, 맞습니다. 연준이 우선적으로 보는 자료들은 결국 경제 및 금융지표에서 시작되는 것입니다. 아까 말씀드린 물가 안정과 최대 고용, 그리고 금융시장 지표들을 보고 판단하는 것입니다. 그들이 챙겨보는 경기지표는 제가 항상 다이어리에 붙이고 다니는데요. 이것은 제가 사진으로 찍어서 여러분에게 개별 메일로 송부하겠습니다."

신 부장은 스마트폰으로 촬영한 후, 세 명의 수신인 앞으로 사진을 송부합니다.

"잘 보입니다. 신 부장님, 김중만 작가 안 부럽습니다."

"부끄럽습니다. 제가 개인적으로 중요하다고 생각하는 지표들이니까 참고만 하십시오.

다시 본론으로 돌아가면, 과연 연준이 과거부터 어떤 통화정책을 사용해서 목적을 달성하려 했는지 보시지요. 저는 연준의 통화정책 수단을 시대별로 다음과 같이 세 가지로 나눌 수 있다고 봅니다. 적어볼게요.

1. 통화량 목표제

2. 목표 기준금리

3. 포워드가이던스

과거 물가 안정이 연준의 유일한 목표였던 1970년대 스태그플레이션
으로 물가 안정도 최대 고용도 실패했을 무렵, 현대 통화정책사에 길이
남는 인물이 등장합니다. 그의 이름은 폴 볼커Paul Volcker. 시작하기 전에
다음 삽화(그림 1-4)를 보신 적 있는지 모르겠습니다."

"재미있네요. 제가 미국에서 초·중학교 다니던 시절이었는데, TV에서
농민들이 워싱턴에 집결하여 볼커 형상의 마네킹을 화형식하는 거 많이
봤었지요."

그림 1-4 1979년 이후 연방기금금리의 역사

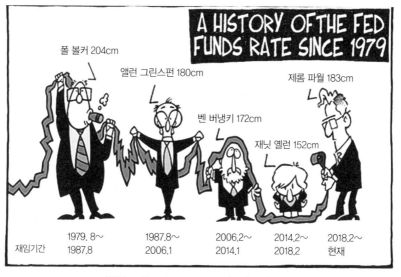

(출처) https://www.thebullandbear.com/2022/0909/gold-it-was-good-while-it-lasted.html

뉴욕지점장이 회상에 젖으며 이야기합니다.

"네, 볼커가 1979년에 연준의장에 취임한 후 그는 물가를 잡기 위해 다른 의장들과는 다른 방법을 사용하는데요. 그것이 바로 통화량 목표제입니다. 이것은 시카고학파의 대부인 밀턴 프리드먼의 화폐주의 이론에 따른 것인데요. 이분의 유명한 말 기억하시나요?"

"네, '인플레이션은 화폐적 현상이다'라고 말한 것으로 알고 있습니다." 홍콩지점장이 자신 있게 대답합니다.

"맞습니다. 정확하게 말씀드리면, '인플레이션이란 언제, 어디서나 통화적인 현상이다Inflation is always, and everywhere a monetary phenomenon'입니다. 즉 인플레이션은 오로지 통화량이 많아서 일어나는 것이므로 이것들을 조절하면 억제할 수 있다는 것이죠.

사실 볼커 전임 의장이었던 아서 번스는 실제 통화량을 중간 목표로 하여 M1(=현금+요구불예금+수표예금) 및 M2(=M1+정기예금+저축예금+MMF)를 통화정책 수단으로 삼기는 했지만, 별 효과를 보지 못했어요."

"그런데 부장님, 희한하네요. 연방기금금리, 즉 은행 간 지준(지급준비금액) 대여, 차입 금리를 높이면 유동성이 연준 계좌로 빨려들어가 자연히 통화량은 줄어들지 않나요?"

뉴욕지점장의 질문에 신 부장은 기다렸다는 듯이 대답합니다.

"네, 맞습니다. 그런데 문제는 기준금리를 조정한다고 해서 통화량의 변화가 뒤따라오지는 않는다는 것이었어요. 즉 연방기금금리가 10%일 때 통화량을 100이라고 하죠. 그런데 연방기금금리를 11%로 올리면 이론적으로는 통화량이 10% 줄어든 90이 되어야 하는데, 실제는 통화량의 변화가 별로 없었다는 거죠.

통화주의자들은 반대로 통화량 목표제를 세우면 기준금리의 폭이 커질 것이라는 생각을 갖게 돼요. 즉 통화량을 100에서 90으로 한도를 줄인다면, 연방기금금리는 10%에서 14~15% 정도로, 올라가는 폭이 커진다는 거죠."

"아, 그러면 기준금리가 '시장참여자 니네들 생각보다 훨씬 올라갈 수 있으니까 함부로 돈을 대출받아서 투자하거나 과소비하지 말아라?' 이런 신호를 보낸 거네요."

'한마디로 기준금리는 거들 뿐, 통화량이 당시에 물가 잡기 선봉장이었군요.'

런던지점장이 나름의 해석을 채팅창에 입력하자, 홍콩지점장이 비유를 들어 대답합니다.

"네, 그렇습니다. 볼커는 연준의장 취임 후, 통화주의자들의 이론에 따라 다음과 같이 바꿉니다. 우선 은행 간 비차입 지급준비금액(지준) 총량을 관리[7]하고, 이어 지급준비금액 조건하에서 통화량 공급 증가율을 제한합니다. 1979년 10월, 연준은 통화량을 장기적인 범위(예를 들어 1979년

---

7 한국은행 (2005), '우리나라의 통화정책', p 32
은행들이 영업 활동을 하는 과정에서 유동성이 부족하면 중앙은행으로부터 자금을 공급받기도 하는데 이는 두 가지 방식으로 나뉘어진다. 첫째는 중앙은행의 대출창구로부터 직접 빌리는 것이다. 이는 일반인들이 은행창구를 통해 대출을 받는 것과 같다. 둘째는 공개시장조작을 통해 유동성을 공급받는 것인데 은행 시스템 전체적으로 유동성이 부족할 때 중앙은행은 은행들이 가지고 있는 채권을 매입함으로써 유동성을 공급한다. 첫째 경우를 차입지준(borrowed reserves)이라 하고, 둘째 경우를 비차입지준(non-borrowed reserves)이라고 한다. 그런데 미국의 경우 차입지준은 그 비중이 매우 낮고 공개시장조작을 통해 공급받는 비차입지준이 대부분이다. 따라서 비차입지준을 목표로 한다는 것은 중앙은행이 은행에 공급하는 전체 자금. 즉 지준을 통제한다는 것과 같은 의미이다.

연간 목표 범위) 내에서 유지하는 것을 골자로 한 목표제를 도입합니다. 그해 M1 증가율 목표 범위를 3~6%로 바꿉니다. 이를 통해 연방기금금리의 폭도 11.5~15.5%로 큰 폭으로 넓어집니다. 이는 비교적 간단한 변화였음에도 불구하고 금융시장에 커다란 영향을 미칩니다.

다음의 메커니즘[8]을 통해서 한번 이해해보려고 노력해보세요.

이론적으로 볼 때 이 방식은 통화량이 목표치를 벗어났을 때 이를 목표치 이내로 회귀시키는 자동조절 기능을 갖고 있었지요. 예를 들어 통화량이 목표치를 넘어섰다고 하면, 은행들은 늘어난 통화에 해당하는 만큼 중앙은행에 더 많은 지급준비금을 예치해야 합니다.

그러나 비차입지준의 공급액은 고정되어 있기 때문에 은행들은 지급준비금 예치를 위한 자금 확보를 위해 노력할 것이며, 이는 은행 간 단기 자금이 거래되는 연방기금금리를 큰 폭으로 상승시킬 것입니다. 금리가 상승하면 통화 보유에 따르는 기회비용이 높아져 통화 수요는 감소하고, 따라서 통화량은 목표치로 다시 돌아오게 됩니다. 돈줄 자체를 죄니, 은행 간 1일 지준 대여 및 차입 금리인 연방기금금리는 치솟기 시작합니다."

"부장님, 볼커는 인플레이션을 성공적으로 관리했다는 찬사를 받고 있는데, 왜 지금 다시 기준금리를 조정해서 유동성을 관리하는지요?"

런던지점장은 사실 뉴욕지점 근무 중에 볼커룰[9] 때문에 지점 내 자

---

8 한국은행(2005), '우리나라의 통화정책', p 32
9 도드-프랭크(Dodd-Frank)법의 부속 조항으로, 미국 소재 은행이 자기자본의 3%를 초과하여 위험자산에 투자하는 프롭트레이딩을 금지하는 등의 법률

그림 1-5 통화량 목표제 도입에 따른 연방기금금리 범위 및 추이(1976~1986년)

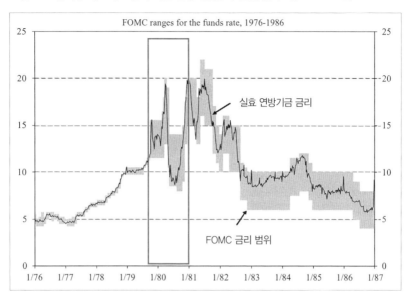

기자본 운용을 마음대로 못 했던 기억이 있습니다.

"사실 통화량 목표제는 한계점이 분명하죠. 통화량이 인플레이션과 강한 인과관계가 있을 때 효과가 있는데, 그 인과관계가 볼커 재임 시절에 깨질 만한 일들이 많이 생겼습니다.

1980년 ATS Automatic Transfer Services between savings and checking accounts (자동이체 서비스), NOW Negotiable Order of Withdrawal (양도 가능한 인출 명령서, 수시로 예치된 금액을 인출 가능하도록 한 계정), 금리 자유화 실시 등의 금융 혁신이 일어나면서, 연준이 통화량을 100% 통제할 수 없는 환경이 만들어졌고요. 사실상 통화량을 지킬 수 없었는데 볼커가 엄청난 기준금리 인상이 불가피한 상황에서, 실제 기준금리 정책을 펼쳤음에도 불구하고 통화량을

전면에 내세웠다는 주장도 있습니다.[10]

물론 아르헨티나, 짐바브웨 같은 나라는 빚을 갚기 위해 끊임없이 윤전기로 돈을 찍어내고 있고, 말도 안 되는 물가를 보이는 나라도 있습니다. 그러나 적어도 선진국의 경우에는 지금 사실상 목표 기준금리를 가지고 물가 안정과 최대 고용을 달성하기 위해 노력하고 있습니다. 경제 대국 중에서는 중국만이 여전히 통화량 목표제를 통하여 '인민'의 삶을 통제하고 있습니다."

"영리하네요, 볼커."

"오늘 각 지점 목표치를 들어보려고 했는데, 벌써 시간이 한국 시각으로 밤 10시가 넘었네요. 우선 오늘은 홍콩지점 금년 목표만 확정하죠? 지점장님과 저희 의견의 중간인 40억 원선에서 합의하시는 게 어떻습니까?"

예상치 못한 강의였지만, 신 부장은 현지 지점장들과 원활한 소통을 했다는 만족감에 기분이 좋아져 나름의 파격적인 제안을 합니다.

홍콩지점장 정만복이 채팅창에 글을 남깁니다.

'딜 던!'

---

10 Mishkin, F. S., The Economics of Money, Banking, and Financial Markets, 6th ed., Addison Wesley Longman, 2000, page 471; 한국은행 (2005), '우리나라의 통화정책', p 33

03

목표를 지키기 위한 노력2,
기준금리
2023년 3월 23일(목)

2023년 3월 23일 새벽 2시 30분, 오만기 씨는 30분 후 FOMC 결과를 보기 위해 일찍 출근했습니다. 그의 일은 FOMC 결과 및 연준의장 기자 회견 주요 내용을 신문보다 빠르게 팀원들에게 공유하는 것이 목적입니다.

드디어 새벽 3시, 블룸버그 속보란에 각 미디어발 소식이 팝업으로 다다다다 뜹니다.

FOMC 기준금리 25bp 인상, 기준금리 4.5~4.75%에서 4.75~5%로 변경

'결국 인상하는구면.'

3월 첫 주, 2월 미 고용지표가 잘 나오고, 이어서 반기에 한 번 있는 파월 의장이 의회(상·하원) 증언에서 50bp 인상 가능성을 열어두자 금리가 급등하고 주가는 하락하는 모습을 보였습니다. 증언 며칠 후인 3월 10

그림 1-6 미 10년 국채 및 S&P500 추이(2023년 3월 1~22일)

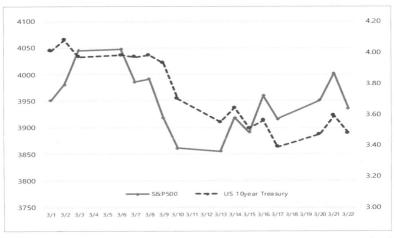

(출처) 세인트루이스 연은(FRED)

일, 미국의 대표적인 벤처대출은행인 실리콘밸리 은행이 보유 채권 손실, 증자 실패 발표 후 '빛의 속도'의 뱅크런으로 파산했습니다. 그리고 퍼스트 리퍼블릭 은행 등 지역 은행 파산 위기가 번지고, 나아가 세계적인 투자은행인 크레디트스위스마저 파산 위기를 맞이하였습니다. 안전자산 선호현상으로 주가 및 미 국채 금리가 급격하게 내려갑니다. 미 재무부, 연준 등 미 금융당국에서 발 빠르게 움직이고, JP 모건 등 대형은행이 합심하여 지원책[11]을 마련하는 등 이번 FOMC에서 금리를 동결할 가능성도 심심치 않게 나왔습니다.

'우리 엄마가 언제는 내가 좋아하는 여자친구면 다 좋다고 했다가, 막상 데려오면 이래서 안 좋다 저래서 안 좋다 변덕 부리는 것 같네.'

---

11 연준 지원책: BTFP(Bank Term Funding Program), 실리콘밸리 은행 비보호 예금분 전액 보장
재할인율 창구 통한 긴급대출 등 대형은행 지원책: 퍼스트리퍼블릭 은행에 300억 달러 규모 예금 예치

외화채권부에 전입한 지 두 달도 채 안 되어서 맛보는 엄청난 변동성에 오만기 씨는 금융시장이 어떻게 움직이는지, 그 원리에 대해 매우 궁금합니다.

새벽 3시 25분, 두동강 차장이 출근합니다. 그는 항상 FOMC Day에는 일찍 출근하고 점심 후 퇴근합니다. 유연근무제의 장점입니다.
"어, 오만기 씨 일찍 출근했네."
"예, 안녕하십니까?"

5분 후(미 동부시각 전일 오후 2시 30분), 파월 의장이 기자회견[12]을 시작합니다.

두 차장은 혼잣말로 그의 기자회견에 평을 합니다.
'그의 비둘기파[13] 본성이 드러나는구먼.
하, 부동산을 제외한 핵심 서비스 물가만 내리면 금리를 내릴 수도 있겠어.
이번 실리콘밸리 은행 파산발 위기 가능성을 면밀히 보고 있구먼.
지난 회의 때는 디스인플레이션을 그리 언급하더만, 아직 불충분해? 아냐.

---

12 FOMC Press Conferece, 2011년 4월부터 당시 벤 버냉키 의장이 투명성 있고 예측 가능한 통화정책을 위하여 대중과 소통하기 위해 시작했다. 당시에는 3, 6, 9, 12월 FOMC 직후 4회 개최하였으나, 현재는 FOMC 때마다(총 8회) 개최한다. 자세한 내용은 Part 1 03. 포워드가이던스 참조

13 연준의 두 가지 목표 중 고용에 중점을 두어, 어느 정도의 물가 상승을 용인하더라도 성장에 초점을 맞춰야 한다는 주장을 하는 그룹이다. 반면에 물가에 중점을 두어, 인플레이션 위험을 억제하기 위하여 기준금리 인상 등의 긴축적인 통화정책을 선호하는 의견을 가진 그룹을 매파(Hawk Party)라고 한다.

어라? QT^{Quantitative Tightening} (양적긴축)을 그대로 유지해? 금융 혼란이 와서 그렇게 단기로 돈을 많이 빌려줘 놓고는?

어이구, 올해 기준금리 내릴 생각이 없어?'

"오만기 씨, 혹시 FOMC 성명서 프린트한 거 있니?"

"예, 여기 있습니다."

"그런데 차장님, 혹시 시간 되시면 이번 성명서에 담긴 의미를 좀 설명해주시겠습니까? 제가 전입한 지 얼마 안 돼서 최근에 이런 엄청난 변동성 속에 성명서에 담긴 의미를 자세하게 알고 싶습니다."

"그래 볼까? 나도 공부하는 겸해서. 여기 원탁에서 이야기하자고."

오만기 씨가 원탁에 앉자, 두 차장이 지난 1월 FOMC(2023년 1월 30~31일) 성명서와 비교한 자료를 놓고 시작합니다.

"지난번까지 연준의 스탠스는 '오로지 인플레이션만 떨어뜨리자'라는 거였어. 그런데 2주 전부디 금융시장에 엄청난 소용돌이기 몰이쳤지? 실리콘밸리 은행 파산이라든지. 아, 참고로 내가 좋아하는 샤론 스톤도 여기에 돈을 맡겼는데 절반도 못 찾을지 모른다는 기사가 있더라. 그리고 크레디트스위스 파산설, 뒤이어 나온 미 금융당국의 지원과 UBS의 크레디트스위스 인수 등이 연이어 일어나면서 금융시장에 일대 혼란과 안정이 같이 찾아온 거야. 이 배경에서 FOMC 성명서를 한번 해석해보자. 참고로 지난번 회의 때와 달라진 문구 중심으로 성명서를 읽으면, 현재 경제 상황과 앞으로 통화정책을 예측할 수 있을 거야.

첫 두 문단의 내용은 대략 이렇네.

그림 1-7 FOMC 성명서(2023년 3월 23일)

Recent indicators point to modest growth in spending and production. ① Job gains have picked up in recent months and are running at a robust pace; the unemployment rate has remained low. Inflation remains elevated.

② The U.S. banking system is sound and resilient. ③ Recent developments are likely to result in tighter credit conditions for households and businesses and to weigh on economic activity, hiring, and inflation. The extent of these effects is uncertain. The Committee remains highly attentive to inflation risks.

The Committee seeks to achieve maximum employment and inflation at the rate of 2 percent over the longer run. In support of these goals, ④ the Committee decided to raise the target range for the federal funds rate to 4-3/4 to 5 percent. ⑤ The Committee will closely monitor incoming information and assess the implications for monetary policy. The Committee anticipates that some additional policy firming may be appropriate in order to attain a stance of monetary policy that is sufficiently restrictive to return inflation to 2 percent over time. In determining the extent of future increases in the target range, the Committee will take into account the cumulative tightening of monetary policy, the lags with which monetary policy affects economic activity and inflation, and economic and financial developments. In addition, the Committee will continue reducing its holdings of Treasury securities and agency debt and agency mortgage-backed securities, as described in its previously announced plans. The Committee is strongly committed to returning inflation to its 2 percent objective.

In assessing the appropriate stance of monetary policy, the Committee will continue to monitor the implications of incoming information for the economic outlook. The Committee would be prepared to adjust the stance of monetary policy as appropriate if risks emerge that could impede the attainment of the Committee's goals. The Committee's assessments will take into account a wide range of information, including readings on labor market conditions, inflation pressures and inflation expectations, and financial and international developments.

Voting for the monetary policy action were Jerome H. Powell, Chair; John C. Williams, Vice Chair; Michael S. Barr; Michelle W. Bowman; Lisa D. Cook; Austan D. Goolsbee; Patrick Harker; Philip N. Jefferson; Neel Kashkari; Lorie K. Logan; and Christopher J. Waller.

(출처) FED, WSJ

① 고용이 견조하게 증가하고 있다.

② 미국의 은행 시스템은 건전하고 유연하다.

③ 그러나 최근 은행 위기 가능성으로 가계, 기업, 경제 활동, 고용 및 인플레이션 에 대한 신용 여건이 악화되었다. 이 부분은 불확실하다.

다음 문단은,

④ 기준금리 4.5~4.75%에서 4.75~5%로 25bp 인상한다.

⑤ 기존에 계속 기준금리를 올릴 것이라는 문구를 삭제하고 경기지표 데이터에 따라 통화정책을 평가, 결정할 것이다. 향후 추가 통화정책을 위해 일부 확인하는 것이 적절할지도 모른다. 즉 기준금리 인상을 중단할 수도 있다.

나머지는 뭐, 브레이너드 전 연준 부의장이 백악관으로 옮기면서 공석된 거 표기하고 있고.

이 성명서에서 오만기 씨가 가장 중요하게 생각한 것은 뭐야?"

"은행 위기, 그런 거 없다. 연준이 면밀하게 모니터링하고 있고 정책이 준비되어 있다는 뉘앙스를 느꼈고요. 기준금리를 더 이상 올리지 않겠다는 느낌을 받았습니다."

"물론 파월 의장이 전직 의장들처럼 학자 출신이 아니라서(파월은 변호사 출신임) 그런지 몰라도 상황에 따라 말이 자주 바뀌기도 하지만, 현재 연준이 작년부터 지속해온 기준금리 인상을 중단할 수 있다는 신호가 분명히 있네. 내가 여기 자료를 가지고 있는데, 과거 연준이 기준금리 인상 시기와 현재 인상을 비교해보면, 이번 인상 주기가 엄청나게 빠름을 알 수 있어."

"우와, 이번에는 정말 1년 만에 0%에서 4.75%까지 급발진했네요. 이게 다 인플레이션 때문인가요?"

"그렇지. 그런데 오만기 씨는 중앙은행 정책에 있어 기준금리 이야기는 많이 들어봤겠지만, 기준금리의 역할을 생각해본 적이 있어?"

"사실 그 부분이 궁금했습니다. 과연 기준금리를 올리면, 혹은 내리면 어떤 경로로 금융시장에 영향을 주는지 말입니다."

두 차장이 하나씩 적어가면서 설명을 시작합니다.

그림 1-8 과거 기준금리 인상 주기

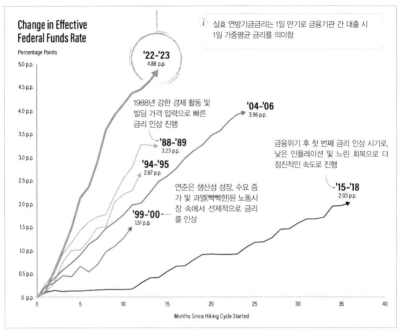

(출처) https://www.visualcapitalist.com/wp-content/uploads/2023/05/Speed-of-Interest-Rate-Hikes-MAIN.jpg

"우선 미국의 기준금리인 Fed Fund Rate(연방기금금리)에 대해서 살펴볼 필요가 있어. 사실 이 금리는 연준이 정한 요구지급준비율Reserve Requirement(지준)에 맞도록 은행 간에 차입 가능한 1일물Overnight 금리를 의미해. 중요한 것은 그다음인데.

그럼 연준이 이렇게 기준금리를 정하면 모든 게 끝나느냐? 아니지. 이 금리를 유지하기 위해 여러 가지 조치를 취하게 돼. 이 조치를 시행하는 기관이 바로 뉴욕 연방준비위원회New York Federal Reserve Bank(뉴욕 연은)야. 여기서 이 기준금리를 유지하기 위해서 공개시장에서 단기 국채의 공급을 조정하는 역할을 해. 이것이 바로 공개시장조작이라고 하지.

즉 기준금리를 4.75~5%으로 25bp를 올리게 되면, 뉴욕 연은은 25bp가 인상하는 정도로 채권의 공급을 늘려서 유동성을 흡수하는 기능을 하게 되는 거지. 그래서 실제 은행 간 차입이 가능한 1일물 Fed Fund Rate를 '유효 연방기금금리Effective Fed Fund Rate'이라고 해."

"오늘 기준금리 올렸으니까, 다음 날부터는 맨 우측 칼럼의 Target Range가 4.75~5%로 인상하면서 유효 연방기금금리도 올라가겠네요?"

"빙고!"

"그런데 차장님, 세계 여러 나라에서 기준금리는 대체로 특정한 금리를 목표로 올리는데, 왜 미국은 유독 기준금리 상·하한이 있는 걸까요?"

오만기 씨의 궁금증은 여기서 끝나지 않습니다.

그림 1-9 유효 연방기금금리 고시(2023년 3월 23일 기준)

DATE	RATE (%)	1ST PERCENTILE (%)	25TH PERCENTILE (%)	75TH PERCENTILE (%)	99TH PERCENTILE (%)	VOLUME ($Billions)	TARGET RATE/RANGE (%)
03/22	4.58	4.55	4.58	4.59	4.90	100	4.50 - 4.75
03/21	4.58	4.55	4.58	4.59	4.90	92	4.50 - 4.75
03/20	4.58	4.55	4.58	4.59	4.90	92	4.50 - 4.75
03/17	4.58	4.55	4.58	4.59	4.90	85	4.50 - 4.75
03/16	4.58	4.55	4.58	4.59	4.90	83	4.50 - 4.75
03/15	4.58	4.55	4.58	4.59	4.90	89	4.50 - 4.75
03/14	4.58	4.55	4.58	4.59	4.90	79	4.50 - 4.75
03/13	4.58	4.55	4.58	4.59	4.90	41	4.50 - 4.75
03/10	4.57	4.55	4.56	4.59	4.90	81	4.50 - 4.75
03/09	4.57	4.55	4.56	4.59	4.90	115	4.50 - 4.75
03/08	4.57	4.55	4.56	4.58	4.90	107	4.50 - 4.75
03/07	4.57	4.55	4.56	4.58	4.90	118	4.50 - 4.75
03/06	4.57	4.55	4.56	4.59	4.90	114	4.50 - 4.75
03/03	4.57	4.55	4.57	4.59	4.90	114	4.50 - 4.75
03/02	4.57	4.55	4.57	4.59	4.90	108	4.50 - 4.75
03/01	4.58	4.55	4.57	4.58	4.90	117	4.50 - 4.75
02/28	4.57	4.54	4.57	4.59	4.90	103	4.50 - 4.75
02/27	4.57	4.55	4.57	4.59	4.90	108	4.50 - 4.75

(출처) New York FED

"원래 미국도 특정 금리를 목표로 기준금리를 정해왔었지. 그런데 2008년 금융위기 이후, 당시 의장이던 벤 버냉키가 위기를 타개하기 위해서 여러 가지 비전통적인 정책들을 쏟아내는데, 이는 다음과 같아.

1) 기준금리 제로금리로까지 인하

2) 채권시장에서 미 중장기 국채 매입(양적완화)

3) ECB, BOE, 한국은행 등 세계중앙은행과의 통화 스와프를 통한 달러의 안정적인 공급

4) 초과지준율Interest On Excess Reserve(2021년 7월 폐지, 이후 지준율 관리) 도입

과거에 특정 숫자를 목표 금리로 조절한 것이 가능한 이유는 당시에는 연준의 지준정책(요구지준율 및 재할인율)만으로 기준금리를 맞출 수 있었거든. 그런데 이런 일련의 완화적인 통화정책에서 특정한 금리를 목표로 맞추기가 어렵고, 그럴 경우 연준의 통화정책 신뢰에 금이 갈 수 있거든. 또 한 가지 이유는 연준이 기준금리 범위 내에서, 거시경제 및 금융 환경의 변화에 유연하게 대처할 수 있는 일종의 완충장치를 도입한 것이기도 해.

그러면 어떻게 연준이 기준금리 범위를 유지하는지 설명할게. 이번 연준의 성명서 2페이지부터 볼까?

그림 1-10 FOMC 성명서 중

Decisions Regarding Monetary Policy Implementation

The Federal Reserve has made the following decisions to implement the monetary policy stance announced by the Federal Open Market Committee in its statement on March 22, 2023:

- ① The Board of Governors of the Federal Reserve System voted unanimously to raise the interest rate paid on reserve balances to 4.9 percent, effective March 23, 2023.

- ② As part of its policy decision, the Federal Open Market Committee voted to direct the Open Market Desk at the Federal Reserve Bank of New York, until instructed otherwise, to execute transactions in the System Open Market Account in accordance with the following domestic policy directive:

  "Effective March 23, 2023, the Federal Open Market Committee directs the Desk to:
  - ③ Undertake open market operations as necessary to maintain the federal funds rate in a target range of 4-3/4 to 5 percent.
  - Conduct standing overnight repurchase agreement operations with a minimum bid rate of 5 percent and with an aggregate operation limit of $500 billion.
  - ④ Conduct standing overnight reverse repurchase agreement operations at an offering rate of 4.8 percent and with a per-counterparty limit of $160 billion per day.
  - Roll over at auction the amount of principal payments from the Federal Reserve's holdings of Treasury securities maturing in each calendar month that exceeds a cap of $60 billion per month. Redeem Treasury coupon securities up to this monthly cap and Treasury bills to the extent that coupon principal payments are less than the monthly cap.
  - Reinvest into agency mortgage-backed securities (MBS) the amount of principal payments from the Federal Reserve's holdings of agency debt and agency MBS received in each calendar month that exceeds a cap of $35 billion per month.
  - Allow modest deviations from stated amounts for reinvestments, if needed for operational reasons.
  - Engage in dollar roll and coupon swap transactions as necessary to facilitate settlement of the Federal Reserve's agency MBS transactions."

(출처) Federal Reserve Bank

① 2023년 3월 23일자로 지준에 대한 지급 이자율(지준율)을 4.9%로 변경한다.

② FOMC에서 결정된 통화정책을 수행하는 기관은 뉴욕 연방준비위원회의 공개시장 데스크(이하 '데스크')이다.

③ 데스크는 연방기금금리 범위(4.75~5%)를 유지하기 위해서 필요시 공개시장조작을 실시한다.

④ 거래 기관별 일일 1,600억 달러 한도로 금리 4.8%를 제공하는 1일 만기 역레포를 시행한다.

결론부터 이야기하면 연준의 연방기금금리 범위를 맞추기 위해, 지준율Interest On Reserve Balance과 익일물 역레포 금리Overnight Reverse Repo로 지지하는 형태를 지지하고 있어. 파월 의장이 과거에 한 이야기가 있어. 잠시만. 내가 스크랩한 것을 오만기 씨 카카오톡으로 공유를 할게."

"아, 감사합니다."

파월 의장 코멘트

The Federal Reserve sets two overnight interest rates: the interest rate paid on banks' reserve balances and the rate on our reverse repurchase agreements. We use these two administered rates to keep a market-determined rate, the federal funds rate, within a target range set by the FOMC.

⇨ 연준은 두 가지 익일물 금리(지준율과 역레포 금리)를 정하고 있습니다. 우리는 시장에서 결정된 금리인 연방기금금리를 FOMC에서 정한 목표 범위 내에서 유지하도록, 관리 중인 이 두 가지 금리를 이용합니다.

(출처) Powell, Jerome,"Data-Dependent Monetary Policy in an Evolving Economy" in the 61st annual meeting of the National Association for Business Economics.

"다시 성명서를 볼까? 기준금리를 4.75~5%로 맞추면서, ①에서 보듯이 지준율은 4.9%로(기존 4.65%), ②에서는 뉴욕 연은의 트레이딩 데스크를 통해서 기준금리를 맞추기 위한 단기 국채 공개시장조작을 하겠다고 나오지. ③과 ④를 역레포 금리는 4.8%(기존 4.55%)로 세팅해놨네."

"아, 결국 기존의 뉴욕 연은에서 시행하고 있던 공개시장조작에 지준율과 역레포 금리가 더해져서 연준의 기준금리 범위를 유지하게 되는군요. 그러면 차장님, 지준율과 익일물 역레포는 어떤 의미가 있나요?"

오만기 씨는 알 듯 말 듯한 느낌입니다.

"은행이 제일 무서워하는 게 뭐야? 뱅크런이잖아. 이번에 실리콘밸리 은행 케이스도 그렇고 말이야. 그래서 연준 등 중앙은행은 시중은행에 일정량의 지준을 예치하게끔 법률 등에 의거해서 강제하고 있어. 대신 연준에 있는 각 은행의 지준 계좌에 예치한 돈에 대해 연준은 이자를 지급하게 돼. 그 이율이 지준율이야. 그러면 은행들이 다른 기관에 대출해 줄 때, 최소한 지준율 이상의 대출 금리를 요구하지 않겠어? 즉 지준율은 은행이 대출할 의향이 있는 기준이기도 해. 만약에 연준이 정한 연방기금금리가 지준율 이하로 떨어지면 어떤 현상이 벌어질까?"

"당연히 차익거래 기회가 생기게 되어 연방기금금리로 돈을 빌린 다음, 그 돈을 그대로 지준에 예치하여 더 높은 지준율을 받게 됩니다."

"맞아. 그러면 수요 공급의 법칙에 의해서 차입 수요가 많아지면 연방기금금리가 다시 올라가고 차익거래가 사라지게 되겠지? 반대로 연방기금금리가 지준율보다 훨씬 올라가는 상황이 벌어지면, 모두 지준을 최소로 유지하고 나머지를 연방기금금리로 대출하려는 수요가 늘어나겠지? 그러면 시중에 돈이 풀리게 되고, 대출 금리가 낮아지는 결과로 이어지지. 이런 원리로 지준율이 연방기금금리를 받쳐주는 역할을 하게 되는 거야.

지준율은 미국 연준법에 의거해서 설립된, 소위 시중은행에만 적용되는데, 연준이 정한 연방기금금리는 은행한테만 적용되는 게 아니잖아? 결국 모든 경제 주체에게 영향을 미치게 하는 거잖아. 그래서 연준법에 의거해서 지준을 예치할 의무가 없는 금융기관들이 참여할 수 있는 익일물 역레포 시장을 만들었어.

역레포라는 것은 금융기관이 보유 중인 적격담보(예를 들어 미 국채, Agency MBS 등)를 제공하는 대신 연준이 1일 만기로 차입을 한 후, 만기일인 익일에, 담보를 반환하고 돈을 갚는 거래 방식이야. 반면에 레포는 금융기관들이 보유 중인 적격담보를 연준에 제공하는 대신, 차입하고 만기에 다시 갚는 거래이고. 성명서에 보면 금융기관이 연준에 레포 거래를 일으켰을 때 내야 하는 레포 금리는 5%라는 것이고, 연준이 역레포 거래를 할 경우 참여 기관에 4.8%를 내겠다는 거야. 다시 말하면 역레포에 참여하는 기관들은 익일물 기준 연 4.8% 상당의 이자 수익을 얻게 되는 것이지."

"차장님, 그러면 왜 지준율이 역레포 금리보다 높아요?"

"의무와 자율의 차이 아닐까 싶어. 지준은 의무를 수반하잖아. 그리고 연준법에 의거해서 설립된 금융기관들은 유사시에 연준이 우선적으로 개입하여 지원하는 법률체계가 확실한 반면, 규제가 심한 것도 사실이 잖아? 반면에 역레포는 그야말로 시장에 자유롭게 참여할 수 있는 창구이고 말이야. 그래서 앞에서 설명한 유효 연방기금금리는 익일물 역레포를 하한, 지준율을 상한의 범위 이내에서 움직일 수 있도록 한 메커니즘을 가지고 있어."

오만기 씨는 이제야 개안이 된 듯합니다.

"차장님, 이제야 미 연준이 기준금리를 결정한 후에 어떻게 이들을 유지하기 위해서 일련의 절차를 거치는지 이해가 되었습니다. 감사합니다."

여기서 끝나지 않습니다. 두 차장이 스마트폰에 구글앱을 실행하고 검색창에 'FED WATCH'를 입력합니다. 그리고 링크를 클릭합니다.

"주말 프리미어리그 경기에 누가, 몇 대 몇으로 이길지 판돈을 걸잖아. 마찬가지로 기준금리가 차기 FOMC에서 어떻게 될지 미리 전망하면서 금리 트레이더들이 30일짜리 만기의 연방기금금리 선물Federal Funds Futures, FF(일별 평균 유효 연방기금금리의 시장 기대가격)을 이용해서 포지션을 구축해. 이걸 토대로 기준금리를 얼마나 올릴 것인지 확률로 나타낸 것이 다음 그림이야(그림 1-11). 이 계산법은 이산확률모델Binary Probability Model로 해. 마치 '그래, 선택했어!'의 기준금리 버전이지?"

"와우, 현재 보면 5월에 금리를 한 차례 더 올린 후에 (파란색 색 셀을 따라가면) 두 번의 동결, 그리고 금리 인하 확률이 높아지네요? 이게 꿈입니까, 생시입니까?"

"하하, 아까 이건 선물 거래를 이용한 기준금리 인상 여부라는 베팅이야. 즉 내일 어떤 뉴스가 나와서 저 확률이 변할지는 아무도 몰라."

두 차장이 질문을 합니다.

"그러면 오만기 씨, 나도 하나 물어보자. 그럼 왜 연준은 1일물짜리 연방기금금리를 기준금리로 삼을까? 장기 금리, 예를 들어 10년 미 국채를 기준금리로 삼아도 되지 않아?"

아뿔사, 신입인 오만기 씨에게 갑작스럽게 다가오는 공황의 기운은 무엇일까요?

"아, 차장님, 그거까지 생각하지 못했습니다. 죄송합니다."

"하하, 괜찮아. 이렇게 물어봐야지 오만기 씨가 오랫동안 기억할 거 같아서. 중앙은행이 가장 맛있게 먹는 반찬이 무엇인 줄 알아?"

"…"

그림 1-11 기준금리 인상 확률(차기 FOMC 회의일 2023년 5월 3일)

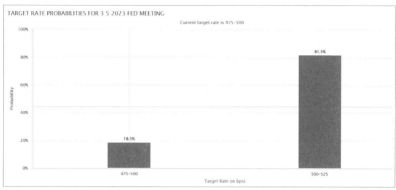

FED FUND FUTURES

ZQJ3	ZQK3	ZQM3	ZQN3	ZQQ3	ZQU3	ZQV3	ZQX3	ZQZ3	ZQF4	ZQG4	ZQH4	ZQJ4
95.1738	94.9875	94.9375	94.9275	95.0075	95.0575	95.1575	95.3325	95.4475	95.5325	95.7400	95.8175	95.9650

MEETING PROBABILITIES

MEETING DATE	175-200	200-225	225-250	250-275	275-300	300-325	325-350	350-375	375-400	400-425	425-450	450-475	475-500	500-525	525-550
2023-05-03								0.0%	0.0%	0.0%	0.0%	0.0%	20.8%	79.2%	0.0%
2023-06-14			0.0%	0.0%	0.0%	0.0%	0.0%	0.0%	0.0%	0.0%	0.0%	0.0%	15.2%	63.5%	21.4%
2023-07-26	0.0%	0.0%	0.0%	0.0%	0.0%	0.0%	0.0%	0.0%	0.0%	0.0%	0.0%	6.0%	34.3%	46.8%	12.9%
2023-09-20	0.0%	0.0%	0.0%	0.0%	0.0%	0.0%	0.0%	0.0%	0.0%	3.6%	23.0%	41.8%	26.4%	5.2%
2023-11-01	0.0%	0.0%	0.0%	0.0%	0.0%	0.0%	0.0%	0.0%	2.4%	16.5%	35.5%	31.6%	12.3%	1.7%
2023-12-13	0.0%	0.0%	0.0%	0.0%	0.0%	0.0%	0.0%	1.9%	13.8%	31.8%	32.3%	16.0%	3.8%	0.3%
2024-01-31	0.0%	0.0%	0.0%	0.0%	0.0%	0.0%	0.0%	1.7%	12.1%	29.3%	32.3%	18.3%	5.5%	0.8%	0.0%
2024-03-20	0.0%	0.0%	0.0%	0.0%	0.0%	0.0%	1.5%	11.1%	27.6%	32.0%	19.7%	6.8%	1.3%	0.1%	0.0%
2024-05-01	0.0%	0.0%	0.0%	0.0%	0.2%	2.6%	12.9%	28.1%	30.6%	18.3%	6.2%	1.2%	0.1%	0.0%	0.0%
2024-06-19	0.0%	0.0%	0.0%	0.1%	1.5%	8.2%	21.1%	29.4%	23.9%	11.7%	3.5%	0.6%	0.1%	0.0%	0.0%
2024-07-31	0.0%	0.0%	0.0%	0.7%	4.6%	14.2%	25.0%	26.9%	18.2%	7.9%	2.1%	0.3%	0.0%	0.0%	0.0%
2024-09-25	0.5%	3.4%	11.3%	21.7%	26.3%	20.8%	11.0%	3.8%	0.9%	0.1%	0.0%	0.0%	0.0%	0.0%	0.0%

TOTAL PROBABILITIES

MEETING DATE	DAYS TO MEETING	EASE	NO CHANGE	HIKE
2023-05-03	19	0.00%	20.77%	79.23%
2023-06-14	61	0.00%	15.17%	84.83%
2023-07-26	103	6.02%	34.34%	59.64%
2023-09-20	159	26.62%	41.79%	31.58%
2023-11-01	201	54.44%	31.57%	13.99%
2023-12-13	243	79.91%	16.00%	4.09%
2024-01-31	292	93.63%	5.50%	0.87%
2024-03-20	341	98.58%	1.29%	0.13%
2024-05-01	383	99.88%	0.11%	0.00%
2024-06-19	432	99.94%	0.05%	0.00%
2024-07-31	474	99.97%	0.03%	0.00%

(출처) FED Watch (https://www.cmegroup.com/ko/markets/interest-rates/cme-fedwatch-tool.html)

"바로 신뢰라는 반찬이야. 연준의 통화정책은 모든 시장참여자에게 믿음을 줘야 한다는 거지. 그런 점에서 1일물 단기 금리를 정하면, 그것을 통화정책 도구를 사용하여 목표 금리를 유지할 수 있어. 1일 금리에 가장 영향을 미치는 요인은 돈의 공급과 수요 한 가지라고 해도 과언이 아니잖아? 이러한 공급과 수요는 연준이 통제 가능한 영역이야. 그 짧은 기간 동안 인플레이션이 뭐 100% 급등하면 모를까 말이야. 그래서 짐바브웨, 아르헨티나, 튀르키예 이런 나라들이 기준금리 통화정책이 무용지물이 되는 것일 수도 있어.

그런데 10년물 같은 장기 금리는 연준의 통화정책만으로 목표 금리를 유지하기가 대단히 어려워. 왜냐하면 이러한 장기물 금리에 영향을 미치는 외생변수가 너무나 많기 때문이지. 인플레이션, 지정학적 위험 등으로 목표로 한 장기물 금리가 연준의 목표치를 벗어나게 되면 결국 통화정책의 실효성도 떨어지고, 참여자들로부터 신뢰를 잃게 돼. 그래서 단기 금리를 통해서 조정하고, 이것들이 시간차를 두고 장기 금리에 영향을 미치는 경로를 택하게 되는 거야."

오만기 씨는 이제야 연준이 왜 1일물 초단기물인 연방기금금리를 기준금리로 삼는지 이해가 갑니다. 이 기억은 오래갈 것 같습니다.

"아, 그렇군요. 감사합니다. 그러면 제가 기준금리가 실물경제에 미치는 영향을 기준금리 인상 사례로 정리해보겠습니다. 기준금리를 인상하게 되면, 지준율과 역레포 금리가 동시에 올라가게 되고 안전하게 예치하려는 수요가 늘어나게 됩니다. 단기 금리가 상승하니 자연스럽게 만기가 점차 길어지는 금리들이 높아지고, 금리가 높아지고 돈이 흡수되니 빚투(빚내서 투자)하는 개인이나 대출을 통한 기업 활동이 위축되는 등 경기 성장 둔화, 나아가서 침체 가능성도 있습니다.

그렇게 되면 기업은 돈도 못 버는데 사람이 뭐가 필요하냐면서 해고 등 구조조정을 단행하게 되고, 그러면 대출 조건도 까다롭고 가계소득도 줄어드니 소비가 줄어들게 됩니다. 결국 인플레이션이 억제되는 결과를 낳지 않을까요? 그러면서 인플레이션에 영향을 미치는 장기 금리는 하락하게 되어 장·단기 채권 금리 간 역전 현상이 벌어지고요."

"맞아, 이것을 채권시장, 주식시장, 외환시장에 적용해보면 어떨까?"

두 차장의 질문에 오만기 씨는 드디어 자신 있게 대답할 타이밍이 왔습니다.

"네, 정리해보겠습니다.

1) 채권시장: 기준금리를 올리게 되면, 당연히 채권 및 돈의 공급과 수요라는 단일 요인에 영향을 받는 단기(주로 3년 이내) 금리가 인플레이션, 경제 성장, 비체계적 외생변수 등의 다양한 요인에 영향을 받는 장기 금리 상승 속도보다 빨리 올라갑니다. 금리 인상 초기, 중기에는 채권 금리 상승으로 크레디트 채권 수요도 감소하며 크레디트 스프레드도 확대하는 모습을 보입니다.

   그러나 기준금리 인상 말기에는 침체 우려로 장기 금리가 하락하는 모습을 보입니다. 즉 장·단기 금리 역전 차가 최대가 되고, 이것이 향후 경기침체, 그리고 이것을 막기 위한 금리 인하 기대감도 생기게 되어 장·단기 금리 차이는 다시 정상화되는 과정으로 돌아갑니다.

2) 주식시장: 경기 과열을 막기 위한 어느 정도의 기준금리 인상은 주식시장에 오히려 이롭습니다. 그러나 과도한 인플레이션, 그리고 이어 나오는 급한 긴축정책은 주식시장에 해롭습니다. 2022년에 주식시장 하락 전환(S&P 500 기준 약

−19% 하락)이 그 대표적인 예입니다. 기준금리 인상 후기, 그리고 장기간 유지는 경기침체를 불러일으켜 주식시장의 급락을 예고할 수도 있습니다.

3) 외환시장: 단기 금리가 상승하면 달러 가치가 같이 상승하게 됩니다. 사실 기준금리 인상의 가장 큰 목적은 물가 안정 아니겠습니까? 미국은 대표적인 수입국이어서 수입 물가도 상당히 중요한데요. 달러 가치가 상승하면 상대방 국가의 통화 기준으로 들어오는 수입품의 달러 기준 가격이 하락하는 효과를 갖게 됩니다. 반면에 미국으로 수출하는 해외 기업들, 해외로 수출하는 기업들의 가격 경쟁력은 하락하여 그들의 수익성에는 악영향을 미칩니다. 왜 기축통화인 달러 가치가 올라가면 글로벌 경기가 둔화되는지는 이 메커니즘으로 설명할 수 있을 것입니다.

지금 같은 기준금리 인상 후기에는 향후 기준금리 인하 기대감이 높아지면 달러 가치는 하락 전환하는 모습을 보일 것입니다."

"훌륭해. 오늘 내가 설명한 내용이 도움이 되길 바라. 그리고 오만기 씨가 마지막으로 정리한 시장별 영향도도 나에게 도움이 되었어.

자, 벌써 6시다. 회사 앞에 라면 잘하는 '분식은 연자네'라는 곳이 있어. 라면이나 먹자."

04

목표를 지키기 위한 노력 3,

포워드가이던스

2023년 3월 23일(목)

"라면에 홍합, 그리고 차돌박이까지. 분식집에서 누릴 수 있는 최고의 호사인데요?"

연자네 분식에서 거한 아침 식사를 마친 두동강 차장과 오만기 씨가 자리로 돌아옵니다. 신 부장은 이미 출근했는지, 스탠드가 환하게 켜져 있습니다.

"나도 아침 못 먹었는데, 둘이 얼마나 맛있는 걸 드셨어?"

"오만기 씨가 새벽에 출근해서 같이 FOMC Press Conference 보고 요기 좀 하고 왔습니다."

두 차장이 별다방 커피를 신 부장에게 건네며 말합니다.

"오만기 씨는 오늘 FOMC 라이브로 보면서 뭐 느낀 거 없어?"

"예, 진짜 시장이 다이내믹하더라고요. 그런데 연준이 기준금리를 25bp 인상하였음에도 채권 금리는 오히려 떨어져서, 부장님께서 유심히 보라고 하셨던 10년 국채 금리와 연방기금금리 간 격차는 벌써

150bp까지 역전되었습니다. 최근 미국 지역 은행발 파산 우려, 크레디트스위스 문제 및 미국 상업용 부동산 부실 우려까지…. 정말 경기침체가 올 수도 있겠다는 생각이 들었습니다."

"그렇구먼. 그런데 오만기 씨, 왜 파월 의장이 기자회견을 하면서까지 지금 경제 상황이 이렇고 연준은 경제 상황에 따라 이러이러하게 하겠다라는 암시를 하는지 생각해봤어?"

신 부장의 갑작스러운 질문에 오만기 씨는 당황합니다. 매번 외화채권부에서 일어나는 대화의 반은 새로움과 당황함이 교차합니다.

"그건, 대중들이 궁금해하는 상황을 친절하게 설명함으로써 보다 투명한 정책을 펼치기 위함 아닐까요?"

오만기 씨의 임기응변식 답변에 두 차장이 한마디 거듭니다.

"하하, 그런데 사실 과거의 중앙은행 수장들은 최대한 말을 아끼고 행동으로 보여주려고 했어. 사실 미국의 경우에도 FOMC 성명서가 처음 대중에 공개된 것이 1994년 2월이야."

"그러면 왜 이전에는 중앙은행 수장들이 침묵을 지키려 했을까요?"

오만기 씨의 질문에 신 부장이 바로 답변을 합니다.

"통화정책의 실효성과 신뢰성에 대한 부분 때문이야. 예를 들어 '인플레이션이 심해져서 다음 달부터 기준금리를 인상할 거다'라고 사전에 말하면, 대중들은 금리가 오르기 전에 대출을 미리 받아서 통화량이 급증해버리면 기준금리 올려서 유동성을 줄이는 효과가 사라져버리잖아. 그러면 통화정책의 실효성이 떨어지게 되는 거지.

그리고 한 달 후에 보니 무슨 이유에선지 인플레이션이 뚝 떨어졌어. 이제 더 이상 대중들이 소비를 하지 않아. 그래서 중앙은행이 면밀히 살펴본 결과, '이번 회의에는 당초 계획을 변경하여 금리를 올리지 않습니다'라고 말하면, 대중들은 '어라, 올린다고 해놓고서는 안 올리네. 이런 우라질' 하고 다음번 중앙은행의 어떤 코멘트나 통화정책을 신뢰하기 어려운 상황에 놓이게 되는 거야."

"그러면 지금은 왜 연준이나 우리 한국은행도 기준금리 결정이 끝나면 소상하게 통화정책에 대해 설명할까요?"

오만기 씨의 대답에 신 부장이 자신의 다이어리에 개요를 적어가면서 설명을 시작합니다.

"연준이 이렇게 소상하게 통화정책에 대해 설명하기 시작한 계기는 2008년 금융위기가 결정적이었어. 오만기 씨, 벤 버냉키 의장 알지? 그분이 연준 부의장으로 들어온 것이 2002년인데, 그분의 캐릭터를 알아야지 설명이 가능할 거 같아.

버냉키는 대공황을 주로 연구한 학자 출신이야. 특히 대공황 같은 혼란 시에는 정부가 유동성을 무제한 풀어야 한다는 의미로, 헬리콥터에서 현금을 살포하면서까지 개별 경제주체들에게 돈을 쥐여주고 경제를 되살려야 한다고 주장했지. 그래서 별명이 '헬리콥터 벤'[14]이야.

그 양반이 2006년에 그린스펀 후임으로 연준의장에 올랐고, 때마침 2008년 금융위기를 맞이하였으니, 본인의 연구 분야를 마음껏 펼칠 수 있는 장이 열린 거지.

자, 다음에는 포워드가이던스에 대한 이야기야. 버냉키는 금융위기를

---

14 Speech 'Deflation: Making Sure It' Doesn't Happen Here'(2002) 중

조기에 극복할 수 있도록 본인의 연구 분야에서 언급했던 수단들을 아 낌없이 활용해.

우선 기준금리를 제로금리까지 내린 후, 이 금리로는 완화적 통화정책을 펼칠 수 없게 되자 비전통적인 수단이라고 불리는 중장기 국채를 매입하는 결정을 해. 장기 금리를 떨어뜨림으로써 장기 금리에 연동되어 있었던 모기지대출을 촉진하여 주택 가격을 안정시키고, 기업들의 대출 조건을 완화함으로써 기업 투자를 늘리는 등 경기침체로 인해 동반되는 디플레이션을 극복하기 위한 노력을 하지. 참고로 당시에 주요 경기지표를 최신의 그것과 비교해보자고."

표 1-2 GDP(QoQ)-전분기 대비 성장률을 연율(Annualized)화

구분	비농업 순고용자	실업률	CPI(YoY)	GDP(QoQ)
2009년 1월	-78만 명	7.8%	-0.1%	-8.5%
2023년 2월	+31만 1,000명	3.6%	6.0%	+2.7%

(출처) 세인트루이스 연은(FRED)

"2008년 금융위기가 심각했다는 다소 추상적인 이야기만 들었었는데, 당시에는 진짜 경기침체 상황이 맞긴 맞네요."

오만기 씨는 실제 경기지표를 보니, 물가는 떨어지고 성장은 마이너스이고 실업자가 늘어나는 전형적인 경기침체 상황임을 확인합니다.

"단순히 버냉키 자신의 학문적 업적을 증명하려고 무리한 것이 아니라, 철저하게 경기침체임을 나타내는 경기지표 등을 근거로 해서 행한 통화정책임을 알 수 있지. 그런데 말이야, 문제는 저렇게 돈을 풀어도 대중들은 이렇게 생각한 거지.

'조금만 경기 상황이 좋아진다고 생각하면, 바로 기준금리를 올리겠지? 그리고 양적완화인지 뭔지, 저 돈 푸는 것도 중단하겠지? 그러면 우리 생활은 다시 우짜노'라고 말이야. 불안감이 커지니까 신뢰 있는 금융 당국에서 신속하게 안정시킬 필요가 있는 거야."

'우리는 절대 여러분을 버리지 않습니다' 하고 말이죠, 하하."

두 차장이 신 부장의 말을 거듭니다.

"그래서 연준은 당분간 기준금리를 제로금리 수준으로 유지하고 양적 완화를 지속하겠다는 문구를 성명서에 넣게 돼. 그것이 포워드가이던스의 시초야. 포워드가이던스를 내 마음대로 정의해봤는데, 다음과 같이 분류할 수 있어.

1) 성명서 내에서의 코멘트

2) 기자회견 FOMC Press Conference

3) 경제 전망 요약 Summary of Economic Projections, SEP

4) 점도표 Dot Plots

이번 FOMC 성명서에 포워드가이던스 부분이 있나 볼까?"

그림 1-12 FOMC 성명서(2023년 3월 23일 3rd Paragraph)

The Committee seeks to achieve maximum employment and inflation at the rate of 2 percent over the longer run. In support of these goals, the Committee decided to raise the target range for the federal funds rate to 4-3/4 to 5 percent. The Committee will closely monitor incoming information and assess the implications for monetary policy. The Committee anticipates that some additional policy firming may be appropriate in order to attain a stance of monetary policy that is sufficiently restrictive to return inflation to 2 percent over time. In determining the extent of future increases in the target range, the Committee will take into account the cumulative tightening of monetary policy, the lags with which monetary policy affects economic activity and inflation, and economic and financial developments. In addition, the Committee will continue reducing its holdings of Treasury securities and agency debt and agency mortgage-backed securities, as described in its previously announced plans. The Committee is strongly committed to returning inflation to its 2 percent objective.

(출처) FED, WSJ

"새벽에 두 차장님께서 이미 말씀해주셔서 제가 대답할 수 있습니다. 세 번째 문단 세 번째 줄부터 '연준은 2%의 인플레이션으로 돌아가기 위한 충분히 제약적인 통화정책의 스탠스를 유지하기 위하여 몇몇 추가적인 정책 확인이 필요할지 모릅니다'라는 문구가 포워드가이던스로 보입니다. 작년부터 계속 기준금리의 지속적인 인상을 문구에 포함하였는데, 이걸 없애고 앞으로 금융시장과 지표를 주시하겠다는 걸 보았을 때 금리 인상은 조만간 멈출 수 있다는 암시를 하고 있습니다."

이때 차영하 과장이 출근합니다.

"안녕하십니까아~. 부장니임~."

"차 과장, 자네만큼 똑똑한 후배가 들어왔네. 오만기 씨가 포워드가이던스 해석하는 거 보니까 채권매니저 다 됐어."

"역시 부장님의 눈은 〈머니볼〉의 주인공 빌리빈이십니다아~."

차 과장이 인사 후 방을 나가자, 신 부장이 성명서에 대한 이야기를 이어나갑니다.

"사실 버냉키가 연준이사로 들어온 2002년 이후, 그는 끊임없이 통화정책의 투명성에 대해서 설파하고 다녔어. 과거와 달리 통화정책의 경로가 매우 복잡해지면서, 오히려 소통하지 않는 통화정책이 반대의 결과를 불러일으킬 수 있다는 점에서 신뢰를 잃을 수 있다는 데 기인한 거지. 그래서 2003년 8월, 당시 그린스펀 의장의 FOMC에서 처음 포워드가이던스를 사용해. 당시 경제지표를 보면 다음과 같아(표 1-3).

표 1-3 주요 경제지표(2003년 7월 기준)

구분	비농업 순고용자	실업률	CPI(YoY)	GDP(QoQ)
2003년 1월	+10만 9,000명	5.8%	2.8%	+2.1%
2003년 7월	-9,000명	6.2%	2.1%	+6.8%

(출처) 세인트루이스 연은(FRED)

그림 1-13 FOMC 성명서(2003년 8월 12일)

The Federal Open Market Committee decided today to keep its target for the federal funds rate at 1 percent.

The Committee continues to believe that an accommodative stance of monetary policy, coupled with still-robust underlying growth in productivity, is providing important ongoing support to economic activity. The evidence accumulated over the intermeeting period shows that spending is firming, although labor market indicators are mixed. Business pricing power and increases in core consumer prices remain muted.

The Committee perceives that the upside and downside risks to the attainment of sustainable growth for the next few quarters are roughly equal. In contrast, the probability, though minor, of an unwelcome fall in inflation exceeds that of a rise in inflation from its already low level. The Committee judges that, on balance, the risk of inflation becoming undesirably low is likely to be the predominant concern for the foreseeable future. In these circumstances, the Committee believes that policy accommodation can be maintained for a considerable period.

Voting for the FOMC monetary policy action were: Alan Greenspan, Chairman; Ben S. Bernanke; Susan S. Bies; J. Alfred Broaddus, Jr.; Roger W. Ferguson, Jr.; Edward M. Gramlich; Jack Guynn; Donald L. Kohn; Michael H. Moskow; Mark W. Olson; Robert T. Parry; and Jamie B. Stewart, Jr.

(출처) Federal Reserve Bank

⇨ 위원회는 균형 잡힌 시각으로 볼 때, 인플레이션이 바람직하지 않게 낮아질 위험이 당분간 주된 관심사가 될 것으로 판단합니다. 이러한 환경에서 위원회는 완화적인 통화정책이 상당 기간 유지될 수 있을 것이라고 굳게 믿고 있습니다.

당시에 문제는 도대체 인플레이션이 올라가지를 않는 거야. 기준금리가 1%면 당시에는 역대급으로 낮은 수준이었거든. 연준이 당시에 원한 것은 실업률이 좀 더 낮아져서 임금을 압박한 결과, CPI가 올라가는 그림이었어. 그래서 연준이 완만하게 기준금리를 인상하는 시나리오를 짰는데, 결론은 그러지 못했던 거야. 그래서 연준은 상당 기간 기준금리를 현 수준으로 유지하겠다는 포워드가이던스를 최초로 사용하게 돼."

"아, 여기서 'for a considerable period'가 그것이군요. 이해했습니다."

오만기 씨는 포워드가이던스의 실체에 대해 조금씩 알 것 같습니다. 이때 두 차장도 오만기 씨를 위한 질문을 던집니다.

"부장님, 그런데 왜 저기에 6개월, 1년 등 구체적인 기간은 명시하지 않는 거죠?"

"굿 퀘스천. 버냉키는 재임 시의 포워드가이던스를 이렇게 평가해.[15]

1) 애매모호함vague, not specific

2) 가이던스는 완전한 약속이 아님not full-throat promise

향후 방향성은 보여주되, 통화정책의 탄력적인 적용이 중요하다는 거지."

"아, 경제지표(incoming information으로 표현함)에 근거하여 상황을 판단하고 앞으로 어떤 방향으로 통화정책을 펼칠지 대략적인 그림을 그려주는 것이 성명서상 포워드가이던스라고 해석하면 되겠네요."

"잘 이해했네."

---

15 Ben S. Bernanke(2016), 21st Century Monetary Policy - The Federal Reserve from the Great Inflation to COVID-19, p 171 참조

오만기 씨는 이번 기회에 포워드가이던스에 대해서 완벽하게 이해하고 싶어 합니다.

"그러면 성명서 발표 30분 후에 시작되는 기자회견의 의미는 무엇인지요?"

"FOMC 기자회견FOMC Press Conference은 버냉키 의장 시절인 2011년 4월에 채택한 거지. 원래는 3, 6, 9, 12월 FOMC 후, 성명서를 근거로 연준이 현재 경제 상황에 대한 생각, 그리고 앞으로 나아가야 할 통화정책에 대해서 대중 앞에 설명함으로써 그들이 통화정책에 대해서 올바르게 해석하고 금융시장을 안정시킬 목적을 가지고 있었어.

사실 이걸 시작할 당시에도 금융위기의 여진이 남아 있었고, 특히 유럽에서 그리스, 포르투갈, 아일랜드, 스페인이 IMF로부터 구제금융을 받고, 그 위험이 이탈리아로 전이되는 등 금융 혼란이 계속되고 있었거든. 그래서 기자회견을 통해서 연준의장이 명확하게 입장을 정리해줌으로써 금융시장 안정이라는 긍정적인 효과를 보이기도 했지.

실제 버냉키, 그리고 후임인 옐런(집필 당시 재무장관) 때에는 주로 성명서에 나온 대로 해석하는 일종의 '책 읽어주는 선생님'의 역할로 성명서에 포함된 포워드가이던스를 명확하게 해석해주는 역할로 제한되었지."

"그런데 부장님, 최근에는 기자회견이 오히려 금융시장 변동성을 확대하는 요인으로 비판받기도 하던데요."

두 차장이 반문합니다.

"금년 FOMC만 봐도 2월 1일 기자회견 때, 파월 의장은 디스인플레이션, 즉 현재 인플레이션이 하락하여 안정적인 물가 수준을 달성할 것이라고 확신하는 모습이었습니다. 그런데 바로 고용지표가 예상치를 상회하고 CPI도 6%대에서 내려가지 않는 모습을 보이니까, 파월 의장이 지난 3월 초 상·하원 반기 정례 증언에서 기준금리 50bp 인상을 시사하는 등 연준의 통화정책이 오락가락한다는 비판을 받고 있습니다. 즉 통화정책의 신뢰성이 깨진다는 말도 나오고요."

신 부장이 준비한 그래프를 가져와서 설명합니다.

"그저께 나온 따끈따끈한 건데, 옐런 때와 파월 때의 주가 변동성을 나타낸 그래프야(그림 1-14). 미 동부시각으로 FOMC는 오후 2시 30분에 개최하니까 그 이후의 변동성을 보면, 파월 때가 훨씬 크지? 두 차장의 말대로 요즘 FOMC 기자회견은 성명서를 발표할 때보다 더 변동성을 부추기고, 그의 말을 해석하는데 며칠 걸린다는 거야."

그림 1-14 FOMC 기자회견(오후 2시 30분) 후 평균 시장수익률(SPY US) 변동성

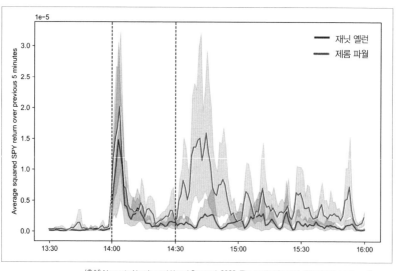

(출처) Namrata Narain and Kunal Sangani, 2023, The market impact of the Fed press conference

"그래프를 보니, 옐런 때와 달리 파월 의장 때는 변동성이 장난이 아니네요. 순간의 말에 투자를 결정하면 안 되겠습니다. 말 한마디에 천 냥 빚 갚는다는 이야기처럼, 연준의장이 기자회견할 때 그 뉘앙스를 잘 살펴봐야겠네요."

"파월 의장 때 기자회견이 연 4회에서 8회로 늘어나면서 일어난 현상일 수도 있어. 어쨌든 내가 작년부터 FOMC 당일에 채권 매매를 하지 말라고 하는 이유가 다 여기에 있어. 자칫 잘못 해석했다가는 낭패 보기 십상이야."

"안녕하십니까. 부장님, 차장님."

안예슬 대리가 출근 인사 차 방으로 들어옵니다.

"안 대리, 새벽 FOMC 기자회견 때 SEP^{Summary of Economic Projection} 봤나?"

"넵, 금년 기준으로 GDP는 0.4%, 실업률 4.5%, Core PCE는 3.6%입니다."

안 대리의 대답과 함께 오만기 씨가 질문합니다.

"그럼 SEP는 어떤 의미를 가지고 있습니까?"

"오만기 씨, SEP는 연준이 향후 통화정책을 펼치는 데 있어 가장 중요한 세 가지(성장, 고용, 물가)에 대한 장기 전망을 보여줍니다. 이것은 3, 6, 9, 12월에 발표하는데요. FOMC 위원 19명(연준 이사진 7명, 지역 연은 총재 12명)의 예측치를 모아 만든 거예요. 이걸 읽어보실 때에는 직전 발표치 대비 어떻게 변했는지 살펴보는 것이 중요합니다."

그림 1-15 Summary of Economic Projection(2023년 3월 23일)

Percent

Variable	Median[1]				Central Tendency[2]				Range[3]			
	2023	2024	2025	Longer run	2023	2024	2025	Longer run	2023	2024	2025	Longer run
Change in real GDP	0.4	1.2	1.9	1.8	0.0-0.8	1.0-1.5	1.7-2.1	1.7-2.0	-0.2-1.3	0.3-2.0	1.5-2.2	1.6-2.5
December projection	0.5	1.6	1.8	1.8	0.4-1.0	1.3-2.0	1.6-2.0	1.7-2.0	-0.5-1.0	0.5-2.4	1.4-2.3	1.6-2.5
Unemployment rate	4.5	4.6	4.6	4.0	4.0-4.7	4.3-4.9	4.3-4.8	3.8-4.3	3.9-4.8	4.0-5.2	3.8-4.9	3.5-4.7
December projection	4.6	4.6	4.5	4.0	4.4-4.7	4.3-4.8	4.0-4.7	3.8-4.3	4.0-5.3	4.0-5.0	3.8-4.8	3.5-4.8
PCE inflation	3.3	2.5	2.1	2.0	3.0-3.8	2.2-2.8	2.0-2.2	2.0	2.8-4.1	2.3-3.5	2.0-3.0	2.0
December projection	3.1	2.5	2.1	2.0	2.9-3.5	2.3-2.7	2.0-2.2	2.0	2.6-4.1	2.2-3.5	2.0-3.0	2.0
Core PCE inflation[4]	3.6	2.6	2.1		3.5-3.9	2.3-2.8	2.0-2.2		3.5-4.1	2.1-3.1	2.0-3.0	
December projection	3.5	2.5	2.1		3.2-3.7	2.3-2.7	2.0-2.2		3.0-3.8	2.2-3.0	2.0-3.0	
Memo: Projected appropriate policy path												
Federal funds rate	5.1	4.3	3.1	2.5	5.1-5.6	3.9-5.1	2.9-3.9	2.4-2.6	4.9-5.9	3.4-5.6	2.4-5.6	2.3-3.6
December projection	5.1	4.1	3.1	2.5	5.1-5.4	3.9-4.9	2.6-3.9	2.3-2.5	4.9-5.6	3.1-5.6	2.4-5.6	2.3-3.3

(출처) Federal Reserve Bank

"여기서 중간값Median을 중심으로 보면 될까요?"

"그렇습니다. 보시면 2023년 기준으로 성장은 0.1%p 감소, 실업률은 0.1%p 감소 및 Core PCE는 0.1%p 증가로 예상했네요."

안 대리가 액면 그대로 설명하자, 신 부장이 배턴을 이어받습니다.

"여기서 해석할 수 있는 건, 실업률이 증가하면서 임금 압력이 약해지고, 그래서 물가가 하락하는 그림을 그릴 수 있어. 무엇보다도 중요한 건 금년 성장률이 0.4%로 낮아졌다는 거지. 지금 1분기 예상 성장률이 전분기 대비 연율 3.2% 올라간다고 하는데, 앞으로 마이너스 성장을 볼 수도 있겠다는 의미를 담고 있어."

성장이 둔해지면 고용보다는 해고가 늘어날 테고, 임금 상승 압력은 약해지면서 소득이 둔화되고 이어 소비가 약해지게 됩니다. 그러면 물가가 하락한다고 예상하고 있습니다. 앞으로 연준이 어떤 통화정책을 펼칠 것인지 미래 경제지표를 통해서 대략 알 수 있습니다.

"부장님께서 말씀하신 1분기 예상 성장률은 어디서 볼 수 있나요?"

"애틀랜타 연은에서 주기적으로 올리는 GDPNOW 홈페이지[16]에서 볼 수 있다네."

새벽부터 출근해서 그런지 두 차장의 눈이 완전히 풀려 있습니다.

"두 차장하고 오만기 씨는 새벽에 출근해서 엄청 힘들어하는구먼. 포워드가이던스 설명 거의 끝나가. 포워드가이던스를 이루는 마지막 요소는 점도표Dot Plots야. 2012년에 처음 도입되었는데, 역시 19명의 FOMC

그림 1-16 점도표(2023년 3월 23일)

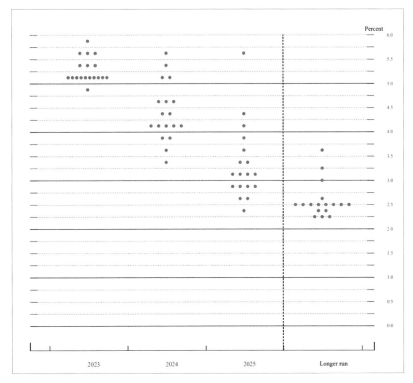

(출처) Federal Reserve Bank

---

16 https://www.atlantafed.org/cqer/research/gdpnow

위원들이 각자 예상하는 기준금리 경로를 보여주는 것이지. 점도표도 3, 6, 9, 12월 4차례 공개가 되는데, 이 부분은 실제 금융시장에 엄청난 영향을 주고 있어. 이번 점도표 프린트한 거 있어?"

"넵, 제가 뽑아왔습니다아~."

차 과장이 방에 다시 들어오면서 프린트 5장을 가져옵니다.

"점도표는 SEP에 들어가 있는데, 2023년 기준 5.1%가 중간값이야. 이번에 기준금리를 25bp 올려서 4.75~5%인데, 한 번 정도 올리면 기준금리는 현시점에서는 더 이상 인상하지 않을 가능성이 크네. 왜 그런가?"

"네, 부장님께서 앞선 SEP에서 앞으로 마이너스 성장, 그리고 높아지는 실업률 등으로 물가 압력이 약해지고, 최근 SVB발 금융시장 불안감을 감안했을 때 침체가 올 수도 있기 때문입니다."

신 부장의 질문에 오만기 씨가 대답합니다.

"역시, 오만기 씨는 척하면 탁입니다아~. 그런데 이번 기자회견에서 파월 의장이 높은 인플레이션을 감안할 때, 금년에는 기준금리를 인하하는 것이 기본 시나리오에 없다고 말한 부분이 걸립니다아~. 반면에 시장에서는 금년 하반기에는 기준금리를 인하할 것이라고 전망하는 부분도 있는데 말입니다아~."

차 과장은 2006년 기준금리를 5.25%까지 올린 후 상당 기간 동안 기준금리를 동결함으로써, 내재되어 있던 문제들이 터져서 2008년 금융위기에 이른 것으로 판단하고 있습니다.

"그래서 지금 기준금리는 상단 5%인데, 2년 금리는 4%가 채 안 되잖아. 10년물은 3.5%가 안 되고 말이야. 이게 결국 연준이 기존 입장을 버리고 기준금리를 내릴 거라는 믿음이 있는 거지. 다시 말하면, 연준의 면

이 안 서는 거야."

신 부장이 차 과장의 의견에 동의합니다.

"저는 학교에서 채권론을 배울 때, '절대 중앙은행과 싸우지 마라'는 격언을 들었는데, 이제는 안 통하는 것일까요?"

오만기 씨의 질문에 두 차장이 대답합니다.

"역설적으로 연준이 너무 자주 시장흐름에 민감하게 반응하여 의견을 내놓는 것이 신뢰를 점점 잃어가는 게 아닐까? 예로부터 입이 무거워야 성공한다고 했는데…."

"좋아, 포워드가이던스에 대한 내용은 대체로 다 이야기한 거 같아. 오늘 수고했어. 새벽 출근자들은 오전에 마지막으로 수고해주고, 차 과장은 어제 내가 이야기한 침체기에 적당한 채권형 ETF 보고해줘. 다들 해산~."

이때 노크 소리와 함께 헐레벌떡 들어온 직원이 있습니다.

"안녕하십니꺼, 부장님. 허, 벌써 미팅 끝난깁니꺼. 오늘 지하철이 고장나서 쬐금 늦었는디, 중요한 걸 놓친 거 같십니더."

김승리 주임입니다.

2

의장님,
성장이 제일
중요한가요?

01

베이지북(Beige Book)
2023년 3월 9일(목)

오만기 씨는 오늘도 오전 6시 30분에 출근하여 블룸버그를 켜고 전일 금융시장 동향을 살펴봅니다. 그리고 채권, 주식 그리고 달러 인덱스를 보고, 다음과 같이 엑셀에 적습니다.

표 2-1 주식, 채권, 달러 인덱스 수치(2023년 3월 8일 종가)

[단위: bp(=0.01%)]

구 분	2023년 3월 8일	전일 대비	전주 대비	전월 대비	연초 대비
S&P 500	3992.01	0.1%	−1.3%	0.5%	3.8%
국채 2년	5.05%	5.0	19.0	24.0	64.0
국채 10년	3.98%	1.0	1.0	6.0	10.0
달러 인덱스	105.66	0.0%	1.1%	0.7%	2.0%

2023년 1월 FOMC(2월 1일 금리 결정)에서 파월 의장이 인플레이션 억제에 대한 자신감을 표현하며, 이제 기준금리 인상이 끝날 것이라는 분위기로 2월부터 고용, 물가 지표가 잘 나오기 시작하면서 채권시장은 정

반대로 갑니다. 국채 2년물은 5%를 넘기 시작했고 파월 의장은 3월 7, 8일 상·하원에서 물가 억제를 위해 50bp(0.5%) 금리 인상 가능성도 열어두고 있는 상황입니다.

'대학에서 배운 것처럼 경제 상황이 이론에서 나오는 경기 사이클에 딱딱 맞아떨어지는 것이 아니구나. 언제는 인플레이션이 거의 끝나가고 있다고 말하다가도, 다시 인플레이션 압력이 세지니까 긴축을 이야기하니, 뭐가 뭔지 모르겠네.'

오만기 씨는 진짜 미국 경제가 어떤 상황인지 보고 싶습니다. 각 지표마다 나오는 신호가 다르니 전반적인 경제 상황이 이렇다고 단정지어 말하기 어렵습니다.

7시 30분, 신 부장이 출근합니다.

"오만기 씨, 오늘도 일찍 출근했구나. 간밤에 특별한 일 없었어?"

새벽에 모든 것을 체크하고도 모른 척하는 신 부장은 오만기 씨가 간밤에 미국장, 유럽장을 얼마나 정리했는지 알고 싶어 합니다.

"네, 어제 3월 8일(수) 시장 상황은 이렇습니다.

1) 파월, 하원 출석하여 3월 FOMC에 대해서 어떠한 의사결정을 하지 않았으며, 모든 결정은 지표에 기반할 것임
2) 캐나다 중앙은행 기준금리 동결(4.5%)
3) JOLT(고용 및 이직 동향): 고용 총 1,082만 개(전월 대비 41만 건 감소)
4) 베이지북 발표

채권시장은 파월 의장의 매파적인 발언으로 기준금리가 더 올라갈 것이라는 우려로 금리가 올랐습니다. 주식시장은 보합입니다. 3.7일 급락 후 여전히 보수적인 모습입니다. 반면 달러 가치는 기준금리 인상 기대로 상승하였습니다.”

“그렇구먼. 어쨌든 급하게 먹으면 체한다고, 연준이 인플레이션에 대해서 여전히 급한 스탠스를 띄고 있어서 언젠가는 탈이 날 거 같구먼.”

그렇습니다. 차입비용이 증가하고 유동성이 메마르면 결국 부실한 누군가가 쓰러지고, 연쇄 도산 공포가 줄을 이어간 것이 바로 긴축 통화정책의 말로임을 신 부장은 잘 알고 있습니다. 안전자산으로의 투자 비중을 높여야 할 상황임을 직감적으로 알 수 있습니다.

“그런데 부장님, 저 질문 하나 해도 되겠습니까?”
“물론이지. 어떤 거?”
오만기 씨는 MZ세대답게, 물어볼 것이 있으면 거침없습니다.
“네, 경제지표를 보면 ISM 제조업지수는 50 이하로 나오니 경기둔화 가능성을 강하게 보여주고 있는데, 고용지표는 뭐 항상 예상치를 뛰어넘으니 잘 나오고 있습니다. 인플레이션도 떨어진다고는 하지만 여전히 높습니다. 이 세 가지 경제 활동의 조합에 대한 해석을 깔끔하게 하기 어렵습니다.”

“하하, 당연하지. 우리 인간사가 칸트의 정언명령처럼 오차 없이 딱딱 맞아떨어지나? 경제학에서 그러니까 합리적인 인간, 즉 호모이코노미쿠스적 사고의 가정을 버리고 휴리스틱, 즉 행동경제학으로 발전한 거 아니겠어? 중요한 지표들이 각각 따로 나오니까 연준도, 그리고 우리 외화채권부도 의사결정 하기가 힘든 거지."

"그래서 말인데요. 혹시 미국 경제 전반을 한눈에 파악할 수 있는 보고서가 있을까요?"

고등학생 시절, 수학 올림피아드 경시대회 대상 출신인 오만기 씨는 뭐든지 답이 딱딱 맞아떨어져야 직성이 풀리는 성격입니다.

"어젯밤에 베이지북 발표했다고 했지? 바로 그거야."

"아! 베이지북 발표라고 해서 블룸버그 뉴스를 엄청 찾아봤는데, 특별한 지표가 나오는 건 아니더라고요."

수학 문제처럼 항상 숫자와 증명에 익숙한 오만기 씨다운 대답입니다.

"하하, 일단 연준 홈페이지에서 베이지북 내용 2부만 출력해줄래? 그리고 내 방에서 이야기하지?"

오만기 씨가 출력 후에 신 부장 방으로 들어갑니다. 방 안 왼쪽 벽에 파월 의장의 FOMC 기자회견 장면에 신 부장 얼굴이 합성된 사진이 액자에 넣어 걸려 있습니다.

"자, 베이지북은 연방준비위원회가 작성한 '전미 경기동향 요약 보고서'야. 베이지북이라는 말은 이 보고서의 표지 색깔이 베이지색이기 때문에 붙여진 이름이고.

오만기 씨, 혹시 FOMC가 어떻게 구성되는 줄 알아?"

신 부장의 갑작스러운 질문에 오만기 씨가 머뭇거립니다.

"미 연방준비제도이사회(연준)는 지역 연준이 모여서 만들어진 조직이야. FOMC는 총 19명의 위원들로 구성이 되는데, 일단 워싱턴에 있는 연준위원 7명(의장, 부의장, 이사 5명)과 12명의 지역 연준의장(총재)으로 구성되어 있어. 이 중 연준위원 7명과 뉴욕 연은총재 등 총 8명은 매년 금리 결정 투표권이 있고, 나머지 4명의 투표권은 11개의 지역 연은 총재들이 번갈아가면서 가지게 돼.

베이지북은 이 12개 지역의 연은이 전반적인 경제 활동, 고용, 물가 등에 대한 담당 지역의 상황을 서술한 보고서야. 출력한 3월 보고서의 2페이지를 보면, 각 지역 연은이 보고서 작성을 위하여 담당하고 있는 지역 분포가 나와 있어.

그리고 방법론 및 사용처에 대해서 살펴보면, 각 지역 연은이 지역 금융기관으로부터 나오는 보고서, 각 경제주체와의 설문, 인터뷰 등을 통해 현재 경제 상황에 대한 각종 자료를 수집하지. 그런데 조사 대상이 무작위로 선정되는 것이 아니야. 실제 지역 연은들이 다양한 경제 활동에 대한 정확하고 객관적인 정보를 제공할 수 있는 출처를 선별하려고

그림 2-1 Federal Reserve District

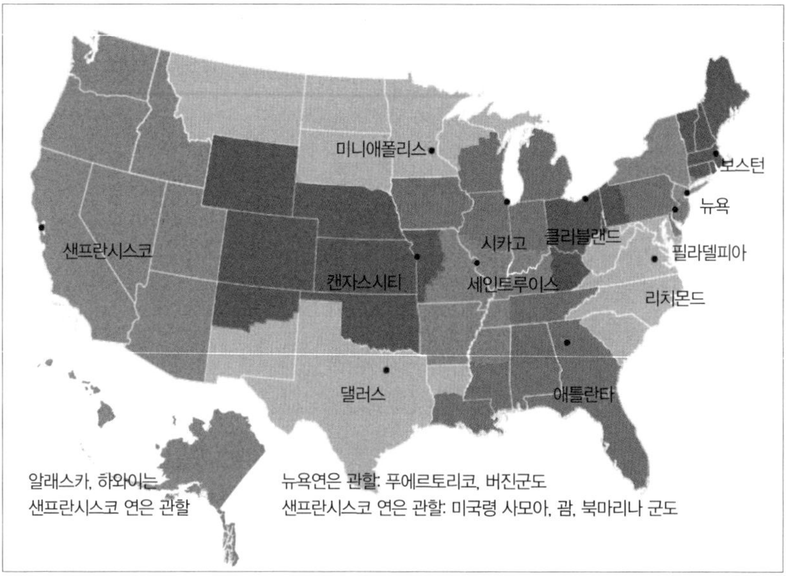

미니애폴리스
보스턴
뉴욕
샌프란시스코
시카고
클리블랜드
필라델피아
캔자스시티
세인트루이스
리치몬드
댈러스
애틀랜타

알래스카, 하와이는
샌프란시스코 연은 관할

뉴욕연은 관할: 푸에르토리코, 버진군도
샌프란시스코 연은 관할: 미국령 사모아, 괌, 북마리나 군도

(출처) Beige Book, Federal Reserve Bank(2023년 3월 8일)

노력하고 있지. 그것이 일관적인 정보를 제공하는 데 도움을 주고 있는 것이야. 아까 말했지만, 베이지북은 정성적인 보고서야. FOMC에서 의사결정을 할 때는 대부분 정량적 지표를 보는데, 이 베이지북을 통해서 정량적 지표가 잡지 못하는 부분을 보충하는 역할을 하기도 하지. 이 보고서를 통해서 새로운 트렌드를 잡아내기도 하고 말이지. 아마 오만기 씨가 원하는 미국의 전반적인 경제 상황에 대한 코멘트는 여기 베이지북에 포함되어 있으니까, 자세하게 읽어 보면 도움이 될 거야."

"그러면 부장님, 베이지북은 특별한 숫자가 나오지 않는데도 금융시장에 미치는 영향이 큽니까?"

"그렇지. 매우 크다고 할 수 있지. 왜냐하면 베이지북은 차기 FOMC 개최일 2주 전 수요일에 공개되거든. 그리고 이 보고서는 차기 FOMC 금리 결정을 위한 주요한 참고자료로 사용하고 있어. 발표 주기는 6주에 1회, 즉 FOMC와 같이 연 총 8회 공개해. 우리 1월 31일에 발표한 FOMC 성명서와 1월 베이지북의 코멘트를 비교해서 한번 보자고.

〈표 2-2〉를 보면 1월 베이지북의 개요 부분인데, 두 번째 고용과 물가 쪽에서 언급한 것처럼 고용 및 물가 상황은 대체로 적절한 수준의 상승이며, 물가의 경우 그 상승 폭이 둔화되고 있음을 언급했지? 전반적인 경제 상황은 지난 6주 동안 별로 변한 게 없다는 언급이 있었고 말이야.

2주 후 FOMC 성명문에서도 대체로 고용시장은 최근 견고한 상황이고, 물가 압력이 어느 정도 둔화되었지만, 그래도 물가는 여전히 높다고 표현하고 있지. 전반적인 경기 상황은 미약한 소비 및 생산 증가를 보이고 있다고 말하고 있고."

표 2-2 1월 베이지북(발표 2023년 1월 18일) **vs FOMC 성명문**(2023년 2월 1일)

구분	1월 베이지북	FOMC 성명문 중
경제 전반	Overall economic activity was relatively unchanged since the previous report. Five Districts reported slight or modest increases in overall activity, six noted no change or slight declines, and one cited a significant decline. ⇨ 전반적인 경제 활동은 지난번 보고서 발간 이후 상대적으로 변한 것은 없었습니다. 5개 연은 관할 지역에서의 전반적인 경제 활동은 약간 또는 완만한 증가, 6개 지역은 변동이 없거나 약간 감소, 그리고 1개 지역은 상당한 감소를 나타냈다고 언급했습니다.	Recent indicators point to modest growth in spending and production. ⇨ 최근 지표들은 소비와 생산에 있어 완만한 성장을 나타내고 있습니다.
고용	Employment continued to grow at a modest to moderate pace for most Districts. Only one District reported a slight decline in employment, and one other reported no change in employment levels. (이하 "생략") ⇨ 고용은 대부분 지역에서 완만한 수준에서 적정한 수준으로 계속 증가했습니다. 1개 지역에서만 고용에서 소폭 감소를 보고했으며, 다른 1개 지역은 고용 수준의 변동이 없다고 보고했습니다. (이하 "생략")	Job gains have been robust in recent months, and the unemployment rate has remained low. ⇨ 최근 수개월간 고용은 견조했으며, 실업률은 낮은 수준 유지하고 있습니다.
물가	Selling prices increased at a modest or moderate pace in most Districts, though many said that the pace of increases had slowed from that of recent reporting periods. (이하 "생략") ⇨ 최근 보고 기간 중 많은 사람이 가격 증가 속도가 느려졌다고 말했으나, 대부분 지역에서 판매 가격이 완만한 또는 적정한 수준으로 상승했습니다. (이하 "생략")	Inflation has eased somewhat but remains elevated. ⇨ 인플레이션은 어느 정도 완화되었으나 물가는 여전히 상승했습니다.

(출처) Federal Reserve Bank (한글로 번역)

"주요 경제 상황에 대한 맥락이 일치합니다. 즉 베이지북에서 나온 코멘트가 연준위원들의 금리 결정에 영향을 미친다고 볼 수 있겠네요."

"그러면 어제 나온 3월 베이지북 코멘트를 한번 보자고(그림 2-2)."

"1월 베이지북 내용보다 경제 활동은 지난 6주 전 대비 약간 증가했습

그림 2-2 3월 베이지북(2023년 3월 8일) 중

Overall Economic Activity

Overall economic activity increased slightly in early 2023. Six Districts reported little or no change in economic activity since the last report, while six indicated economic activity expanded at a modest pace. On balance, supply chain disruptions continued to ease. Consumer spending generally held steady, though a few Districts reported moderate to strong growth in retail sales during what is typically a slow period. Auto sales were little changed, on balance, though inventory levels continued to improve. Several Districts indicated that high inflation and higher interest rates continued to reduce consumers' discretionary income and purchasing power, and some concern was expressed about rising credit card debt. Travel and tourism activity remained fairly strong in most Districts. Manufacturing activity stabilized following a period of contraction. While housing markets remained subdued, restrained by exceptionally low inventory, an unexpected uptick in activity beyond the seasonal norm was seen in some Districts along the eastern seaboard. Commercial real estate activity was steady, with some growth in the industrial market but ongoing weakness in the office market. Demand for nonfinancial services was steady overall but picked up in a few Districts. On balance, loan demand declined, credit standards tightened, and delinquency rates edged up. Energy activity was flat to down slightly, and agricultural conditions were mixed. Amid heightened uncertainty, contacts did not expect economic conditions to improve much in the months ahead.

Labor Markets

Labor market conditions remained solid. Employment continued to increase at a modest to moderate pace in most Districts despite hiring freezes by some firms and scattered reports of layoffs. Labor availability improved slightly, though finding workers with desired skills or experience remained challenging. Several Districts indicated that a lack of available childcare continued to impede labor force participation. While labor markets generally remained tight, a few Districts noted that firms are becoming less flexible with employees and beginning to reduce remote work options. Wages generally increased at a moderate pace, though some Districts noted that wage pressures had eased somewhat. Wage increases are expected to moderate further in the coming year.

Prices

Inflationary pressures remained widespread, though price increases moderated in many Districts. Several Districts reported input costs rose further, particularly for energy and raw materials, though there was some relief reported for freight and shipping costs. Some Districts noted that firms were finding it more difficult to pass on cost increases to their consumers. Selling prices increased moderately in most Districts, with several Districts noting a deceleration. Home prices were generally flat or down slightly, while rents were reported to be steady or higher. Still, home prices and rents remained high, contributing to ongoing concerns about housing affordability. Looking ahead, contacts expected price increases to continue to moderate over the year.

(출처) Beige Book, Federal Reserve Bank (2023. 3. 8)

니다. 고용은 여전히 강하며, 많은 지역에서 가격 상승이 완화되었지만, 물가 압력은 상당히 확산되어 있다고 나옵니다. 1월 FOMC에서 파월 의장이 자신감을 내비쳤던 물가 억제 부분이 3월에는 나아진 경제 여건으로 인해 다시 물가가 상승하고 있다는 점을 암시하는 보고서라는 느낌을 받았습니다."

오만기 씨가 나름의 해석을 이어 말합니다.

"그래서 최근에 50bp를 인상할 수 있다고 말한 맥락을 충분히 이해하 겠습니다. 실제로 3월 FOMC 성명서에 이 내용이 담기면, 매파적인 결 정을 할 수 있으리라 봅니다."

"좋아, 그렇게 나름대로 해석을 하는 거야. 그러면 오만기 씨가 예상한 결과에 따라서 채권, 주식 그리고 달러 시장에 영향을 미치는 거지. 이번 3월 베이지북 결과로 인해 앞으로 금융시장에 미치는 영향을 정리해줄 수 있을까?"

"예, 어제 내용을 토대로 말씀을 드리겠습니다.

- 채권시장: 앞으로 금리를 추가적으로 올릴 때, 단기 금리가 장기 금리보다 더 빨 리 올라갈 것임. 그러나 지나친 긴축으로 인하여 경기침체 우려가 커지면 장기 금리는 하락 전환.
- 주식시장: 연준의 긴축 통화정책은 주식시장에 비관적임. 금리 상승은 주가 밸 류에이션의 하락 요인이므로 하락 압력을 받을 것임. 여기에 경기둔화가 본격화 되면 기업 실적이 하락하여 추가 하락을 가져올 수 있음.
- 외환시장: 금리 인상, 그리고 확장 경기 사이클의 후반부에서(경기침체를 막기 위 하여 연준이 통화정책 변화가 없는) 달러 가치는 상승할 것임.

이상입니다."

합리적인 해석입니다. 신 부장 역시 이번 3월에 연준이 매파 성향을 보인다면 안전자산인 미 국채를 대량 매입할 계획을 세워놓습니다.

"완벽해. 벌써 8시 30분이다. 매매 준비하자고."

뉴욕 연은 경기침체 확률 보고서

2023년 3월 14일(화)

　오늘은 뉴욕, 런던 그리고 홍콩지점의 해외채권 운용역을 한자리에서 만나는 날입니다. 기존에 진행했던 개별 오리엔테이션이 아닌, 전체 모임을 주최한 것은 전주말 일어난 실리콘밸리 은행SVB 파산과 관련하여 꼭 알려주고 싶은 경제지표가 있기 때문입니다.

　세 지점의 담당자가 한자리에 모일 수 있는 시간은 한국시간으로 밤 8시 반이 적당합니다. 신 부장이 화상회의를 개설하자, 뉴욕지점의 테드 장, 런던지점의 찰리 킴, 그리고 홍콩지점의 마이클 응이 차례로 접속합니다.

　"반갑습니다. 오늘 이렇게 모두 한자리에서 뵙자고 한 것은 지난주 미국의 벤처기업들을 대상으로 주로 대출 비즈니스를 해온 미국 제16위 규모의 금융기관인 실리콘밸리 은행의 파산으로, 자칫 금융위기 가능성과 경기침체 우려가 커지고 있다는 점 때문입니다. 해외채권 운용을 이제 막 시작한 여러분은 예전 2008년 금융위기 때의 악몽을 책이나 기사로만 접하셨겠지만 저에게는 정말 지옥과 같은 몇 개월이었거든요. 그러면 왜 이런 사태가 일어났는지 말씀해주실 분?"

찰리 킴이 마이크를 켭니다.

"네에, 기사에 따르면 실리콘밸리 은행이 예수금 운용 목적으로 투자한 국채, 모기지 등의 채권이 연준의 기준금리 인상, 인플레이션 등으로 금리가 올라서 보유 채권의 미실현 손실이 약 18억 달러(한화 약 2조 원)에 이르렀다는 뉴스가 나왔습니다. 유동성 문제를 해결하고자 SVB가 증자를 시도하였으나 이것이 실패하였고, 결국 연방정부에서 이곳에 대해 폐쇄 결정을 내린 것이 이번 사태의 핵심입니다."

뒤이어 마이클이 이어받습니다. 그는 아버지가 중국인, 어머니가 한국인인 화교로 한국말이 비교적 능숙합니다.

"네, 이어 비슷한 규모의 지역 은행들이 뱅크런[1] 이슈가 불거지면서, 자칫 2008년 금융위기 때와 같은 연쇄 부도 가능성이 커진 것이 지금 금융시장이 불안한 이유입니다."

"맞습니다. 연준이 작년 초부터 인플레이션을 통제하기 위해 기준금리를 0~0.25%에서 4.75~5%까지 인상했지요. 그렇다면 기준금리를 1년 내에 4.75% 인상했다는 것은 우리 경제 활동에서 어떤 의미를 가지고 있나요?"

---

1 은행의 대규모 예금인출 사태. 은행에 돈을 맡긴 사람들이 은행 건전성에 문제가 있다고 비관적으로 인식하면 그동안 저축한 돈을 인출하려는 생각을 갖게 될 것이다. 이렇게 되면 예금으로 다양한 금융 활동을 하고 거기서 수익을 창출하는 은행의 입장에서는 당장 돌려줄 돈이 바닥나는 패닉 현상을 지칭하는 말이다. 참고로 미 연방예금보험공사는 개인별 최대 25만 달러, 국내는 5,000만 원까지 예금자보호법에 의거, 한도 내 보증을 하고 있다.
(출처) [네이버 지식백과] 뱅크런 [Bank Run] (시사경제용어사전, 2017년 11월, 기획재정부)

"네, 보통 인플레이션의 가장 큰 원인은 시중에 돈이 많이 풀려 있기 때문인데요. 특히 시중은행의 신용창출(일반적으로 낮은 금리의 단기 예금을 받는 대신, 높은 금리의 장기 대출을 하는 것)에 기인합니다. 그런데 연준이 기준금리를 인상하면 단기 금리가 장기 금리를 역전하는 현상이 발생하게 되고, 시중은행은 대출을 꺼리게 됩니다. 그 결과, 개인은 소득이 이전과 비슷한 수준이라고 가정하면 대출을 통해서 추가로 얻는 자금이 부족해지고, 기업들도 높은 금융비용 때문에 대출을 꺼리게 됩니다. 그러면서 결국 경기침체를 유도하고 자연스럽게 과잉 유동성으로 인한 인플레이션을 통제하게 됩니다."

"정확합니다. 역시 테드는 월가 옆에서 일하다 보니 이런 일에 상당히 익숙한 것 같습니다. 중앙은행이 긴축을 할 때마다 나오는 기사가 있지요. 경기침체를 예견하는 데 적합한 지표가 바로 장·단기 금리 역전 수치라는 것이지요. 일반적으로 우리가 쉽게 접하는 장·단기 금리 역전은 단기 금리 2년, 장기 금리 10년을 기준으로 한 것입니다(그림 2-3). 실제 금융시장에서는 이 지표를 유심히 보고 있지요."

그림 2-3 2-10년 국채 금리 커브(2000년 1월~2023년 3월)

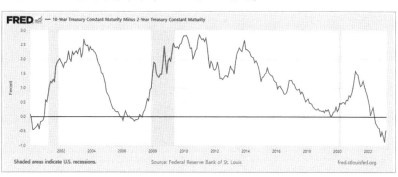

(출처) 세인트루이스 연은(FRED)

신 부장은 화면을 바꾸어 연준이 발간한 논문 내용을 업로드합니다.

"즉 2-10년 커브는 경기침체를 예측한다기보다는 오히려 시장참여자들이 경기침체가 오는 것을 굳게 믿고 2-10년 커브에 그들의 기대를 반영한다는 역인과관계Reverse Casuality의 오류를 범하고 있다고 말합니다(〈그림 2-4〉② 참고).

2-10년 커브가 아닌, 단기 선도 스프레드가 향후 경기 상황에 대한 예측력을 가지는 원인을 명확하게 해석할 수 있다고 말합니다. 이 점에서 그들은 오히려 향후 12개월 경기침체를 예견할 수 있는 커브 역전으로 10년 국채 – 3개월 T-Bill[2] 스프레드라고 말하고 있습니다. 오늘은 이

그림 2-4 2-10년 커브에 대한 연준 논문 발췌

Perhaps the more interesting insight from this analysis was, ① unlike for the 2-10 yield spread, there is an obvious interpretation for why the near-term forward spread has predictive power. This spread closely mirrors—and can be interpreted as—a measure of market participants' expectations for the trajectory of Federal Reserve interest rate policy over the coming year and a half. Indeed, it is very similar to the "market-implied path (of the expected Fed policy rate)" drawn from federal funds futures rates, which is widely monitored by investors and Fed watchers. When investors (perhaps appropriately) fear an economic slowdown or especially a downturn within the next year or so, they likewise tend to expect the Federal Reserve to begin lowering its target policy rate in the not-too-distant future. This generates a low, sometimes even negative, value of the near term forward spread. Although the 2-10 spread is influenced by these dynamics as well, that measure is also buffeted by other significant factors such as risk premiums on long-term bonds.

② Ultimately, we argue there is no need to fear the 2-10 spread, or any other spread measure for that matter. At best, the predictive power of term spreads is a case of "reverse causality." That is, term spreads predict recessions because they impound pessimistic—often accurately pessimistic—expectations that market participants have already formed about the economy, and thus an expected cessation in monetary policy tightening.[4] Thus, term spreads could have little or no economic impact in and of themselves. Nevertheless, as FDR might have pointed out, it can only make things worse if investors not only fear the prospect of a recession, but at the same time, are spooked by that fear itself, which is mirrored in inverted term spreads.

(출처) Eric C. Engstrom and Steven A. Sharpe., 2022, (Don't Fear) The Yield Curve, Reprise (https://www.federalreserve.gov/econres/notes/feds-notes/dont-fear-the-yield-curve-reprise-20220325.html)

---

2 미 국채(연방정부 재무부 발행)는 만기(발행시점 기준)에 따라 다음과 같이 분류된다.
1년 미만: Bill, 2~10년: Note, 10년 초과: Bond

지표의 원리, 그리고 현재 경기침체 확률에 대해서 말씀드리겠습니다."

신 부장이 새로운 화면을 업로드하여 띄어 놓습니다.

그림 2-5 2-10년 및 10년-3개월 커브 추이(2000년 1월~2023년 3월)

(단위: %)

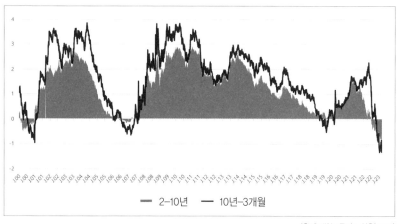

(출처) 세인트루이스 연은(FRED)

"뉴욕 연방준비위원회(이하 뉴욕 연은)[3]에서 발표하는 12개월 선행 경기침체 확률은 10년-3개월 국채 간 금리 차이(이하 일드커브)를 기준으로 산출합니다. 이 지표가 실증적으로 왜 맞는지는 뉴욕 연은에 게재되어 있는 다음 논문[4]의 실증적인 검증을 통하여 말씀드릴 수 있겠습니다. 설명하기 전에 제가 여러분에게 이 공식을 적고 시작해야겠네요."

---

3 12개 지역연방준비위원회의 일원으로서, 뉴욕 연은 총재는 FOMC 투표권을 항상 가지는 당연직이며, 연준의 통화정책을 실제 수행하는(레포(Repo) 금리 조절, 양적완화 등 공개시장조작 실행 등) 임무가 있음

4 Arturo Estrella and Frederic S. Mishkin, 1996, The Yield Curve as a Predictor of U.S. Recessions

명목금리 = 실질금리 +기대인플레이션

"제가 채권운용 전략을 쓸 때 항상 사용하는 공식이기도 합니다. 방금 찰리가 말했듯이, 연준의 기준금리 인상이 일드커브를 평평하게Flattening 만듭니다. 일드커브가 평평하다는 의미는 무엇일까요?"

'기준금리라는 명목금리를 인상함으로써 단기 기대인플레이션이 고정되어 있다고 가정하면, 실질금리가 올라가서 개인이나 기업이 쓰는 돈의 비용이 올라가게 됩니다. 비용이 올라가니까 돈을 쓰는 정도가 작아지고요. 반면에 장기 금리는 미래의 경제 활동이 부진할 것으로 예상, 기대인플레이션이 내려가게 하는 효과가 있지 않을까요?'

찰리가 마이크가 안 되는지, 신 부장의 질문에 채팅으로 답변합니다.

"네, 맞습니다. 제가 찰리가 말한 내용을 캡처해서 보여드릴게요."

그림 2-6 논문 주요 내용

Why Consider the Yield Curve?
The steepness of the yield curve should be an excellent indicator of a possible future recession for several reasons. Current monetary policy has a significant influence on the yield curve spread and hence on real activity over the next several quarters. A rise in the short rate tends to flatten the yield curve as well as to slow real growth in the near term. This relationship, however, is only one part of the explanation for the yield curve's usefulness as a forecasting tool.[2] Expectations of future inflation and real interest rates contained in the yield curve spread also seem to play an important role in the prediction of economic activity. The yield curve spread variable examined here corresponds to a forward interest rate applicable from three months to ten years into the future. As explained in Mishkin (1990a, 1990b), this rate can be decomposed into expected real interest rate and expected inflation components, each of which may be helpful in forecasting. The expected real rate may be associated with expectations of future monetary policy and hence of future real growth. Moreover, because inflation tends to be positively related to activity, the expected inflation component may also be informative about future growth.

⇨ 수익률 곡선을 고려해야 하는 이유

가파른 수익률 곡선은 몇 가지 이유로 인해 미래의 경기침체 가능성을 보여주는 훌륭한 지표임이 분명합니다. 현재 통화정책은 수익률 곡선 스프레드 및 향후 몇 분기 동안에 실질 경제 활동에 지대한 영향을 미치고 있습니다. 단기 금리의 상승은 단기적으로 실질 성장을 둔화함과 동시에 수익률 곡선을 평탄하게 만드는 경향이 있습니다. 그러나 이러한 관계는 예측 수단으로서 수익률 곡선의 유용함을 설명하는 일부분에 불과합니다. 수익률 곡선 스프레드에 담겨 있는 미래 인플레이션과 실질금리에 대한 기대 또한 경제 활동을 예측하는 데 중요한 역할을 하는 듯합니다. 이 논문에서 조사, 검증한 수익률 곡선 변수는 3개월 및 10년까지 적용하는 선도 금리에 해당합니다. 미쉬킨(Mishkin, 1990a, 1990b)이 설명한 대로, 이 금리는 기대 실질금리와 기대인플레이션 요소로 나눌 수 있으며, 이들은 미래를 예측하는 데 도움이 됩니다. 기대 실질금리는 미래의 통화정책 및 미래 실질성장률 기대와 관련이 있을 수도 있습니다. 게다가 인플레이션은 경제 활동과 정비례하는 경향이 있기 때문에 기대인플레이션 요소 또한 미래 성장에 대한 정보를 제공할 수도 있습니다.

신 부장이 논문의 일부를 발췌한 파일을 업로드합니다.

"실제 이 논문을 통하여 다른 지표(뉴욕증권거래소 지수, 미 상무부 경기선행지표(현 컨퍼런스보드 경기선행지수) 및 이를 변형하여 만든 Stock-Watson 경기선행지표) 등을 비교하여 과거의 경기침체를 예측하는 모델로 검증한 결과, 일드커브가 더 우수한 설명력을 가진 지표임을 밝혀냈습니다.

그러면 뉴욕 연은에서 발표하는 지표를 볼까요? 경기침체를 나타내는 수식은 다음과 같습니다.

12개월 후 침체 확률 $= 1 - [e(y-y^*) \div (1 + e(y - y^*))]$

y: 10년 국채 평활화된 월간 수익률

y*: 3개월 T-Bill 평활화된 월간 수익률

이 확률은 매월 발표가 되며 3월 현재, 내년 2월 경기침체 확률은 54.5%입니다(그림 2-7 참조)."

"부장님, 지난 2007년 2월 일드커브를 토대로 예측한 2008년 2월 경기침체 확률이 41%였는데, 내년 2월은 54% 수준이네요. 그리고 지난주에 실리콘밸리 은행이 파산했고요. 이번에도 이 지표가 대략 맞을 거 같은데요?"

테드가 걱정 어린 목소리로 말을 합니다.

"부장님, 그러면 이럴 때는 어떤 금융상품을 준비해야 할까요?"

마이클이 현실적인 질문을 합니다.

"네, 어쨌든 현재 일드커브를 기준으로 예측할 때, 경기침체 가능성이 그 어느 때보다도 큰 상황입니다. 이럴 때에는 채권, 주식, 달러시장이 다음과 같이 변할 것으로 예상합니다.

- 채권: 안전자산 선호현상 강화, 연준의 기준금리 인하 기대로 단기 금리 급락, 일드커브 스티프닝
- 주식: 주가 급락 가능성 큼
- 달러: 안전자산 선호로 강세. 그러나 연준의 완화정책 기대 반영 시 급락 가능성 상존

가장 확실한 것은 위험자산에 대한 비중을 줄여야 합니다. 예를 들어

그림 2-7 일드 커브(미국 10년-3개월 국채 금리 차이, 그래프 위) 및 경기침체 확률(미국 10년-3개월 국채 금리 차이로 예측, 그래프 아래)

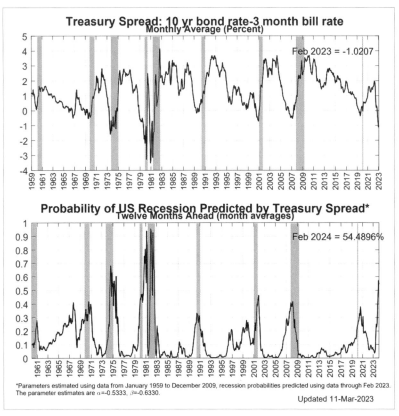

(출처) 뉴욕 연방준비위원회 (https://www.newyorkfed.org/research/capital_markets/ycfaq#/interactive)

주식의 경우 S&P 풋 옵션Put Option 매수와 같은 포지션이 필요하고요.

채권은 단기 국채 매수를 많이 함과 동시에 장·단기 금리 스티프닝에 대비한 포지션이 필요합니다. 특히 지금은 인플레이션이 높은 상황이기 때문에 기준금리를 중단, 또는 인하할 경우에 실질금리가 하락하기 때문에 물가연동채권이 유리할 것으로 보입니다.

달러는 처음에는 안전자산 선호현상으로 올라가겠지만, 통화정책 변경 시 급락할 수 있으므로 포지션 자체를 권하지 않습니다. 차라리 국채를 사는 게 좋을 거 같아요.

2007~2008년 당시 주식, 채권, 그리고 달러 인덱스 추이를 보여드리겠습니다(그림 2-8). 직전 침체 시그널이 2007년 2월에 나왔는데요. 그 이후 흐름을 보시지요. 예상대로 안전자산 선호현상으로 국채 금리 및 S&P 500 지수는 하락하였으며, 달러 인덱스는 리먼브라더스 파산 직전인 2008년 7월부터 안전자산 선호현상으로 급등하는 모습을 보였습니다.

오늘 내용을 정리하면 다음과 같습니다.

1) 장·단기 금리 역전이 경기침체를 알려주는 중요한 지표인 것은 맞다.

그림 2-8 주요 자산 추이(2007년 2월~2008년 12월)

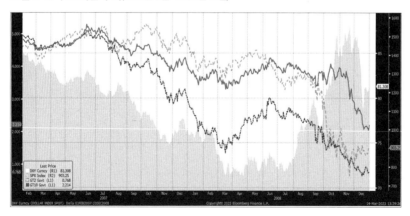

주식(S&P500): 회색 점선(우측 축 2), 국채 2년: 검은색 점선(좌측 축),
국채 10년: 하늘색 실선(좌측 축), 달러 인덱스: 회색 영역(우측 축 1)

(출처) Bloomberg

2) 하지만 시장의 통념대로 2-10년간 커브보다는 일드커브인 10년-3개월 국채 금리 간 차이가 경기침체를 보여주는 확실한 지표이다.

3) 뉴욕 연은에서 이 지표를 개발, 1년 후 경기침체 확률 모델을 매월 발표하고 있음.

4) 경기침체 시그널 시 안전자산 선호 현상, 커브 스티프닝을 염두에 두고 투자하라.

이상입니다."

"오늘 부장님께서 알려주신 일드커브 역전, 그리고 경기침체 확률은 선행지표라는 점에서 엄청 유익했습니다. 내일 당장 저희 지점장님께 주가 하락에 대비한 풋 옵션을 매수하고 미 국채 비중을 늘리도록 하겠습니다. 감사합니다."

마이클의 말과 함께 찰리, 테드는 대화방에서 나갑니다. 찰리는 업무 중, 그리고 테드는 이른 아침입니다.

03

컨퍼런스보드 경기선행지수

2023년 3월 17일(금)

　금요일 밤 11시, 평소 같으면 일찍 퇴근해서 신혼의 단꿈을 즐길 시간입니다. 하지만 지난주 SVB 파산, 크레디트스위스 위기 등 금융시장 혼란으로 안예슬 대리는 계속 사무실에 남아 있습니다. 경기침체가 닥쳐오면 보유하고 있는 크레디트 채권이나 주식 등 위험자산은 그야말로 '작살'이 날 것입니다. 그리고 높은 인플레이션을 감안하면 채권 금리도 과거처럼 내려가서 위험자산 가격 하락을 어느 정도 상쇄해줄지 의문입니다. 이때 컨퍼런스 보드에서 발표하는 경기선행지수(전월 대비)가 블룸버그 스크린에 팝업으로 나옵니다.

　예상 -0.3%, 실제 -0.3%, 전월 -0.3%

　'경기침체가 오겠어. 우선 보유하고 있는 크레디트 채권들을 정리해야겠어. 매도 리스트를 만들어보자.'

　안 대리는 보유 중인 포트폴리오 파일을 열어서, 글로벌 은행채 등 매

그림 2-9 달러 크레디트 채권 스프레드(2022년 1월~2023년 3월)

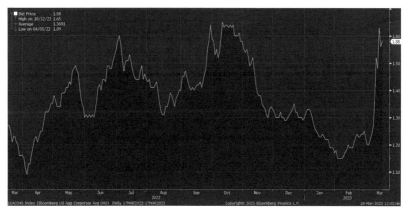

크레디트 스프레드: Bloomberg US Agg Corporate Avg OAS(LUACOAS Index)

(출처) Bloomberg

도할 만한 채권 리스트를 만들기 시작합니다. 그러나 이미 크레디트 스프레드는 대폭 확대되어 있는 상태입니다.

이때 신 부장이 사무실로 들어옵니다. 사실 신 부장은 오늘 오후 4시에 출근했습니다. 오늘 발표하는 주요 지표를 확인하고 어떻게 대책을 세울지에 대해 생각하기 위해 자율 출·퇴근제를 신청한 것입니다.

퇴근 시간이 2시간밖에 남지 않은 신 부장에게 안 대리는 경기선행지표의 의미에 대해서 궁금한 점이 많습니다. 경기선행지표가 어떻게 구성되어 있고, 어떤 의미가 있고, 이것이 채권, 주식, 외환시장에 어떤 영향을 미치는지까지입니다.

"안 대리, 미 국채 10년물 2,000만 달러 정도 매입 어때? 경기선행지표가 계속 음을 보이니, 조만간 침체 가능성이 커지겠어. 여기에 SVB 사태니 크레디트스위스 이슈니 다 터지고 있잖아."

"아! 부장님, 그래서 말인데요. 제가 사실 지금 발표한 경기선행지표에 대해서는 아직 완벽하게 숙지하지 못했습니다. 혹시 매입 전에 대략 설명해주실 수 있으신지요?"

"아, 그런가? 물론이지. 어디서 이야기할까? 여기 원탁 테이블에서 이야기하자."

안 대리는 연준의 자세로, 완벽하게 경기지표를 이해한 후에 행동에 나서고 싶습니다. 다행히 신 부장은 매입을 조급하게 생각하지 않고, A4 용지와 몇 가지 자료를 구비하고 테이블에 앉습니다.

"우선 오늘 발표했던 경기선행지수는 미 상무부의 의뢰를 받은 컨퍼런스 보드라는 민간기관에서 매월 중순 발표하는 공식 자료야. 쉽게 예를 들어 KOSPI에 상장되어 있는 삼성전자에 투자한다고 가정해보자고. 삼성전자가 스마트폰 실적이 좋아서 작년 4분기 영업이익이 엄청 올랐다고 가정해봐. 그러면 투자자들이 삼성전자 주식을 사겠지? 그런데 매입하는 동기가 뭘까?"

"아무래도 삼성전자 실적이 잘 나와서 그런 거 아닐까요?"

안 대리가 당연하다는 듯 대답합니다.

"물론 그렇게 생각하는 사람도 있지만, 대부분은 '앞으로 삼성전자 실적이 좋아질 거야'라는 기대감 때문에 매입을 하는 거지. 주식 사는 사람들이 뭐 기부할라고 사는 게 아니잖아. 모두 자기가 매입한 가격보다 매도했을 때 기준가가 훨씬 높기를 바라고 사는 거지.

즉 경기선행지수는 '앞으로 경기가 이렇게 변할 거야'라고 기대하는 모습을 보여주는 몇 개의 경기지표를 종합해서 만든 거야. 그러면 다음 순서대로 내가 설명을 해볼게."

1) 컨퍼런스 보드 경기선행지수 구성 항목
2) 최근 경기선행지수 추이
3) 금일 발표 경기선행지수 분석
4) 금융시장에 미치는 영향

"아! 감사합니다, 부장님. 목차만 봐도 앞으로 경기선행지수에 대해서는 제 또래 동료보다 훨씬 많이 알 수 있을 것 같습니다."

신 부장은 지난달, 개인퇴직연금부 및 신탁부 직원들에게 강의한 자료를 먼저 나누어줍니다.

"내가 준 항목들의 가중평균을 낸 다음에, 2016년 동일한 기준으로 만든 지수는 100이라고 가정한 후에 산출한 상대지표지. 이를 통해서 보통 3~9개월 정도 선행하여 움직이니까, 앞으로 어떤 일이 일어날지 예측하는 데 도움을 주는 지표이기도 해."

"네, 맞습니다. 부장님. 요즘 들어 뉴스에서 경기침체에 대한 이야기가 늘어난 것이 다 저 부진한 경기선행지표 영향이지 않나 싶습니다."

안 대리가 경기선행지표의 산출 방법에 대해서 완벽하게 이해한 모습입니다.

"맞아, 사실 2010년 이후에는 경기선행지수에 대한 논란이 좀 있었어. 왜냐하면 2008년 금융위기 이후 연준이 전대미문의 통화 완화정책(제로

표 2-3 컨퍼런스 보드 경기선행지수 구성 항목

No.	대구분	소구분	비중	설명
1	금융	10년 국채 – 기준금리	10.7%	마이너스일 경우, 경기침체 시그널
2		Leading Credit Index (Ticker: LEI LCI Index)	7.9%	컨퍼런스보드가 직접 만든 지수로, 이자율 스와프, 크레디트 스프레드, CDS(신용부도 스와프), 연준 고위 대출담당자 조사 등
3		S&P 500	3.8%	단기(6~12개월) 선행지표로 사용
4	비금융	제조업 평균 근로시간(주당)	27.8%	고용보고서(매월 첫주 금)에서 발췌
5		ISM 신규 수주	16.5%	ISM제조업(매월 첫 영업일)에서 발췌
6		소비자기대지수	15.5%	컨퍼런스 보드 자체 조사, 로이터 및 미시간 대학 소비자 심리 보고서 결과를 바탕으로 작성(세 개 항목 동일비중)
7		제조업 소비 & 자재 신규주문	8.1%	제조업 수주 보고서에서 발췌. 인플레이션 조정 후 수치로 현재 재고 수준 및 미래 소비자 수요에 대한 제조업 만족도 조사
8		비국방 분야 신규 수주	3.6%	제조업 수주 보고서에서 발췌. 경기하강의 징조가 감지되면 자본설비와 자본재에 대한 신규 지출 삭감
9		주간 신규실업보험 청구	3.3%	실업청구보고서에서 발췌
10		신규 민간주택 건축허가	2.7%	주택착공보고서에서 발췌. 미래 건설 활동의 선행지표 역할

(출처) 컨퍼런스 보드, 《세계 경제지표의 비밀》(맑은 글, 2022년 개정판), p. 257~258 참조

금리정책(즉 돈을 빌릴 때 차입비용이 거의 없음), 양적완화(연준 내가 시장에 있는 자산들 다 사줄 테니까 받은 돈으로 금융시장에 재투자해) 등)으로 아무리 사이클이 나빠도 금융지표의 호조로 제대로 작동하지 않았어.

그럼에도 불구하고, 긴축정책을 하는 현재 시점에서는 다시 이 경기선행지표를 볼 필요가 있어. 이걸 제대로 읽어야만 우리가 투자를 제대로 할 수 있거든. 그러면 2000년 이후에 경기선행지표 흐름을 보자고."

"아, 진짜 전월 대비도 점점 내려가지만, 확실히 전년 대비 지표를 보

그림 2-10 경기선행지표(전월 대비) **추이**(2000년 1월~2023년 3월)

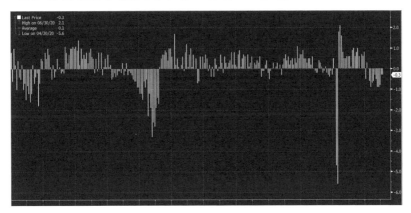

그림 2-11 경기선행지수(전년 대비) **추이**(2000년 1월~2023년 3월)

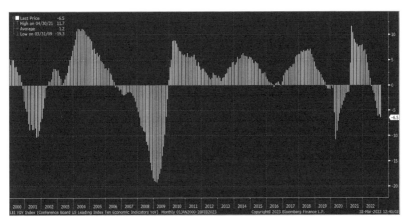

니 경기침체 가능성이 커지고 있네요."

그래프 자체만 봐도 미국의 경기 상황이 앞으로 좋지 않을 것이라는 우려가 커질 법합니다.

"그러면 오늘 발표한 내용을 한번 볼까? 프린트 좀 부탁해."

그림 2-12 헤드라인 기사 중(2023년 3월 17일 발표)

LEI for the U.S. Continued to Decline in February

The Conference Board Leading Economic Index® (LEI) for the U.S. fell again by 0.3 percent in February 2023 to 110.0 (2016=100), after also declining by 0.3 percent in January. The LEI is down 3.6 percent over the six-month period between August 2022 and February 2023—a steeper rate of decline than its 3.0 percent contraction over the previous six months (February–August 2022).

"The LEI for the US fell again in February, marking its eleventh consecutive monthly decline," said **Justyna Zabinska-La Monica, Senior Manager, Business Cycle Indicators, at The Conference Board.** "Negative or flat contributions from eight of the index's ten components more than offset improving stock prices and a better-than-expected reading for residential building permits. While the rate of month-over-month declines in the LEI have moderated in recent months, the leading economic index still points to risk of recession in the US economy. The most recent financial turmoil in the US banking sector is not reflected in the LEI data but could have a negative impact on the outlook if it persists. Overall, The Conference Board forecasts rising interest rates paired with declining consumer spending will most likely push the US economy into recession in the near term."

(출처) https://www.conference-board.org/topics/us-leading-indicators

⇨ 컨퍼런스보드 경기선행지수(LEI)는 23년 2월 기준 전월 대비 0.3% 하락한 110으로 떨어졌습니다. 이는 1월 지표에서 전월 대비 0.3% 하락 이후 2개월 연속 하락 추이입니다. 지난 6개월(2022년 8월부터 2023년 2월)간 LEI는 직전 6개월 대비 3.6% 하락하였으며, 이는 지난 6개월(2022년 2~8월) 기준, 직전 6개월 대비 3.0% 하락한 비율보다 더 가파르게 하락하고 있는 추이입니다.

안 대리가 오늘 발표한 경기선행지수의 기사를 뽑아옵니다.

"자, 우선 이번 경기선행지수의 총평부터 볼까?

첫 단락에 지표 변동 내역이 나와 있고, 두 번째 단락에서 총평이 나와 있네. 한번 줄을 쳐보자. 여기 줄 친 것처럼 11개월 연속으로 떨어지고 있단다. 그리고 다음 보면 10개 항목 중 8개가 전월 대비 하락하는 모습을 보였네. 그러면 10개 항목 변동 내역을 볼까(그림 2-13)?"

그림 2-13 세부 항목 변동 내역(2023년 3월 17일 발표)

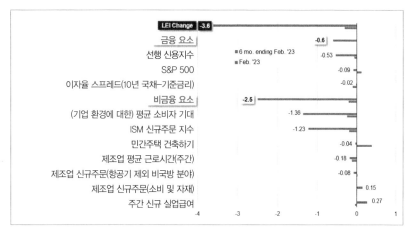

"부장님, 프린트한 것 뒷장 넘기면 그래프가 하나 나오는데요(그림 2-14). 이게 왠지 중요해 보이는데요?"

안 대리의 질문에 신 부장은 그래프를 유심히 봅니다.

"아하, 이건 직전 6개월 수치 대비 변동 내용[5]이야. 컨퍼런스보드 측에서는 이 수치가 대단히 중요하다고 설명하고 있네. 맞아. 여기 보면 전기(직전 6개월) 대비 −0.4% 이상이면, 앞으로 12개월 후에 경기침체가 온다는 내용이야.

문제는 이번 금융 혼란이 위 지표에 반영이 안 되었다는 거지. 다음 달에 발표할 이번 3월 경기선행지수도 안 좋게 나올 가능성이 커."

"그러면 이 경기선행지수가 금융시장에 미치는 영향은 어떨까요? 제가 채권시장은 자신 있게 말씀드릴 수 있는 게, 경기침체가 일어나면 안

---

5 이번 발표는 직전 기준(2022년 1월~2022년 7월) vs 현재 기준(2022년 8월~2023년 2월) 간 변동 내역이다.

그림 2-14 직전 6개월 대비 변동 추이(2000년 1월~2023년 3월)

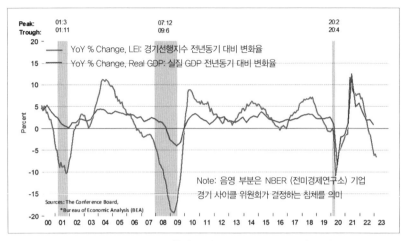

전자산 선호현상이 높아져서 채권 금리 자체가 내려가는(즉 가격이 올라가는) 상황이 연출됩니다. 그래서 안전자산인 미 국채를 매입하자는 부장님 말씀에 공감이 갑니다."

"주식시장은 요즘 주가흐름 보면 알겠지만, 경기침체는 결국 주가 하락을 동반하겠지. 지금도 주가가 내려가잖아. 온갖 지표가 안 좋으니까. 그런데 경기침체가 일어나면 어떤 현상이 일어나지? 고용이 둔화하고 마이너스 경제 성장을 한다는 거잖아? 그러면 연준 설립 목적의 한 축인 완전고용과 항상 염두에 두고 있는 인플레이션 걱정 없는 성장이 무너지는 거지. 그래서 참여자들은 페드 풋FED Put[6]을 기대하고 오히려 주가가 반등할 수 있는 거지.

---

6 시장이 위태로울 때마다 연준이 나서서 금융완화 정책 발언 등을 통해서 혼란을 수습하고 금융시장을 부양한다는 용어

예를 들어 지난 주에 미 재무부와 연준, 그리고 예금보험공사가 실리콘밸리 은행SVB, 퍼스트리퍼블릭 은행 등 지역 은행 구제방안으로, BTFPBank Term Funding Program(은행 기간 펀딩 프로그램)[7]이니 전액 예금보호 등의 구제책으로 주가를 부양시키는 것 등은 일종의 페드 풋이라고 하겠지.

결론을 말하자면, 경기침체 가능성이 커지면 초기에는 위험자산이 내려가나, 페드 풋에 대한 기대감이 높아져 오히려 주가가 상승하는 경우도 있어. 그러니까 중·장기적 관점에서 꼭 경기선행지수의 지속적인 마이너스 성장이 주가에 나쁜 것은 아니라고 말할 수 있겠지?

외환시장은 미국의 경기침체는 곧 전 세계의 경기침체니까 안전자산 선호현상 발동으로 달러 가치가 올라가다가, 페드 풋 기대감이 높아지면 달러 가격이 떨어지는 모습을 보일 거야.

사실 우리나라의 침체 가능성이 커진다고 해봐. 그러면 외국인 투자자들이 한국에 발을 빼고 돈을 유출할 거고, 그러면 원화 가치가 떨어질 거 아냐? 다만 달러라는 기축통화의 특성상, 경기침체가 안전자산 선호현상을 불러일으켜 가치가 올라간다는 예외를 말하고 싶었어.

지금 상황을 빗대어 보면, 작년 3월부터 계속 기준금리를 올려왔잖아. 그래서 달러 가치도 엄청 상승하고 말이야. 인플레이션이 여전히 높지만, 작년보다는 내려오는 상황이고. 이렇게 금융시장 혼란이 지속되면 결국 연준은 적어도 기준금리를 올리지 않겠지? 그러면 달러 가치는 떨어지는 거야. 그래서 경기침체가 일어나면 단기적으로 달러 가치는 상승할 수 있지만, 결국은 하락하는 것이 맞다고 생각해.

---

7 지역 은행이 보유 중인 국채 및 Agency MBS를 담보로 최장 1년 만기로, 연준이 지역 은행 앞으로 대출을 해주는 프로그램(2023년 3월 10일 발표)

그림 2-15 미 10년 국채 금리 흐름(2023년 1~3월)

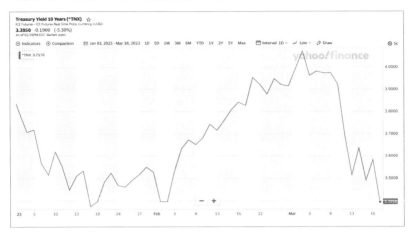

(출처) Yahoo Finance

안 대리, 너무 시간이 늦었다. 그런데 질문 있나?"

신 부장은 내심 이 '작은 세미나'를 끝내고 싶어 합니다. 그도 그럴 것이 벌써 자정을 향해가고 있습니다.

"아닙니다. 이 정도면 충분합니다. 어쨌든 경기침체 가능성이 커지니, 지금 국채 10년물 좀 사두겠습니다. 5,000만 달러 정도 매입할까요?"

"최근에 국채 금리가 많이 떨어졌고(그림 2-15 참조), 다음 주에 FOMC 있으니까 2,000만 달러 사고, 금리 오를 때마다 1,000만 달러씩 사라고."

04

내구재 주문(Durable Goods Order)

2023년 3월 24일(금)

불타는 금요일을 보내야 할 저녁 10시, 오만기 씨는 블룸버그를 보며 미국 채권시장 및 달러 흐름을 주시합니다. 몸은 매우 피곤하지만, 책과 미디어를 통해서만 접했던 글로벌 금융시장 동향을 직접 몸으로 체험하고 선배들로부터 '지식 대물림'을 받으니 해외채권 운용역으로서 자부심을 갖게 됩니다.

글로벌 시장은 오만기 씨가 2주 전 베이지북 발표 때와는 확연히 달라졌습니다. 실리콘밸리 은행 파산, 퍼스트리퍼블릭 은행 파산 위기 등 미국 지역 은행 부실 위기로 재무부, 연준 등 미 금융당국이 신속하게 구제방안을 시행하였습니다. 유럽에서는 크레디트스위스 파산 위기 및 UBS가 이를 인수합니다. 그런데 오늘은 도이치뱅크 위기설이 나돕니다.

'아무리 찾아봐도 도이치뱅크가 위기라는 징후가 없는데? 재무제표상에도 별다른 문제가 없고… 순이익만 늘었는데….'

미 지역 은행들 위기가 전염되면서, 이들이 보유하고 있는 상업용 부

그림 2-16 도이치뱅크 CDS(만기 1년, 통화 EUR)

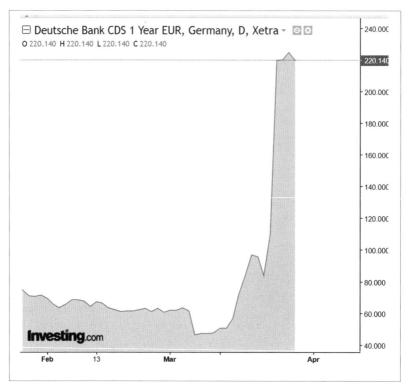

동산 대출 또한 부실 위험이 높아지고 있습니다. 여러모로 미국 경제가 침체로 접어들 것이라는 전망이 미디어를 통해서 자주 들립니다. 월초 와는 너무도 다른 분위기입니다.

이때 신 부장이 저녁 식사를 마치고 사무실로 들어옵니다. 기러기 아 빠인 그는 금요일 저녁에 야근을 하거나, 일부러 저녁 약속을 잡아 회포 를 푼 후 10시에 사무실에 돌아와 약 2시간 정도 금융시장을 체크하고 퇴근합니다.

"오만기 씨, 아직 퇴근 안 했네. 불금인데 빨리 들어가. 여자친구 안 만나?"

"부장님, 저 지난주에 여친과 헤어졌습니다. 사실, 뭐 하늘이 저에게 더욱 일에 정진하라는 계시로 알고 열심히 일하고 있습니다."

신 부장은 20살 넘게 차이 나는 오만기 씨의 이런 푸념이 어찌 보면 귀엽기도 하고 부럽기도 합니다. 젊을 때만 느낄 수 있는 이성 간의 관계에 대한 설렘이라고나 할까요?

"그런데 부장님, 미국의 경기 상황이 심각한 거 같습니다. 지역 은행들이 대출 요건을 강화한다는 이야기도 들리고요. 그러면 더욱 돈줄이 말라가는 거 아니겠습니까?"

"그럴 수 있지. 5월에 기준금리 못 올릴 거라고 주장하는 사람도 있으니까. 그리고 어제 파월 의장이 그랬잖아. 은행의 대출 기준이 강화되어 신용창출을 제한한다면 그것이 인플레이션 하락, 고용 여건 악화에 영향을 주어 마치 기준금리를 25bp 인상하는 효과가 있다고 말이야.

그런데 이러한 금융시장 악화에 따른 경기침체 예상도 가능하겠지만, 실물경제는 현재 어떻게 돌아가고 있는지 점검할 필요가 있어. 아마 30여 분 전에 내구재 신규주문 결과가 나왔을 텐데?"

오만기 씨는 내구재라는 단어 자체가 생소합니다. 그에 맞는 영어단어를 찾아보니 'Durable Goods'로 나옵니다.

"제가 신입이라서 내구재의 의미를 몰랐습니다. 구체적으로 어떤 것들을 포함하는지요?"

"하하, 나도 처음에 내구재라고 표현해서 잘 몰랐어. 임의소비재라는 단어도 그랬고. 괜찮아.

내구재는 항공기, 자동차, 기계류 등 3년 이상 평균수명을 가지고 있는 상품을 포괄해서 말하는 거야. 오래 쓸 수 있으니까 그것의 부가가치가 되게 높겠지? 이런 내구재 신규주문이 많을수록, 앞으로 경기 상황이 좋아질 것이라는 기대감을 갖게 되겠지? 비싼 제품을 기꺼이 구입해서 쓰겠다는 거니까. 이 지표는 미국의 인구조사국Census Bureau에서 매월 발표하는데, 금년 발표 일정은 이걸 참고해(그림 2-17)."

그림 2-17 2023년 발표 일정

서베이 대상 월	내구재 및 총제조량 사전보고서(오전 8시 30분 공개)	전체 보고서 (오전 10시 공개)
November 2022	Fri 12/23/2022	Fri 1/6/2023
December 2022	Thu 1/26/2023	Thu 2/2/2023
January 2023	Mon 2/27/2023	Mon 3/6/2023
February 2023	Fri 3/24/2023	Tue 4/4/2023
March 2023	Wed 4/26/2023	Tue 5/2/2023
April 2023	Fri 5/26/2023	Mon 6/5/2023
May 2023	Tue 6/27/2023	Wed 7/5/2023
June 2023	Thu 7/27/2023	Thu 8/3/2023
July 2023	Thu 8/24/2023	Tue 9/5/2023
August 2023	Wed 9/27/2023	Wed 10/4/2023
September 2023	Thu 10/26/2023	Thu 11/2/2023
October 2023	Wed 11/22/2023	Mon 12/4/2023
November 2023	Fri 12/22/2023	Not available at this time

(출처) 미 인구조사국

"부장님, 그러면 이 지표는 어떻게 조사하여 산출되는 것인지요?"

오만기 씨의 질문에 신 부장이 대답한다. 마치 법륜스님의 즉문즉답처럼.

"이 지표는 제조기업의 출하, 재고, 주문(Shipments, Inventories, Orders, 이상 M3)의 매월 실적 및 전월 대비 변동 내역을 담고 있어. 현재 시점으로 약 92개 산업군의 3,100개 기업을 대표하는 약 5,000개 보고 단위를 기초로 서베이 결과를 취합해. 2023년 현재, 이들 기업의 출하 기준은 전미 전체 출하량 가치의 50% 정도를 반영하고 있어. 대표성을 갖기에 충분한 표본인 거지.

그러면 오만기 씨, 이 지표에서 발표하는 M3 각 항목의 의미를 대학교 때 배웠던 생산관리 내용을 잘 떠올려서 말해줄 수 있나? 나는 대학 졸업한 지 30년이 되어서 잘 몰라. 하하."

그냥 듣고 쓰면 잘 잊어버립니다. 그러나 대답하고 설명하면서 상호 대화 형태로 학습하면 잘 기억하는 법입니다.

"출하는 현재 주문, 생산을 거쳐 최종 구매자에게 운송되고 있는 상품을 의미합니다. 재고는 잘 아시겠지만, 즉각적인 주문에 대응하기 위해 기업들이 창고에 보관하고 있는 여유분입니다. 재고가 많다는 것은 향후 주문이 늘어날 것이라는 기대감을 반영하기도 하지만, 제품 판매가 부진하여 팔지 못해 창고에 '썩고 있다'는 우려를 나타내기도 합니다. 따라서 재고를 볼 때에는 주문량을 같이 봐야 한다고 배웠습니다. 마지막으로 주문은 말 그대로, 최종 소비자 또는 중간재 수요자가 제조기업에 신규 상품을 요청하는 것입니다."

완벽한 답변입니다. 원래 부를 거머쥐려면 생산, 유통 과정을 빠삭하게 알아야 한다고 오만기 씨는 배웠습니다. 《허생전》에 나오는 허생처럼 말이지요.

"한 가지 덧붙이면, 수주잔량도 같이 보고해. 수주잔량은 주문을 받고 아직 출하 전 단계의 상태를 의미하지. 이런 뉴스를 봤을 거야. 2016년 도인가 대우조선해양이니 삼성중공업 같은 조선업체들 수주잔량이 0이라고. 그래서 한때 한국의 '베니스'를 꿈꾸던 거제, 옥포조선소 주변 상권이 완전히 죽었지. 밤에 가로등이 켜진 곳이 거의 없어서 칠흑 같은 어둠으로 표현했던 기억이 나네. 자, 이번 내구재 주문 하이라이트 좀 프린트해줄래?"

오만기 씨가 2부를 프린트하여 신 부장에게 건넵니다.
"우선 블룸버그 통해서 20년 동안 내구재 신규주문 하고 운송 부문을 제외한 신규주문을 보자고."
"그런데 왜 운송 부문을 제외한 신규주문을 같이 보나요?"
오만기 씨는 제조업 신규주문은 그 자체가 매우 중요하다고 생각하기 때문에 운송 부문을 군이 뺄 필요는 없어 보인다고 생각합니다.
"아, 운송 부문 주문에는 민간 항공기가 포함되어 있어. 오만기 씨, 그거 아나? 예전에 시진핑 주석이 2015년 미국을 방문했을 때, 보잉사를 방문한 적이 있어. 그때 나온 기사, 내가 다이어리에 스크랩한 게 있는데…. 아, 여기 있다. 한번 볼래?"

"우와, 300대. 1대당 우리나라 돈으로 1,500억 원 정도 한다는데요?

그림 2-18 관련 기사(2015년 9월 23일)

Boeing Hosts China President Xi Jinping, Announces Airplane Sales, Expanded Collaboration with China's Aviation Industry

In Boeing factory, President engages with employees about airplanes built for China

Boeing, China finalize agreements for 300 China orders & commitments

Boeing, COMAC to partner on 737 completion and delivery center in China

Additional cooperation with Chinese supplier AVIC

New initiative to develop sustainable aviation biofuel to reduce carbon emissions

(출처) Boeing 홈페이지

⇨ 중국은 300대의 주문 및 약정을 위한 합의를 끝냈으며, Boeing과 COMAC은 중국 내 737 완료 및 납품 센터 협력을 위한 파트너십을 맺을 예정입니다.

300대면, 뭐 45조네요."

"항공기는 워낙 고가니까 1대 단위로 주문하기도 하고, 때로는 월 주문량이 0인 경우도 많아. 그런데 저렇게 대량 구매하는 경우도 있어. 중국, 인도에서 저렇게 보잉하고 에어버스, 양대 민간 항공기 제조사에 주문한다고. 그러면 변동성이 커지니까 현재 경기 상황과는 동떨어진 해석을 할 수 있어. 따라서 운송을 제외한 내구재 신규주문 추이를 보는 것이 중요해."

신 부장은 블룸버그로 내구재 주문 및 운송 제외 내구재 주문 현황을 열고, 오만기 씨에게 보여줍니다.

"확실히 운송 부문을 제외한 추이가 변동성이 훨씬 작네요. 그리고 확실히 작년 하반기부터 신규주문의 월 변동이 점점 마이너스로 가는 분위기입니다."

그림 2-19 내구재 주문 현황(전월 대비, 2015년 1월~2023년 2월)

(단위: %)

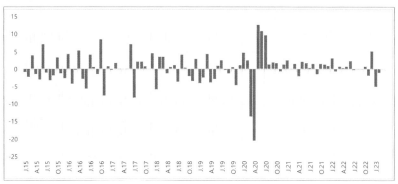

출처) Bloomberg, 미 인구조사국

그림 2-20 운송 부문 제외 내구재 신규주문(전월 대비, 2015년 1월~2023년 2월)

(단위: %)

출처) Bloomberg, 미 인구조사국

"그럼 오만기 씨가 프린트한 2월 내구재 M3를 한번 살펴보자고(그림 2-21).

첫 번째 박스를 보면 전월 대비 −1.0%, 그리고 1월 조정분은 작년 12월 대비 −5%야. 그러나 항공기를 포함한 운송 부문을 제외하면 전월하고 별 차이는 없네. 항공기 등 운송 쪽 신규주문이 확연히 줄어들었음을

그림 2-21 2월 내구재 신규주문 하이라이트 1(2023년 3월 24일)

DURABLE GOODS – NEW ORDERS

FEBRUARY 2023	$268.4 billion	-1.0%*
JANUARY 2023 (revised)	$271.0 billion	-5.0%*

Next release: April 26, 2023

Data adjusted for seasonal variation but not for price changes.
*Statistical significance is not measurable for this survey. The Manufacturers' Shipments, Inventories, and Orders estimates are not based on a probability sample, so the sampling error of these estimates cannot be measured nor can the confidence intervals be computed.
Source: U.S. Census Bureau, Manufacturers' Shipments, Inventories and Orders, March 24, 2023.

DURABLE GOODS NEW ORDERS 2022-2023
Seasonally Adjusted, Month-To-Month Percentage Change

Source: U.S. Census Bureau, Manufacturers' Shipments, Inventories, and Orders, March 24, 2023.

New Orders

New orders for manufactured durable goods in February, down three of the last four months, decreased $2.6 billion or 1.0 percent to $268.4 billion, the U.S. Census Bureau announced today. This followed a 5.0 percent January decrease. Excluding transportation, new orders were virtually unchanged. Excluding defense, new orders decreased 0.5 percent. Transportation equipment, also down three of the last four months, drove the decrease, $2.6 billion or 2.8 percent to $89.4 billion.

Shipments

Shipments of manufactured durable goods in February, down two consecutive months, decreased $1.5 billion or 0.6 percent to $274.8 billion. This followed a 0.4 percent January decrease. Transportation equipment, also down two consecutive months, led the decrease, $1.3 billion or 1.4 percent to $90.1 billion.

(출처) 미 인구조사국(https://www.census.gov/manufacturing/m3/adv/pdf/durgd.pdf) page 1

알 수 있지. 아무래도 코로나 팬데믹 영향이 100% 없어지지는 않았다, 이렇게 해석해야 하지 않을까?

두 번째 박스, 출하에서도 감소가 일어나고 있네. 적어도 제조업 쪽의 분위기가 그렇게 좋은 편은 아니야."

오만기 씨는 첫 번째 박스의 방산 부문에 대해서도 관심 있어 합니다.

"부장님, 방산 부문을 무엇을 의미하는지요?"

"아, 미국이 세계 군사력 최강이잖아? 그리고 지금 우크라이나-러시아 전쟁 중 우크라이나를 열심히 돕고 있고. 방산은 사실 경기 동향과는 큰 상관은 없어서 이 부분도 빼고 봐야 돼. 그래서 다음 페이지를 보면, 방산 부문을 제외한 자본재 항목이 나와(그림 2-22).”

신 부장이 자본재 항목 중 방산 제외 자본재 주문에 박스를 그립니다.
“아, 이 부분도 되게 안 좋군요.”
“반면에 위의 재고 쪽을 보면, 오히려 재고는 늘었어. 오만기 씨가 아까 설명한 주문량은 줄어드는데 재고는 쌓이는, 좀 안 좋은 시그널이지?

그림 2-22 2월 내구재 신규주문 하이라이트 2(2023년 3월 24일)

Unfilled Orders
Unfilled orders for manufactured durable goods in February, down two consecutive months, decreased $1.2 billion or 0.1 percent to $1,155.4 billion. This followed a virtually unchanged January decrease. Transportation equipment, down following twenty-one consecutive monthly increases, led the decrease, $0.7 billion or 0.1 percent to $683.8 billion.

Inventories
Inventories of manufactured durable goods in February, up twenty-four of the last twenty-five months, increased $0.9 billion or 0.2 percent to $493.6 billion. This followed a 0.2 percent January decrease. Transportation equipment, up three of the last four months, led the increase, $0.6 billion or 0.4 percent to $158.8 billion.

Capital Goods
Nondefense new orders for capital goods in February decreased $1.0 billion or 1.2 percent to $82.0 billion. Shipments decreased $0.5 billion or 0.6 percent to $83.2 billion. Unfilled orders decreased $1.2 billion or 0.2 percent to $662.6 billion. Inventories increased $0.5 billion or 0.2 percent to $218.8 billion. Defense new orders for capital goods in February decreased $1.2 billion or 7.4 percent to $14.5 billion. Shipments decreased $0.2 billion or 1.6 percent to $14.6 billion. Unfilled orders decreased $0.2 billion or 0.1 percent to $188.9 billion. Inventories increased $0.1 billion or 0.3 percent to $23.3 billion.

Revised January Data
Revised seasonally adjusted January figures for all manufacturing industries were: new orders, $540.2 billion (revised from $542.8 billion); shipments, $545.6 billion (revised from $547.8 billion); unfilled orders, $1,156.6 billion (revised from $1,157.0 billion) and total inventories, $806.9 billion (revised from $808.3 billion).

(출처) 미 인구조사국(https://www.census.gov/manufacturing/m3/adv/pdf/durgd.pdf) page 2

⇨ 비국방 분야 2월 자본재에 대한 신규주문(전월 대비)도 10억 달러 또는 1.2% 감소한 820억 달러입니다.

그림 2-23 비군수용 자본재(항공기 제외) 표 상세

Item	Seasonally Adjusted					
	Monthly			Percent Change		
	Feb 2023 [2]	Jan 2023 [r]	Dec 2022	Jan - Feb [2]	Dec- Jan [r]	Nov - Dec
Capital goods[3]:						
Shipments................	97,821	98,550	100,220	-0.7	-1.7	0.8
New Orders................	96,434	98,605	114,303	-2.2	-13.7	14.7
Nondefense capital goods:						
Shipments................	83,198	83,696	85,164	-0.6	-1.7	0.1
New Orders................	81,984	82,993	99,115	-1.2	-16.3	17.6
Excluding aircraft:						
Shipments................	75,336	75,312	74,649	0.0	0.9	-0.6
New Orders................	75,162	75,027	74,768	0.2	0.3	-0.2

(출처) 미 인구조사국(https://www.census.gov/manufacturing/m3/adv/pdf/durgd.pdf) page 5

그 정도가 약하긴 하지만 말이야."

신 부장이 본인의 답을 잊지 않고 실제 지표에 적용해주니, 절대 이 부분을 안 잊을 것 같습니다.

"다음은 세부 내용을 한번 보자고.

채권시장에 바로 영향을 주는 지표는 내구재 전체, 그리고 운송제외 내구재 신규주문이지만, 실제 경기 상황을 파악할 수 있는 지표는 비군수용 자본재(항공기 제외)야(그림 2-23). 이 지표를 표에서 보면… 아휴, 나 노안 와서 이렇게 작은 거 못 보겠다. 안경 좀 가져올게.

아, 이제야 잘 보인다. 실제 이 수치는 오히려 (+)였구먼. 미약하기는 하지만 말이야. 이 지수의 흐름을 보면, 별로 변동이 없다가 경기침체기에 접어들면 급속도로 하락하는 모습을 보여. 현재 지표는 거의 고점에 와 있는 모습이네.

도이치방크 헤드라인 때문에 내구재가 약간 묻힌 경향이 있기는 한데,

그림 2-24 비군수용 자본재(운송 제외) **지표 추이**(1992년 1월~2023년 2월)

내구재 신규주문 지표는 의외로 금융시장에 영향을 많이 줘. 오만기 씨가 생각하기에는 어떤 결과가 나올 거 같아?"

오만기 씨가 세 가지 종류의 시장을 분류하여 대답합니다.

"부장님께서 말씀 주신 내구재 신규주문 지표는 전형적인 성장지표입니다. 경기확장기에는 성장하고 침체기에는 수축하는 모습을 보입니다. 따라서 내구재 신규주문이 잘 나올 경우에는,

1) 채권시장: 금리가 상승하고 크레디트 스프레드는 축소합니다. 특히 항공기 및 방산을 제외한 자본재의 추이를 같이 봐야 합니다. 경기침체가 올 경우에는 이 지표 중심으로 급속도로 하락하고, 이에 채권 금리 또한 하락합니다. 이는 경기 침체에 대한 안전자산 선호로 크레디트 채권의 스프레드는 확대될 것입니다. 이후 연준이 통화정책을 변경, 완화정책으로 금리는 추가로 하락하고 스프레드는 축소 전환할 것입니다.

2) 주식시장: 내구재 주문이 잘 나오면 기업 실적 향상 기대감으로 주식시장은 긍정적인 영향을 받아야 합니다. 그러나 지금같이 통화정책을 긴축 모드로 가져갈 경우에는 연준 당국자들이 '내가 이렇게 돈줄을 죄었는데도 주문이 잘 나

와? 경기가 여전히 확장 국면이구나'라고 생각하여 기준금리 인상이나 양적 축소를 더 세게 할 수 있습니다. 그래서 이는 위험자산에 오히려 악영향을 줍니다. 마치 'Good News may be Bad News to investors(좋은 뉴스는 투자자에게 나쁜 뉴스일 수도 있다)'입니다.

3) 외환시장: 미국의 경기확장, 그리고 연준의 금리 인상을 동반하므로 달러 가치는 오르게 됩니다.

이상입니다."

정말 여자친구와 결별 후 운용에 더욱 정진할 모양입니다. 오만기 씨의 이해력에 신 부장은 감탄합니다.

"훌륭해. 일단 내구재가 이번에도 별 특징 없이 지나갔으니까, 채권 매입은 좀 보자고. 헤드라인 이슈도 있고 말이야. 이제 곧 S&P Global PMI 발표할 시간이네. 그때 금리 움직임 한번 보자고."

S&P Global 제조업/서비스업 PMI
2023년 3월 24일(금)

내구재 신규주문 지표 발표 2시간 15분 후, 채권 금리가 치솟기 시작합니다.

'부장님께서 S&P US Global PMI 지표를 보라고 하셨지.'

한국 시각 밤 10시 45분, PMI 지표가 발표됩니다.

S&P US Manufacturing(제조업) PMI: 예상 47.8 실제 49.3 전월 47.3

그림 2-25 미 2년 및 10년 국채 금리 일중 변화(2023년 3월 24일)

(출처) Bloomberg (2년 국채: 초록색 실선, 10년 국채: 빨간색 점선)

S&P US Service(비제조업) PMI: 예상 50.5 실제 53.8 전월 50.6

'아, 예상보다 잘 나온 데다가 전월 수치보다 높구나.'

신 부장은 본인 방에서 지표 및 금리, 그리고 주가와 달러 흐름을 같이 체크합니다.

'도이치은행 위기설 때문에 유럽장에서 올랐고, 경기지표가 예상치를 상회했지만 수치 자체는 50 이하라 S&P 500은 별다른 변동이 없구먼.'

똑똑

신 부장이 다이어리에 일지를 쓸 때, 오만기 씨가 방에 들어옵니다.

"부장님, 연초에 미국은 ISM에서 발표하는 제조업, 서비스업 PMI가 있지 않습니까? 그에 비해서 S&P에서 발표하는 오늘 지표는 얼마나 금융시장에 반영이 될까요? 국채 금리는 예상보다 잘 나오니까 10년 기준으로 7bp(=0.07%)가 오르던데요?"

그림 2-26 S&P 500, 달러 인덱스 일중 변화(2023년 3월 24일)

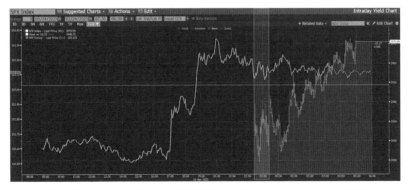

S&P500: 흰색 실선(우측 축), 달러 인덱스: 파란색 실선(좌측 축)   (출처) Bloomberg

"ISM이든 S&P든 민간회사이지만, 공신력 있는 기관이니 지표 자체의 신뢰성은 매우 높은 편이야. 그리고 PMI^{Purchasing Managers Index}라는 지표가 일선에 있는 제조기업이 현재 정량적, 정성적으로 체감하고 있는 답변을 토대로 만드는 것이어서 경기 민감도 측정에 아주 좋아.

S&P Global에서 발표하는 PMI 지표는 1) 제조업, 2) 서비스업, 3) 종합 지표[8]가 있어. 1)과 2)를 가중평균하여 종합한 것이 3)인데, 우리는 주로 1)과 2)를 별도로 보면서 금융시장 동향을 살펴보고 있지. S&P Global은 약 40여 개국의 PMI 자료를 해당 월 기준으로 매월 네 번째 주 목요일 또는 금요일에 발표하고 있어. 원래는 IHS Markit이라는 금융데이터 서비스 및 인덱스 기업이 발표하던 지표였는데, S&P Global이 2020년에 이 회사를 인수하면서 이름이 바뀌었어.

오늘 발표한 지표는 Flash PMI로서, 발표 당시 월의 통계치를 미리 추정하여 발표한 거야. 우리말로 보면 '속보' 지표인데, 이러한 속보를 만들 정도로 중요한 경제권역에 한하여 발표하고 있지. 이러한 속보치가 ISM 등 각국의 공신력 있는 PMI 지표보다 1개월 앞서서 나온다는 점에서 S&P Global 지표가 아주 유용해."

Flash 발표 대상국: 호주, 유로존, 프랑스, 독일, 일본, 영국, 미국

"아, 그러면 이 지표를 구성하고 있는 항목과 만드는 방법은 어떻게 되는지 궁금합니다."

---

8 각국 비중에 따라 상이하다. 예를 들어 미국은 제조업과 서비스업 비중이 각 40%, 60%이며, 유로존은 각 45%, 55%로 가중평균하여 산출한다.

오만기 씨의 질문에 신 부장의 '즉문즉답' 시간이 돌아옵니다.

"제조업 지표 항목 비중은 내가 적으면서 이야기해줄게. A4 용지 깨끗한 거 하나만 부탁해.

Manufacturing PMI 구성 비중

1) 신규주문New Orders: 30%

2) 생산Production: 25%

3) 고용Employment: 20%

4) 공급자 운송Supplier Deliveries: 15%

5) 재고Inventories: 10%

Service PMI 구성 비중

1) 기업 활동Business Activity(판매, 생산 및 중간재work-in-progress 등을 포함): 50%

2) 신규사업New Business(신규주문): 25%

3) 고용Employment: 15%

4) Backlogs of Work: 5%

5) 가격 부과Prices charged: 5%

표 2-4 제조업, 서비스업 산업군

• 제조업

No		산업군
1	식품 및 음료 제조	Manufacture of Food products and Beverages
2	담배 제품 제조	Manufacture of Tobacco products
3	섬유 제조	Manufacture of Textiles
4	의류 제조: 모피 염색 및 가공	Manufacture of Wearing Apparel: Dressing and Dyeing of Fur
5	가죽 가공 및 가죽 제품 제조	Tanning and Dressing of Leather: Manufacture of Luggage, Handbags, Saddery, Harness and Footwear
6	목재 및 코르크 제품 제조	Manufacture of Wood and Products of Wood and Cork, Except furniture
7	펄프, 종이 및 종이 제품 제조	Manufacture of Pulp, Paper and Paper Products
8	출판, 인쇄 및 녹음 미디어 복제	Publishing, Printing and Reproduction of Recordea Media
9	코크스, 정제 석유 제품 및 핵 연료 제조	Manufacture of Coke, Refined Petroleum Products and Nuclear fuel
10	화학 및 화학 제품 제조	Manufacture of Chemicals and Chemical Products
11	고무 및 플라스틱 제품 제조	Manufacture of Rubber and Plastic Products
12	기타 비금속 광물 제품 제조	Manufacture of Other Non-Metallic Mineral Products
13	기본 금속 제조	Manufacture of Basic Metals
14	금속 제품 제조	Manufacture of Fabricated Metal Products, Except Machinery and Equipment
15	기계 및 장비 제조	Manufacture of Machinery and Equipment not Elsewhere Classified
16	사무용 기계 및 컴퓨터 제조	Manufacture of Office Machinery and Computers
17	전기 기계 및 장비 제조	Manufacture of Electrical Machinery and Apparatus not Elesewhere Classified
18	라디오, 텔레비전 제조	Manufacture of Radio, Television and Communication Equipment and Apparatus
19	의료, 정밀기기 제조	Manufacture of Medical, Precision and Optical Instruments, Watches and Clocks
20	자동차, 트레일러 제조	Manufacture of Motor Vehicles, Trailers and Semi-Trailers
21	기타 운송 장비 제조	Manufacture of Other transport Equipment
22	가구 제조	Manufacture of Furniture
23	재활용	Recycling

• 비제조업

No	산업군	
1	호텔 및 레스토랑	Hotels and Restaruants
2	육상 운송: 파이프라인을 통한 운송	Land Transport: Transport via Pipelines
3	수상 운송	Water Transport
4	항공 운송	Air Transport
5	지원 및 보조 운송 활동: 여행사 활동	Supporting and Auxiliary Transport Activities: Activities of Travel Agencies
6	우편 및 통신	Post and Telecommunications
7	금융 중개, 보험 및 연금 자금 조달 제외	Financial Intermediation, Except Insurance and Pension Funding
8	보험 및 연금 자금 조달, 의무 사회 보장 제외	Insurance and Pension Funding, Except Compulsory Social Security
9	금융 중개 보조 활동	Activities Auxiliary to Financial Intermediation
10	부동산 활동	Real Estate Activities
11	운영자 및 개인 및 가정용품 임대	Renting of Machinery and Equipment without Operator and of Personal and Household Goods
12	컴퓨터 및 관련 활동	Computer and Related Activities
13	연구 및 개발	Research and Development
14	기타 비즈니스 활동	Other Business Activities
15	교육(사립)	Education(private)
16	보건 및 사회복지(사립)	Health and Social Work(private)
17	하수 및 폐기물 처리, 위생 및 유사 활동	Sewage and Refuls Disposal, Sanitation and Similar Activities
18	분류되지 않은 회원 조직 활동	Activities of Membership Organisations not elsewhere Classified
19	여가, 문화 및 스포츠 활동	Recreational, Cultural and Sporting Activities
20	기타 서비스 활동	Other Service Activities

(출처) S&P Global

이 항목은 국적 불문, 모든 PMI에 적용돼. 제조업에서는 신규주문, 산업생산, 그리고 고용이 지표를 좌우할 수 있는 항목들이야. 서비스는 기업 활동, 즉 기업들의 매출, 판매가 아주 중요한 항목임을 알 수 있어. 해당 산업군은 내가 프린트한 거 있어. 같이 한번 보자고.

인덱스 만드는 법은 ISM과 유사해.

인덱스 공식

Index=('Higher'라고 대답한 응답자 수 비율×1.0)+('the Same'이라고 대답한 응답자 수 비율×0.5)+('Lower'라고 대답한 응답자 수 비율×0.0)

공식에서 보면, 전월하고 별반 다를 게 없다만 응답이 나오면 0.5, 50%겠지? 그래서 이 지표가 100(%)이 만점이라고 가정할 때, 50 이상이 나오면 경기확장, 그 미만이 나오면 경기둔화 및 침체라고 평가하는 거야. 자, 오늘 발표자료 좀 보자고. 혹시 프린트한 거 있니?"
"옙, 여기 2부 출력했습니다."

오만기 씨가 건네자 신 부장은 주요 내용을 빨간색으로 표기합니다.
"[그림 2-27]을 보면 위쪽 박스에서처럼 서비스 섹터는 53.8로 전월 대비 상승하는 모습을 보였어. 특히 신규주문이 작년(2022년) 9월 이후 처음으로 올라가는 모습이고, 제품가격 상승도 눈에 띄네.
두 번째 박스를 보면, 제조업 PMI도 비록 50 이하이긴 하지만(그래서 'a slight deterioration'이라고 표현) 역시 전월 대비 올라간 모습이네. 헬스섹터 감소에 5개월 연속 감소세이지만, 다음 문단에서 제품 생산이 지난 10월

그림 2-27 보도자료(2023년 3월 24일)

S&P Global Flash US Services PMI™

The **S&P Global Flash US Services Business Activity Index** posted 53.8 in March, up from 50.6 in February to signal a solid expansion in service sector business activity. The rise in output was the fastest since April 2022, with firms linking the upturn to stronger demand conditions and a renewed increase in new business.

New orders at service providers increased for the first time since last September, as greater client activity sparked a modest upturn in new sales. The expansion in new business was the fastest since May 2022 with domestic and foreign client demand both improving.

Input prices rose markedly again in March, despite the rate of cost inflation softening to the second-slowest since October 2020. Firms' pricing power was buoyed by stronger demand conditions, as they raised their selling prices at the sharpest rate for five months.

A renewed upturn in new business led to the fastest increase in backlogs of work since May 2022. Pressure on capacity subsequently drove job creation, as service sector employment rose at the steepest rate since last September.

Service sector business expectations regarding the outlook for the coming year remained upbeat during March. Concerns relating to inflation and higher interest rates nonetheless weighed on confidence, as the degree of optimism dipped from that seen in February to below the series average.

S&P Global Flash US Manufacturing PMI™

At 49.3, the **S&P Global Flash US Manufacturing PMI** was up from 47.3 in February, and signalled a slight deterioration in operating conditions across the manufacturing sector during March. The rate of decline in the health of the sector was the slowest in the current five-month sequence of deterioration amid a renewed rise in production and a softer fall in new orders.

Output across the goods-producing sector increased for the first time since last October, and at the steepest rate for ten months. Companies noted that greater production stemmed from a less marked contraction in new sales. The decline in new orders was the slowest in the current six-month sequence of decrease amid signs of improvements in demand conditions. New export orders fell at a sharper pace, however.

Inflationary pressures across the manufacturing sector softened in March. Rates of increase in input costs and output charges slowed as firms noted less marked supplier price hikes and moderations in some raw material costs. The rise in cost burdens was the second-slowest since July 2020, as companies increased their selling prices at the softest rate since October 2020 in a bid to remain competitive.

Increased output and an unprecedented improvement in

supplier delivery times led to a slower fall in input buying and a softer depletion of pre-production inventories. Lead times were reduced to the greatest extent on record (since May 2007), allowing firms to start replenishing stocks and process backlogs of work, which fell solidly. At the same time, post-production inventories expanded for the first time in four months.

Employment continued to rise at a modest pace in March, with the rate of job creation broadly in line with the series average. Firms noted further difficulties finding skilled candidates.

Finally, output expectations regarding the next 12 months were buoyed by hopes of greater investment, increased marketing spending and boosts to client demand. The degree of confidence was below the series trend, however, and the lowest for three months, amid inflationary concerns and uncertainty about the outlook for demand.

Commenting on the US flash PMI data, **Chris Williamson**, Chief Business Economist at S&P Global Market Intelligence said:

"March has so far witnessed an encouraging resurgence of economic growth, with the business surveys indicating an acceleration of output to the fastest since May of last year.

"The PMI is broadly consistent with annualized GDP growth approaching 2%, painting a far more positive picture of economic resilience than the declines seen throughout the second half of last year and at the start of 2023.

"The upturn is uneven, however, being driven largely by the service sector. Although manufacturing eked out a small production gain, this was mainly a reflection of improved supply chains allowing firms to fulfil backlogs of orders that had accumulated during the post-pandemic demand surge. Telling, new orders have now fallen for six straight months in manufacturing. Unless demand improves, there seems little scope for production growth to be sustained at current levels.

"In services, there are more encouraging signs, with demand blossoming as we enter spring. It will be important to assess the resilience of this demand in the face of the recent tightening of interest rates and the uncertainty caused by the banking sector stress, which so far only seems to have had a modest impact on business growth expectations.

"There is also some concern regarding inflation, with the survey's gauge of selling prices increasing at a faster rate in March despite lower costs feeding through the manufacturing sector. The inflationary upturn is now being led by stronger service sector price increases, linked largely to faster wage growth."

(출처) S&P Global (https://www.pmi.spglobal.com/Public/Home/PressRelease/53e9f887b83e47d7bc6681c608d5aa3f)

⇨ 첫 번째 박스) S&P Global에서 나온 미국 서비스업 활동 지수 속보치는 2023년 3월 기준 53.8입니다. 이 수치는 2월의 50.6보다 증가한 수치이며, 서비스업 기업 활동의 견조한 확장에 대한 신호입니다. 2022년 4월 이후 생산량은 가장 빠르게 증가하고 있으며, 이는 기업들이 경기 상승을 더 강한 수요 조건과 새로운 사업의 증가로 연결하고 있다는 것을 보여줍니다.

두 번째 박스) S&P Global에서 나온 미국 제조업 PMI 속보치는 49.3으로, 2월의 47.3보다는 증가했습니다. 이는 3월 제조업 전반의 운영 상황이 약간 쇠퇴하는 신호로 받아들여집니다. 업종의 건강 상태의 하락 속도는 생산이 다시 증가하고 신규주문이 완만하게 감소하는 가운데, 이 부문의 건전성 감소 속도는 최근 5개월 연속 악화 추이 중 가장 느렸습니다.

이후 처음 상승하는 모습이고 말이야. 물가 압력은 둔화되지만 고용은 완만한 상승을 보이고 있지.

결론적으로 약 1시간 30분 전에 발표한 내구재 신규주문은 약세, 제조업 PMI도 비교적 약세이지만 서비스 업종은 강세를 보이면서, 투자자들은 좀 의아한 생각을 가질 수도 있겠어. 아직 경기침체를 단정하기는 어려운 모양새이니 말이야."

"그래서 채권시장 금리는 여전히 경기확장이라고 판단해서 금리가 상승하는 거로군요. 그런데 주식시장은 별다른 변화를 보이지 않습니다."

오만기 씨가 갸우뚱합니다.

"아마 오늘 유럽 시장 열릴 때부터 헤드라인이던 도이치방크 이슈가 방금 독일 총리가 나와서 도이치방크는 전혀 문제가 없다고 말하면서 진정되는 등 지표보다는 뉴스 헤드라인에 주식시장은 더 민감한 모습을 보이고 있네 그려. 다시 상승하는 모습을 보이는데?"

"그러면 달러는 어떻게 되는 겁니까?"

오만기 씨는 달러 인덱스도 지표 발표 전후 별다른 특이점을 찾지 못합니다.

"역시 오늘 헤드라인 이슈 때문인데, 원래 미국의 PMI는 달러 가치와 정비례하지. 미국의 경제 상황이 좋아지면 달러 가치도 올라가는 경향이 있어. 특히 지금같이 고물가 환경에서는 연준이 기준금리를 추가로 인상할 수 있다는 예상으로 달러 가치가 동반 상승할 수 있어.

오만기 씨가 말을 받아, 오늘 발표한 내구재 신규주문과 PMI 지표에 대해 정리합니다.

"결국은 오늘 내구재 신규주문은 계속 감소하는 모습을 보이고 있지만, 서비스 업종의 강세로 경기침체를 단언하기는 어려운 상황으로 이해합니다. 지난 3년간 제조업과 서비스업 PMI를 보건데, 제조업은 확연히 그 성장세가 둔화되고 있는 반면, 서비스업은 다시 반등하여 이것이 일시적인지 지속될지는 몇 개월 더 봐야 금융시장의 방향성이 나올 거 같습니다. 부장님, 맞나요?"

그림 2-28 제조업 PMI

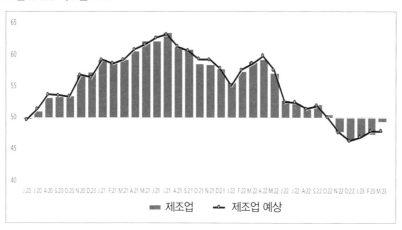

(출처) S&P Global, Bloomberg

그림 2-29 서비스업 PMI

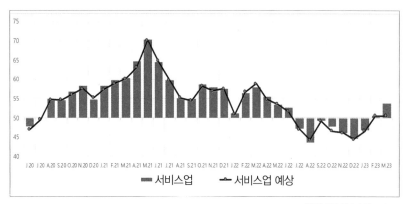

"빙고! 너무 늦었다. 이만 퇴근하자고. 아니면 맥주나 한잔하고 갈래?"

여친과의 이별을 위로하고, 지표를 이해하느라고 고생 많은 오만기 씨를 그냥 보내기 아쉽습니다. 물론 집에 기다리는 가족이 없다는 것도 신 부장의 '술 본능'을 자극하는 것일 수도 있고요.

"넵, 감사합니다. 한잔하시죠."

06

ISM 제조업/서비스업 보고서

2023년 4월 3일(월)

ISM 제조업

'헉, 왜 이렇게 금리가 빠질까?'

한국 시각 밤 11시. 오만기 씨는 여전히 글로벌 시장을 보고 느끼기 위해 회사에 남아 뚫어져라 블룸버그 모니터를 주시합니다. 그는 '노력은 배신하는 법이 없다'는 아시아 홈런왕 이승엽의 좌우명을 믿습니다. 그리고 말콤 그레드웰의 《1만 시간의 법칙》을 따르기로 합니다.

이 시각 팝업창이 뜨면서 경제지표 속보가 뜹니다. ISM 제조업지수. 매월 첫 번째 영업일에 발표하는, 대표적인 미국 종합 지표라고 배웠습니다.

ISM 제조업 PMI 실제Actual 46.3(%), 예상 47.3, 전월 47.7

그는 이유는 모르지만, 적어도 지표가 50% 미만으로 나올 경우 경기

그림 2-30 ISM 제조업 PMI 추이(2000년 1월~2023년 3월)

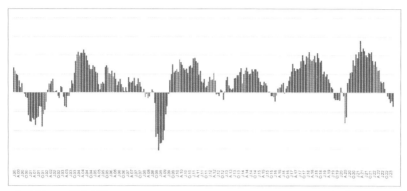

지표 산출: ISM 실제 수치 - 50

(출처) ISM, Bloomberg

둔화를 의미하고 그 이상이면 경기가 확장이라는 정도는 알고 있습니다. 그런데 전월 발표치도 50 미만인 데다가 오늘 발표치는 전월 대비 감소, 그리고 예상치에 미치지 못하니 금융시장의 변동 폭이 커집니다.

'50 미만이 계속 유지되니 경기침체 가능성이 커져서 물가 상승 압력이 줄어들겠지? 그러면 연준의 통화정책도 변화가 있을 것이고. 그래서 채권시장은 경기침체에 따른 안전자산 선호, 그리고 물가 상승 압력 둔화 가능성으로 금리가 하락하는 것일 테고.

주식시장은 연준의 기준금리 인상 중단 등을 기대하면서 초반에 오르다가 '이거 혹시 기업 실적이 부진해져서 이익이 감소하는 거 아냐'라는 걱정 때문에 지수가 하락하는 거 같고. 달러 가치는 단기 금리 하락으로 동반 하락하는 모습을 보이는 거 같구먼. 그렇지만 경기침체가 다른 나라로 전이되어서 경제위기가 온다면 달러는 다시 강해지겠지? 내일 물어보자.'

그림 2-31 미 국채 금리 일중 변화(2023년 4월 3일)

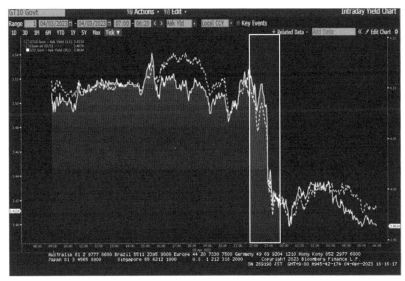

미 2년(실선, 우측 축), 미 10년(점선, 좌측 축)

그림 2-32 S&P 500 및 달러 인덱스(2023년 4월 3일)

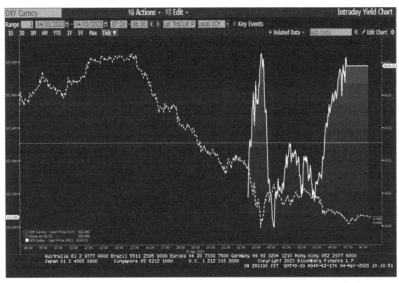

S&P 500(실선, 우측 축), 달러 인덱스(점선, 좌측 축)

다음 날 오만기 씨는 오전 6시 30분에 출근합니다. 그리고 전일 ISM 발표 내용을 출력하여, 차근차근 살펴봅니다.

7시, 신 부장이 출근합니다.

"안녕하십니까, 부장님."

"하이, 오만기 씨. 그런데 눈이 엄청 빨갛네. 보자 보자. 아이고, 너 실 핏줄 터졌어. 거울 봤어?"

"아직 못 봤습니다."

"혹시 어제 ISM 제조업 보고서 보고 퇴근했어?"

"예."

"중요한 건 알아가지고 말이야. 그래도 건강이 최고다. 젊을 때 건강 챙겨야지."

"감사합니다. 그런데 부장님, 시간 괜찮으시면 어제 ISM 관련해서 질 문 몇 개 드려도 될까요?"

"물론이지, 방으로 들어와."

오만기 씨가 출력물들과 다이어리를 챙겨서 부장실로 들어갑니다.

"우선 ISM이 어떤 항목으로 구성되어 있어서, 어제처럼 금융시장에 큰 영향을 주게 되었는지 궁금합니다."

신 부장은 지난 2월에 연수원에서 강의한 자료들을 가져옵니다.

"미 연방정부에서 발표한 자료가 아니니까, 우선 기관에 대한 대략적 인 이해가 필요해. 홈페이지에 따르면, ISM^{Institute for Supply Management}(미 공급관리협회)는 1915년 세계 최초로 설립한 최대 규모의 비영리협회라고 설명되어 있어. 약 100여 개국 5만 개 기업을 회원으로 보유하고 있지.

많은 회원을 보유하고 있는 만큼, 통계의 대표성이 유의미하고 발표 시기가 매월 첫 번째 영업일에 바로 직전월 지표를 발표하니까, 적시성에서 유의미하다고 볼 수 있어. 실제 경기 사이클과 일치하는 모습을 보여왔고."

"경기 사이클과 관련한 부분은 지난 20년간 ISM 제조업 지수의 변동 추이를 보면서 확인했습니다."

오만기 씨는 전날 밤, 미리 만들어놓은 지표 추이를 신 부장에게 1부 건넵니다.

"그래프를 보니까 50을 기준으로 플러스(+)와 마이너스(-)를 표시했구나. 어떤 힌트를 얻고 만들었어?"

"예, 대학교 시절 투자동아리에서 ISM 지표에 대해서는 선배들이 꼭 챙겨보라고 말해서, 당시 〈월스트리트저널〉을 보면서 매월 체크해왔습니다. 그런데 항상 신문에서 50을 기준으로 그 위면 '확장expanding', 아래면 '침체declining'라고 적혀 있었습니다. 그것이 생각이 나서 그래프에 적용해봤습니다."

오만기 씨는 대략적인 ISM 제조업 지표에 대해 이해하고 있습니다.

"그런데 왜 50인 줄 알아?"

"그게 너무 궁금합니다. 부장님."

신 부장은 다음 연수자료에 나온 산식을 보여줍니다.

(Positive 응답비중)×100%+(No change 응답비중)×50%+(Negative 응답비중)
×0%

"어, 생각보다 진짜 간단하네요?"

"지지난 주 금요일에 우리 S&P Global에서 발표하는 PMI 지표 산식과 동일해. 각 산업군을 대표하는 응답자들이 현재 항목별로 경기 상황을 어떻게 느끼고 있는지를 답변하는 것인데, 50이라는 숫자는 전월하고 달라진 게 없다고 답변하는 것에 대한 대표 숫자인 거지. 그래서 '50 미만이면 성장이 둔화되고 있다'라고, '50 이상이면 성장하고 있다'라고 이해하는 거야. 그리고 동일한 조건으로 통계치를 내기 위해서 계절 및 휴일 조정이 포함되어 있어.

그러면 이 지표의 조사는 미국의 경제 체력, 즉 건강이 어떤지를 살펴보는 일종의 종합검진과 같은 거거든. 그러면 샘플들이 대표성을 띠어야 하는데 말이야. 선정 산업군은 북미 산업분류 체계North American Industry Classification System, NAICS 및 미 GDP 내 산업 비중을 토대로 정하게 돼. 2021년 말 가장 비중이 높은 6개 산업은 다음과 같아. 내가 원문으로 써볼게."

Computer & Electronic Products

Chemical Product

Food, Beverage & Tobacco Product

Transportation Equipment

Machinery

Petroleum & Coal Products

그림 2-33 보도자료 1

Manufacturing PMI® at 46.3%

March 2023 Manufacturing ISM® *Report On Business®*

New Orders and Production Contracting
Backlogs Contracting
Supplier Deliveries Faster
Raw Materials Inventories Contracting; Customers' Inventories Too Low
Prices Decreasing; Exports and Imports Contracting

(Tempe, Arizona) — Economic activity in the **manufacturing sector contracted in March for the fifth consecutive month** following a 28-month period of growth, say the nation's supply executives in the latest **Manufacturing ISM®** *Report On Business®*.

The report was issued today by Timothy R. Fiore, CPSM, C.P.M., Chair of the Institute for Supply Management® (ISM®) Manufacturing Business Survey Committee:

"The March Manufacturing PMI® registered 46.3 percent, 1.4 percentage points lower than the 47.7 percent recorded in February. Regarding the overall economy, this figure indicates a fourth month of contraction after a 30-month period of expansion. The Manufacturing PMI® is at its lowest level since May 2020, when it registered 43.5 percent. The New Orders Index remained in contraction territory at 44.3 percent, 2.7 percentage points lower than the figure of 47 percent recorded in February. The Production Index reading of 47.8 percent is a 0.5-percentage point increase compared to February's figure of 47.3 percent. The Prices Index registered 49.2 percent, down 2.1 percentage points compared to the February figure of 51.3 percent. The Backlog of Orders Index registered 43.9 percent, 1.2 percentage points lower than the February reading of 45.1 percent. The Employment Index continued in contraction territory, registering 46.9 percent, down 2.2 percentage points from February's reading of 49.1 percent. The Supplier Deliveries Index figure of 44.8 percent is 0.4 percentage point lower than the 45.2 percent recorded in February; this is the index's lowest reading since March 2009 (43.2 percent). The Inventories Index dropped into contraction at 47.5 percent, 2.6 percentage points lower than the February reading of 50.1 percent. The New Export Orders Index reading of 47.6 percent is 2.3 percentage points lower than February's figure of 49.9 percent. The Imports Index continued in contraction territory at 47.9 percent, 2 percentage points below the 49.9 percent reported in February."

(출처) https://www.ismworld.org/supply-management-news-and-reports/reports/ism-report-on-business/pmi/march/

⇨ 제조업 PMI는 2020년 5월 43.5% 이후 가장 낮은 수준입니다. 신규주문지수는 지난 2월에 기록한 47%보다 2.7%포인트 낮은 44.3%로 경기수축 국면을 유지했습니다. 생산지수는 47.8%로 2월의 47.2%보다 0.5%포인트 상승했습니다. 물가지수는 2월 51.3%에 비해 2.1%포인트 하락한 49.2%를 기록했습니다. 수주잔고지수는 43.9%로 2월의 45.1%에 비해 1.2%포인트 떨어졌습니다. 고용지수는 46.9%를 기록하며 2월의 49.1%보다 2.2%포인트 하락하며 위축세를 이어갔습니다. 공급자 납품지수 44.8%는 2월의 45.2%보다 0.4%포인트 낮은 수치입니다. 이는 2009년 3월(43.2%) 이후 가장 낮은 수치입니다. 재고지수는 2월의 50.1%보다 2.6%포인트 낮은 47.5%로 감소했습니다. 신규수출주문지수는 47.6%로 2월의 49.9%보다 2.3%포인트 낮습니다. 수입지수는 2월에 보고된 49.9%보다 2%포인트 낮은 47.9%로 계속 축소되었습니다.

"부장님, 그러면 응답자 서베이는 어떤 항목을 토대로 진행되는지요? 아까 말씀대로 ISM 지표가 경제 전반 항목을 체크하는 종합검진과 같다고 말씀하셔서 궁금해졌습니다."

"혹시 오만기 씨, 보도자료 출력한 거 있어?"

"예, 여기 있습니다."

오만기 씨가 다이어리에 끼어 있는 출력물을 건넵니다.

"보도자료 첫 단락은 ISM 제조업 PMI 및 그 세부 항목에 대한 결과 및 전월 대비 비교치, 그리고 평가가 나와 있어(그림 2-34)."

그림 2-34 보도자료 2

| MANUFACTURING AT A GLANCE | | | | | | |
| March 2023 | | | | | | |
Index	Series Index Mar	Series Index Feb	Percentage Point Change	Direction	Rate of Change	Trend* (Months)
Manufacturing PMI®	46.3	47.7	-1.4	Contracting	Faster	5
New Orders	44.3	47.0	-2.7	Contracting	Faster	7
Production	47.8	47.3	+0.5	Contracting	Slower	4
Employment	46.9	49.1	-2.2	Contracting	Faster	2
Supplier Deliveries	44.8	45.2	-0.4	Faster	Faster	6
Inventories	47.5	50.1	-2.6	Contracting	From Growing	1
Customers' Inventories	48.9	46.9	+2.0	Too Low	Slower	78
Prices	49.2	51.3	-2.1	Decreasing	From Increasing	1
Backlog of Orders	43.9	45.1	-1.2	Contracting	Faster	6
New Export Orders	47.6	49.9	-2.3	Contracting	Faster	8
Imports	47.9	49.9	-2.0	Contracting	Faster	5
	OVERALL ECONOMY			Contracting	Faster	4
	Manufacturing Sector			Contracting	Faster	5

(출처) https://www.ismworld.org/supply-management-news-and-reports/reports/ism-report-on-business/pmi/march/

보도자료에 따르면, 우선 2020년 5월 (코로나 팬데믹) 이후 가장 낮은 수치라고 말하고 있네. 그다음에 신규주문New Orders, 생산Production, 수주잔량 Backlog of Orders 등이 나와 있어. 이 수치는 좀 내려가면, 쭉쭉! 오, 여기 있네.

신규주문은 감소했고, 생산은 변동이 없으니 재고가 쌓였겠지? 그리고 고용, 운송시간 다 감소했네. 특히 생산자물가가 지난달에 급등해서 인플레이션 압력이 있었는데, 이번에 다시 50 밑으로 하락하면서 그것이 둔화되었다는 것을 보여주고 있고. 전반적으로 다 안 좋은데, 본 제조업 PMI에 들어가는 항목은 상위 5개, 즉 신규주문, 생산, 고용, 운송시간 그리고 재고야. 비중은 각 20%씩이고.

여기 나오는 고용, 신규주문, 그리고 생산자 가격은 금융시장에 가장 영향을 많이 주는 월초 미 노동부 발표 고용지표(비농업 순고용자 수, 실업률, 임금, 내구재 신규주문, 그리고 CPI, PPI 등 물가지표)의 선행지표로 활용할 수 있어. 그러면 각 항목별로 현재 어떻게 움직이고 있는지 보자고. 그래프 출력한 거 여기 있네(그림 2-35)."

"모든 항목이 다 50을 하회하고 있고, 기울기 정도의 차이만 있지 그래프가 다 우하향하는 모습이네요. 그러면 지금 이 상황을 흔히 말하는 경기침체라고 말할 수 있을까요?"

전 항목에 걸쳐 50을 하회하는 모습, 그리고 일부 항목(운송, 수주잔량, 신규주문 등)에서 몇 개월간 지속적으로 50 밑을 유지하는 걸 보았을 때, 충분히 경기침체라고 부를 만할 거 같습니다. 그러나 수학 올림피아드 수상자 출신 오만기 씨는 보다 객관적인 기준을 보고 싶습니다.

그림 2-35 보도자료 3(항목별 추이)

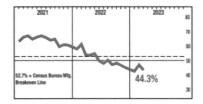

신규주문
ISM의 3월 신규주문 지수는 44.3으로 7개월 연속 하락했습니다. 3월 신규주문 증가로 기록된 5개의 제조업은 다음과 같습니다.
인쇄 및 관련 지원 활동; 기타 제조; 1차 금속; 석유 & 석탄 제품 그리고 가공 금속 제품

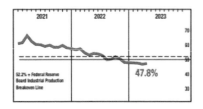

생산
생산지수는 47.8%를 기록했습니다. 3월 한 달간 생산이 증가한 것으로 보고된 8개 업종은 인쇄 및 관련 지원 활동; 금속 가공품; 기타 제조업; 전기 장비; 가전 및 구성품; 1차 금속; 식품, 음료 및 담배; 운송 장비 그리고 기계입니다.

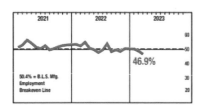

고용
ISM 고용지표는 46.9%를 기록했습니다. 18개 제조업 중 6개 업종이 3월 고용 증가를 보인 것으로 보고되었습니다. 고용 증가 순서는 다음과 같습니다.
인쇄 및 관련 지원 활동; 1차 금속; 기계; 가공 금속 제품; 운송 장비 그리고 기타 제조업

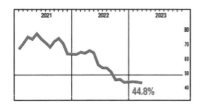

공급업체 납품
공급자 납품지수는 44.8%를 기록했습니다. 공급업체의 제조업 납품 실적은 6개월 연속 더 빨라졌습니다. 18개 제조업 중 2개 업종만이 더 둔화한 납품 실적을 보고했는데, 그 업종은 석유 및 석탄 산업 그리고 기타 제조업입니다.

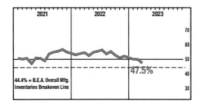

재고
재고지수는 47.5%를 기록했습니다. 18개 제조업 중에서 7개가 더 높은 재고 수준을 보고했는데, 다음 순서와 같습니다.
인쇄 및 관련 지원 활동; 섬유 산업; 비금속 광물; 제지; 전자 장비, 가전 및 구성품; 기계 그리고 컴퓨터 전자

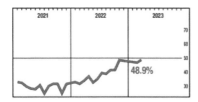

고객 재고
ISM 고객 재고지수는 48.9%를 기록했는데, 이는 전월 보고된 46.9%보다 2%포인트 높은 수준입니다. 5개 산업(제지 산업; 전자 장비, 가전 및 구성품; 가구 및 관련 상품; 플라스틱 및 고무 그리고 컴퓨터 및 전자 제품)에서 재고 수준이 너무 높다고 보고했습니다.

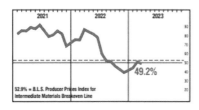

물가
ISM 물가지수는 49.2%를 기록했습니다. 3월에 8개 업종이 원자재 가격 인상을 보고했습니다. 업종은 다음과 같습니다. 기계; 플라스틱 & 고무; 운송 장비; 가공 금속제품; 비금속 광물; 1차 금속; 전자 장비, 가전 및 구성품 그리고 기타 제조업 순입니다.

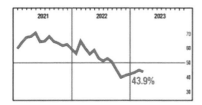

수주잔고지수
본 지수는 3월 43.9%를 기록했는데, 이는 전월 45.1% 대비 1.2%포인트 감소한 것으로, 27개월 확장 후 6개월 연속 주문 잔고가 수축함을 나타내고 있습니다. 3월 한 달간 2개 산업(섬유산업 및 음식료 및 담배)에서 수주잔고 증가를 보고했습니다.

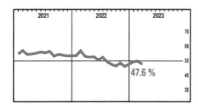

신규 수출주문
수출주문지수는 47.6%를 기록했습니다. 4개 산업(인쇄 및 관련 지원 활동; 섬유 산업; 제지; 기타 제조업)에서 신규 수출주문량이 증가했다고 보고했습니다.

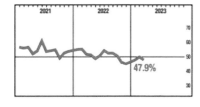

수입지수
수입지수는 47.9%를 기록했으며, 이 수치는 지난 달 49.9%에 비해서 2% 포인트 감소했습니다. 다음 4개 산업군(섬유산업, 석유&석탄 상품, 기타 제조업, 그리고 음식료 및 담배)에서 수입이 증가했습니다.

(출처) https://www.ismworld.org/globalassets/pub/research-and-surveys/rob/pmi/rob202304pmi.pdf

"일반적으로 미국의 공식 경기침체는 전미경제연구소National Bureau of Economic Research, NBER에서 선언하는데, 그 기준은 2분기 연속 실질 GDP 하락이라고 알고 있어.

그러나 NBER에서 정하는 침체는 전체적인 경제 활동이 상당 기간 심각하게 위축되어 있는 상태라고 정의하고 있어. 그들이 보는 주요 경제 활동 항목[9]은 내가 여기 써볼게.

1) 개인소득(정부 이전 지급(실업급여, 복지 등) 차감 후)
2) 고용
3) 실질소비
4) 산업생산

사실 위 네 가지 항목으로 보는 경기침체는 아직 아니라고 말할 수 있지. 그런데 수개월 동안 계속 ISM PMI가 50 밑을 하회하고, 실제 고용지표, 특히 실업률이 4% 이상을 보이기 시작하면 경기침체가 본격화되었다고 판단할 거야.

그리고 미국 GDP의 70%를 차지하는 서비스 업종의 동향도 같이 봐야 해. 제조업 지표가 중요하기는 하지만, 요즘 들어서는 서비스업 PMI에 따라 금융시장이 더 요동치거든. 내일 밤에 발표할 ISM 서비스업 지표를 보면서 우리 다시 이야기해볼까?"

"네, 서비스업 PMI 발표 후에 이들 지표가 금융시장에 미치는 영향을

---

9 출처: The White House, "How Do Economists Determine Whether the Economy Is in a Recession?"(2022년 7월 21일)

종합적으로 여쭤봐도 되겠습니까?"

"물론이지. 그리고 어젯밤에 ISM 제조업 PMI 발표 후 벌어진 금융시장 상황은 오만기 씨가 생각한 방향이 아마 맞을 거야. 그걸 토대로 내일 밤에도 잘 살펴봐."

ISM 서비스업
2023년 4월 5일

이틀 후 밤 11시(미 동부시각 오전 10시), ISM 서비스업 PMI가 발표되기 직전입니다. 오만기 씨는 블룸버그에 미 국채 금리, S&P 500, 그리고 달러 인덱스 일중 그래프 화면을 열고 그 추이를 봅니다. 1시간 30분 전 ADP 고용지표 부진으로 이미 채권 금리는 하락 중입니다.

드디어 발표 시간, 블룸버그에 팝업창으로 ISM 서비스업 PMI 지표가 발표됩니다.

실제 51.2, 예상 54.3, 전월 55.1

'서비스업 너마저 하락하는구나.'

비록 경기확장 여부의 기준점인 50 이상을 보이기는 했지만, 그 흐름은 점차 하락하는 방향입니다. 금융시장은 경기둔화를 반영하면서 채권 금리 하락, 주가 하락으로 이어집니다.

미국 경제의 약 70%를 차지하는 서비스업마저 하락하는 모습을 보

그림 2-36 미 국채 금리 일중 추이(2023년 4월 5일)

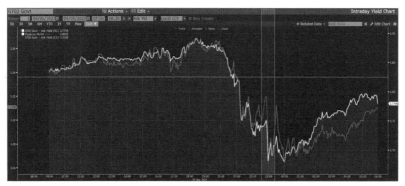

국채 2년: 흰색 실선(우측 축, %), 국채 10년: 파란색 점선(좌측 축, %) (출처) Bloomberg

그림 2-37 S&P 500, 달러 인덱스 일중 추이(2023년 4월 5일)

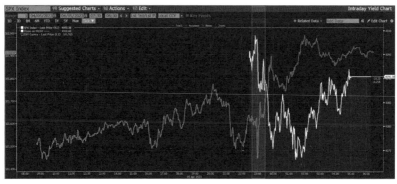

S&P 500: 흰색 실선(우측 축), 달러 인덱스: 파란색 점선(좌측 축) (출처) Bloomberg

인다면, 그야말로 미국 경제는 침체일로를 걸을 것입니다. 오만기 씨는 ISM 서비스업 지표의 역사적 흐름을 살펴봅니다.

'서비스업도 그 성장 추이가 둔화된다면 물가 압력도 사라질 거야. 그러면 채권 금리도 떨어질 거고 말이야. 내일 부장님 출근하시면 구체적

으로 물어봐야겠어.'

오만기 씨는 보도자료를 출력 후 퇴근합니다.

다음 날 오만기 씨는 어김없이 아침 6시 30분에 출근합니다. 부장실은 이미 불이 켜져 있습니다. 그리고 신 부장이 통화를 하고 있는지 웃음소리, 영어가 섞인 대화가 문밖으로 들립니다.

통화가 끝나자 오만기 씨는 노크를 하고 들어갑니다.

"안녕하십니까?"

"어, 오만기 씨 일찍 출근했구나. 어제 경제지표 때문에 그러니?"

"네, 그렇습니다."

"그제 아침에 이야기했듯이, 오만기 씨가 생각했던 방향대로 ISM 서비스업과 금리가 움직이던가?"

신 부장은 업무와 관련한 내용이라면 누구와의 대화라도 전부 체크하는 꼼꼼한 성격입니다.

"네, 그렇습니다. ISM 서비스업 지표는 경기확장의 마지노선인 50을 넘기는 했지만, 지난 2개월간 수치와 비교할 때는 확연히 떨어지는 모습이었습니다. 다른 지표들을 통해서 서비스업은 고용, 물가가 계속 강해서, 시장에서도 이렇게 떨어질 줄은 몰랐다는 반응 같았습니다. 금리도, 주가도 하락하는 모습을 보였습니다. 달러 인덱스가 하락하는 부분은 좀 의외였고요."

"응, 그렇지. 추이도 중요하지만, 시장의 기대지표와 비교할 때 이를 크게 하회하거나 상회하면 순간적인 변동성도 커지게 마련이니까."

그림 2-38 ISM 서비스업 지표 추이(2000년 1월~2023년 3월)

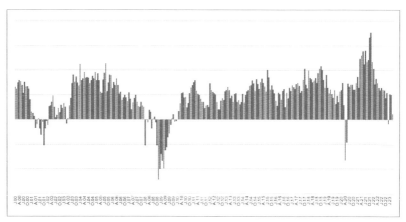

지표산출: ISM 실제 수치 - 50

(출처) ISM, Bloomberg

"부장님, ISM 서비스업의 산업군과 주요 항목은 어떤 것들이 있나요."

"선정 산업군은 ISM 제조업과 동일한 방법으로, 북미 산업분류체계 North American Industry Classification System, NAICS 및 미 GDP 내 산업 비중을 토대로 정하게 돼. 2021년 말 가장 비중이 높은 6개 산업은 다음과 같아. 방금 우리 첫째하고 통화하는데 얘가 중학교 때부터 미국에 살아서 그런지 이제 영어가 편한가 봐. 나도 영어로 좀 대화를 해서 오늘은 영어로 하는 게 편하겠다. 하하!

1) Real Estate, Rental & Leasing(부동산, 임대 및 리스)

2) Government(정부)

3) Professional, Scientific, & Technical Services(전문, 과학 및 기술 서비스)

4) Health Care & Social Assistance(의료 및 사회적 지원)

5) Information(정보)

6) Finance & Insurance(금융 & 보험)

세부 항목은 보도자료에 나온 내용을 보고 이야기하자고(그림 2-39).

여기서 ISM 서비스업 PMI 산출을 위해 포함되는 항목은 위의 상위 4개 항목이야. 각 25%씩 가중치를 두어 서비스업 지표를 산출하게 되지.

그림 2-39 보도자료: 서비스업 및 세부 항목 PMI

| Index | Services PMI® | | | | | |
	Series Index Mar	Series Index Feb	Percent Point Change	Direction	Rate of Change	Trend** (Months)
Services PMI®	51.2	55.1	-3.9	Growing	Slower	3
Business Activity/ Production	55.4	56.3	-0.9	Growing	Slower	34
New Orders	52.2	62.6	-10.4	Growing	Slower	3
Employment	51.3	54.0	-2.7	Growing	Slower	2
Supplier Deliveries	45.8	47.6	-1.8	Faster	Faster	2
Inventories	52.8	50.6	+2.2	Growing	Faster	2
Prices	59.5	65.6	-6.1	Increasing	Slower	70
Backlog of Orders	48.5	52.8	-4.3	Contracting	From Growing	1
New Export Orders	43.7	61.7	-18.0	Contracting	From Growing	1
Imports	43.6	52.6	-9.0	Contracting	From Growing	1
Inventory Sentiment	57.9	55.3	+2.6	Too High	Faster	4

(출처) ISM

1) Business Activity^{seasonally adjusted}(비즈니스 활동)

2) New Orders^{seasonally adjusted}(신규주문)

3) Employment^{seasonally adjusted}(고용)

4) Supplier Deliveries(공급업체 납품)

지난 ISM 제조업 지표처럼 신규주문 하락세(62.6 ⇨ 52.2)가 두드러지네. 그리고 공급 운송은 2개월 연속 둔화를 나타내고 있고. 그러면 이번에는 보도자료를 통해서 세부 항목을 분석해보자고(그림 3-40)."

수학 천재 오만기 씨도 이제는 자신 있게 분석할 수 있습니다.

"보니까 12월부터 신규주문이 줄어들고 있고, 특히 표를 보니, 21.7%가 신규주문이 줄었다고 응답하고 있습니다. 코멘트가 흥미롭네요(박스 ②)."

그림 2-40 보도자료: 신규주문(New Orders, 2023년 4월 5일)

NEW ORDERS

① ISM®'s New Orders Index registered 52.2 percent, down substantially — 10.4 percentage points — from the February reading of 62.6 percent. The index indicated expansion for the third consecutive month after contracting in December, ending a string of 30 consecutive months of growth. Comments from respondents include: "Increased guest traffic over last month" and "Placing orders for the second half of year."

Twelve industries reported growth of new orders in March, in the following order: Accommodation & Food Services; Arts, Entertainment & Recreation; Other Services; Public Administration; Information; Construction; Educational Services; Agriculture, Forestry, Fishing & Hunting; Mining; Professional, Scientific & Technical Services; Management of Companies & Support Services; and Health Care & Social Assistance. The four industries reporting a decrease in new orders in March are: Real Estate, Rental & Leasing; Retail Trade; Finance & Insurance; and Wholesale Trade.

New Orders	% Higher	% Same	% Lower	Index
Mar 2023	27.8	50.5	② 21.7	52.2
Feb 2023	33.7	56.1	10.2	62.6
Jan 2023	26.6	55.5	17.9	60.4
Dec 2022	19.1	49.4	31.5	45.2

(출처) ISM

"지난달 내내 손님 트래픽이 증가하고, (작년) 하반기 주문량이 많았다고 하네(박스 ①). 뭐 주문을 소화하기 어렵거나 지금 주문해야 할 품목들도 물가가 계속 오르니까 미리 다 주문해버리는 현상이 일어난 거 같네."

"네, 이 세부 항목 숫자를 보면 수주잔량Backlog of Orders도 전월 대비 확연히 감소하고, 재고는 오히려 쌓이는 모습입니다. 신규주문을 받아서 처리할 능력은 모자라고, 팔리지는 않고…. 이런 것들이 경기둔화를 가리키는 건 아닐까요?"

그림 2-41 보도자료: 가격(Price, 2023년 4월 5일)

③ **PRICES**

Prices paid by services organizations for materials and services increased in March for the 70th consecutive month, with the index registering 59.5 percent, 6.1 percentage points lower than the 65.6 percent recorded in February. This is the index's lowest reading since July 2020, when it registered 57.5 percent. The Prices Index continues to indicate movement toward equilibrium, with a ninth consecutive reading near or below 70 percent, following 10 straight months of readings near or above 80 percent.

Thirteen services industries reported an increase in prices paid during the month of March, in the following order: Real Estate, Rental & Leasing; Information; Health Care & Social Assistance; Utilities; Other Services; Educational Services; Management of Companies & Support Services; Public Administration; Construction; Finance & Insurance; Wholesale Trade; Professional, Scientific & Technical Services; and Retail Trade. The three industries reporting a decrease in prices for March are: Accommodation & Food Services; Agriculture, Forestry, Fishing & Hunting; and Transportation & Warehousing.

Prices	% Higher	% Same	% Lower	Index
Mar 2023	30.2	63.6	6.2	59.5
Feb 2023	34.9	60.0	5.1	65.6
Jan 2023	39.4	52.7	7.9	67.8
Dec 2022	33.8	58.3	7.9	68.1

④ (Mar 2023 row highlighted)

(출처) ISM

⇨ 3월 서비스물가 지표는 59.5%로 전월 수치(65.6%)보다 6.1%포인트 낮은 수준입니다. 이 수치는 2020년 7월 57.5% 이후 가장 낮은 수준입니다. 물가 지표는 10개월 연속 80% 이상을 유지한 후 9개월 연속으로 70% 이하를 보이고 있으며, 이는 균형 수준(50%)으로 돌아가는 모습을 지속적으로 보이고 있습니다.

"걱정되는 부분은 가격이네. 그제 제조업 관련 가격 지표는 50 이하로 떨어져서 인플레이션 둔화를 기대하고 있었는데, 비록 전월 대비 하락은 했지만 가격 압력은 여전하네(박스 ④)."

"그런데 부장님, 지난번과 달리 달러 인덱스는 발표 후 가격이 상승하는 모습을 보였습니다. 그제 제조업 지표 하락 때는 달러가 오히려 하락했는데 말이죠."

"두 가지로 해석할 수 있을 거 같아. 우선 그제 ISM 제조업 지표, 어제 JOLTS(page 306 Part 4 'JOLTs(구인 및 이직 보고서)' 참조)에서 채용공고 수의 감소, ADP 비농업 순고용 증감에 이어 지표까지 예상치를 하회(page 320 'ADP Employment' 참조)하고 추세적 하락을 보이면서 경기침체에 대한 우려로 안전자산으로의 쏠림 현상으로 해석할 수 있을 거 같아. 두 번째로는 내일모레가 부활절이라 주식시장 휴장이잖아. 그래서 위험자산 포지션을 정리하고 달러 등으로 갈아탄 것으로 이해할 수 있을 거 같네."

ISM PMI 주간을 맞아 신 부장의 쉬우면서도 명쾌한 설명을 들으니, 오만기 씨는 스스로 이 지표의 의의, 그리고 금융시장에 상당한 영향을 미친다는 사실을 깨닫게 됩니다.

"부장님, 제가 마지막으로 정리해보겠습니다. 매월 첫 번째 영업일에 발표하는 ISM 제조업 PMI, 그리고 제조업 발표 후 일반적으로 2영업일 후 발표하는, 미국 경제 규모의 70% 비중을 차지하는 서비스업 PMI는 다음과 같은 의의가 있다고 생각합니다.

1) 발표 시기를 감안할 때, 지표의 적시성이 뛰어나다.

2) 건강검진처럼 미국 경제를 검진하는 종합 지표로서 세부 항목인 고용, 신규주문, 물가 등의 선행지표의 역할을 한다.

3) 서베이 항목이 직관적(3지선다)이어서, 수치를 이해하기 쉽다. 즉 50을 기준으로 그 이상이면 경기확장, 그 미만이면 경기수축을 의미한다.

4) 종합 지표 기준으로 상승 추이 및 시장 예상치를 상회하면 경기에 대한 낙관론이 커져서, 주가 상승, 채권 금리 상승 및 크레디트 스프레드 축소 현상을 보인다. 지금 같은 둔화 국면에서는 반대 현상이 발생한다.

5) 그럼에도 불구하고, 현재 시점에서 연준의 통화정책과 연계하여 생각한다면 'Bad News is Good News' 인식으로, 연준의 기준금리 인상 종료에 대한 기대로 위험자산은 오히려 상승할 수 있다. 그러나 경기침체론이 우세한다면 4)의 현상처럼 위험자산 가격 하락, 채권금리 하락, 그리고 달러 가치 상승을 기대할 수 있다.

이상입니다."

"훌륭해. 마지막으로 이야기하고 싶은 건, 지표 결과에 따른 무조건적인 금융시장 반응은 없다는 거야. 지표뿐만 아니라 여러 거시경제 요인, 그리고 전쟁 같은 헤드라인 뉴스들을 종합적으로 판단해서 투자 결정을 하자는 거지.

수고했어. 커피나 한잔하자."

GDP(국내총생산)

2023년 4월 24일(월)

오만기 씨는 이번 주 목요일 미국 1분기 GDP 발표를 앞두고, 마치 FOMC를 앞둔 연준의 이코노미스트처럼 분주한 나날을 보내고 있습니다. 신 부장이 지난 주 수요일 퇴근 전에 오만기 씨에게 특별한 지시를 내렸기 때문입니다.

"오만기 씨, 다음 주 목요일(4월 27일) 밤에 미국 1분기 GDP를 발표해. 우선 다음 주 월요일, 4월 24일 오후에 부서원 앞에서 내가 몇 가지 질문을 할 테니까 철저하게 준비해줘. 기본적인 거 물어볼 테니까 너무 긴장은 하지 마."

철저하게 준비해달라고 하면서 긴장은 하지 말라는 건 맥락에 맞지 않는다고 중얼거려 보지만, 외화채권부에 발령받은 후 첫 번째 보는 지표인지라 운용에 도움이 분명히 될 것이라는 생각에 오만기 씨는 관련 자료를 찾아보고 답변에 필요한 내용을 파워포인트로 정리합니다.

오후 1시 30분, 신 부장이 전 부서원에게 단체 쪽지를 보냅니다.

'지금 부서 회의실에서 봅시다.'

사실 이 시간은 해외채권 아시아 시장인 홍콩 점심 시간입니다. 따라서 거래가 거의 없는 한산한 시간대로 옆 부서인 원화채권, 원화주식 부서원들이 열심히 트레이딩할 때 늦은 점심을 먹거나 한숨 잘 시간입니다. 오만기 씨 같은 신참들은 밀린 내부 일을 하는 게 일상입니다.

전 부서원이 다 모이자, 신 부장이 모두 발언을 시작합니다.

"오늘 이렇게 여러분을 모이라고 부탁한 것은 이번 주 목요일 미국 GDP 발표가 그 어느 때보다도 중요하기 때문입니다. 그런데 사실 우리는 GDP가 단순히 세계 경제의 국가별 순위를 매기는 수단 정도로 알고 있습니다. GDP가 어떤 항목으로 구성되어 있고, 항목별 분석을 통해서 해당국의 경제 상황을 제대로 파악할 수 있습니다. 올바른 투자 전략은 올바른 GDP 분석을 토대로 합니다.

우리 막내 오만기 씨가 GDP에 대해 열심히 공부했으니까, 나를 포함한 여러분이 궁금한 사항을 질문하면 적절한 답변을 해줄 것으로 믿습니다. 그럼 제가 먼저 쉬운 질문부터 시작하지요. 오만기 씨, 혹시 GDP는 인플레이션 반영에 따라 어떻게 분류가 되나요?"

"예, 우선 GDP의 명칭에 대해서 말씀드리겠습니다. GDP는 Gross Domestic Product, 즉 국내총생산을 의미합니다. 이는 인플레이션 반영 유무에 따라 명목 GDP와 실질 GDP로 나눕니다."

"좋습니다. 그러면 이 두 종류의 GDP에 대해서 간단히 설명해주실 수 있겠습니까?"

"예, 명목 GDP는 현재가격이 적용된 가치인 반면, 실질 GDP는 생산 제품의 실질적 가치만을 계산 대상에 포함시킵니다. 실제 경제지표로서 분석하는 데이터는 실질 GDP입니다. 왜냐하면 GDP라는 것은 국내총 생산의 변화를 통해서 국민들이 좀 더 나은 생활 환경이 만들어졌는지 에 초점을 맞추고 있기 때문입니다."

"오만기 씨의 대답이 맞습니다. 실제 튀르키예(터키)의 GDP를 보십시 오. 2021년 말 현재, GDP는 세계 19위 규모인 USD 8,153억 수준입니 다. 그리고 전년 대비 약 11% 상승하였다고 보고했지요. 그런데 세계 경 제 순위를 비교할 때는 명목 GDP를 사용하는데, 튀르키예의 인플레이 션 상승률은 연 80% 수준입니다. 이걸 볼 때 실질 경제 성장률은 오히 려 마이너스 70%대인 것입니다. 실제 튀르키예 국민들의 생활은 상당 히 팍팍해졌습니다. 그리고 주 수입원인 관광 수입, 그리고 저렴한 가발 시술로 유명한 튀르키예의 주요 수입이 지난 코로나 시기에 엄청난 타 격을 입지 않았습니까?

기업의 매출이 Q(판매량)와 P(가격)의 곱셈으로 산출되듯이, 한 국가의 국내 총생산량 역시 q(단위당 생산량)와 p(단위당 가격)의 곱셈으로 산출됩 니다. 즉 GDP의 성장이 생산량이 진짜 증가해서 늘어났는지, 아니면 단 순히 인플레이션 요인 때문에 늘어났는지 따져봐야 합니다. 이를 통해 서 실질GDP 수준 및 성장 정도를 가늠할 것입니다."

두 차장이 오만기 씨 답변에 첨언합니다.

"좋습니다. 그러면 GDP의 발표 시기와 구성 항목은 어떻게 되어 있나요?"

"예, 미국 GDP는 일반적으로 1, 4, 7, 10월 마지막 주 목요일에 발표
월 직전 분기지표를 발표합니다. 분기별 발표, 그리고 후행지표라는 점
에서 GDP가 한 국가의 경제 체력을 가늠하는 종합 검진표임에도 불구
하고, 매월 초에 발표하는 ISM 제조업, 서비스업 PMI 및 고용지표, 그
리고 CPI 등 물가지표에 비해서 금융시장에서 과소평가되고 있습니다.
GDP의 구성 항목은 수요 측면과 공급 측면에서 나눌 수 있습니다."

'와우, 보통은 수요 측면에서만 GDP 구성 항목을 말하는데, 저 친구는
공급 측면까지 이야기하려고 하네. 역시 내가 사람 하나는 잘 뽑았어.'
신 부장이 감탄하고 있을 때, 오만기 씨는 답변을 이어나갑니다.

"수요 측면으로는 다음과 같습니다. 슬라이드 열겠습니다.

1) 개인 소비지출Price Consumption Expenditure

2) 국내 총 민간투자Gross Private Domestic Investment

3) 상품 및 서비스 순수출Net Export of goods and services

4) 정부 소비지출 및 총 투자Government Consumption Expenditure and Gross Invesment

GDP 발표는 바로 이 수요 측면의 항목 중심으로 이루어집니다. 특
히 미국은 개인 소비지출이 약 70%, 국내 총 민간투자가 15% 수준으로,
'소비'의 나라입니다. 우리나라처럼 순수출 비중이 높은 나라와 달리 무
역 적자가 어느 정도 되어도 좋으니 개인들이 소비를 많이 하도록 권장
하는 나라입니다."

"뫄, 어렸을 때 저희 어무이께서 저 용돈 헤프게 쓴다고 뫄 혼내셨심더. 돈을 아낄 줄 모른다며 말입니다. 그래서 지는 돈 생김 항상 옆에 농협에 저축하고 어무이한테 통장 검사받았심더."

김승리 주임이 옆에서 거드는 말을 합니다.

"반면, 경제학에서는 공급 측면의 GDP 계산을 선호합니다. 공급 측면 GDP 항목은 다음 슬라이드에 적어놓은 것과 같습니다.

1) 생산성

2) 노동

3) 자본

이 세 가지를 가지고 생산함수를 만들 수 있는데요. 다음 슬라이드에서 공식을 보여드리겠습니다.

콥 – 더글라스 생산함수Cobb-Douglas Production Function

$P = A*L^a K^b$

P: 총생산Production, A: 총요소 생산성, L: 노동 투입량, K: 자본 투입량

사실 이 함수는 저희가 이번 주 목요일에 발표할 GDP 지표에는 들어가 있지 않지만, 최근 화젯거리가 되는 다음과 같은 주제 때문에 관심을 갖게 되었습니다.

즉 챗GPT로 인하여 세계 경제 성장률을 약 7% 상승시킬 수 있다는 것입니다. 이는 이 생산함수 중에 A, 즉 총요소 생산성의 증가를 통해서

그림 2-42 보도자료 헤드라인(2023년 4월 5일)

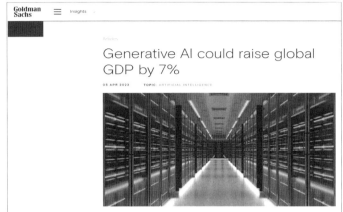

이루어집니다.

지난 1990년대 미국이 고성장을 할 수 있었던 것은 바로 인터넷, 그리고 IT 기술 덕택이었습니다. 적은 자본, 그리고 오히려 줄어드는 노동 투입량 대비 엄청나게 높아진 생산성으로 GDP 증가를 가져올 수 있었습니다. 따라서 이 생산성 측면에서도 GDP 성장을 팔로업해야 한다고 생각합니다."

"아주 좋은 의견입니다. 방금 두 차장이 말했지만, 튀르키예의 경우처럼 인플레이션이 심해질 경우에는 실질GDP가 하락합니다. 이걸 생산함수 측면에서 말한다면 왜 그럴까요?"

두 차장의 말에 질세라 차영하 과장이 치고 들어옵니다.

"부장니임~, 그것은 바로 노동 투입량이 감소하기 때문입니다아~. 인플레이션이 상승하여 임금이 같이 올라가면, 기업들은 비용절감을 위해서 노동력을 삭감하게 되고, 그것이 생산 감소로 이어지는 악순환이 발생할 수 있습니다아~."

"합리적인 답변입니다. 인플레이션은 어느 정도는 명목GDP를 상승시킬 뿐만 아니라 기업마진에도 도움을 주고, 개인소득을 증가시켜 소비 증가에 기여하는 측면이 있습니다. 그러나 튀르키예나 아르헨티나 같이, 그리고 작년 여름 미국처럼 연 9%가 넘는 인플레이션율을 보인다면 이는 분명 GDP를 하락시키는 요인이 될 것입니다.

그러면 오만기 씨, 방금 미국은 '소비의 나라'라고 말씀하셨는데, 그러면 수요 측면에서 미국의 GDP 구성 항목 비중을 우리나라와 비교해줄 수 있는지요?"

"예, 물론입니다. 다음 슬라이드를 보십시오.

표 2-5 GDP 구성 항목 비중(2022년 말 기준, %)

구 분	민간소비	민간투자	순수출	정부지출, 투자
미국	68.2	18.2	-3.8	17.4
대한민국	46.1	24.9	+5.2	22.8

(출처) 미국: 미 경제분석국(BEA), 한국: 한국은행 경제통계시스템; 필자 편집

앞서 말씀드렸지만, 미국은 소비가 거의 70%에 달하는 '소비의 국가'입니다. 국민들이 질 좋은 소비를 하겠다는데, 무역적자가 어느 정도 나도 좋은 물건, 값싼 물건이 들어오면 '땡큐'입니다. 반면 우리나라는 미국에 비해서 민간소비 비중이 매우 낮습니다. 김승리 주임이 말씀하셨듯이, 빈곤으로부터 탈출을 추구하셨던 저희 어머님, 아버님 세대 특유의 아껴 쓰는 문화에 기인한 것은 아닌가, 이렇게 생각합니다."

"혹시 오만기 씨, 산업군별 비중도 볼 수 있을까요?"

두 차장이 추가로 요청합니다. 이미 오만기 씨는 산업군별 비중도 준비해둔 상태입니다.

그림 2-43 업종별 비중(2022년 말 기준, %)

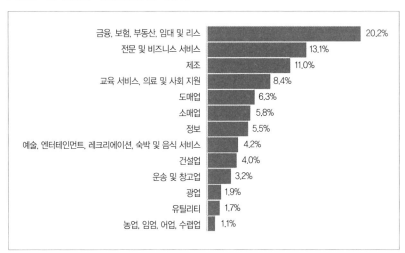

(출처) 미 경제분석국, 필자 편집

"위 그래프를 보십시오.

지난 3월 실리콘밸리 은행 파산 뉴스를 접하셨을 겁니다. 그리고 곧바로 미국 재무부, 연준, 그리고 연방예금보험공사 등 금융당국이 빠르게 지역 은행으로의 위기 전염을 차단하기 위해 각종 유동성 공급 정책(재할인율 창구 가동, BTFP^Bank Term Funding Program 등)을 시행하였습니다. 그 이유는 미국 GDP의 20%를 차지하는 금융 산업의 타격은 경제의 심각한 침체를 불러일으키기 때문이지요. 지난 2008년 금융위기 때 미국 산업이 얼마나 타격을 입었는지 기억하실 겁니다."

"자, 이제 본론으로 넘어갑시다. 이번 1분기 GDP 발표가 이번 주 목요일 저녁에 있습니다. 우리가 어떤 지표들을 눈여겨보면 될까요?"

신 부장의 이번 프레젠테이션 목표는 궁극적으로 GDP 지표가 금융시장에 미치는 영향도를 파악하는 것입니다. 그러기 위해서는 GDP 주요 항목을 제대로 읽어야 합니다.

"네, 우선 저는 지난 1월에 발표한, 2022년 4분기 GDP 지표를 가지고 왔습니다. 먼저 가장 대표적인 전분기 대비 실질성장률 지표가 가장 중요합니다. 다음 슬라이드를 보십시오.

그림 2-44 GDP 성장률(2022년 4분기 기준)

Line		2020	2021	2022	2019				2020				2021				2022				Line
					Q1	Q2	Q3	Q4	Q1	Q2	Q3	Q4	Q1	Q2	Q3	Q4	Q1	Q2	Q3	Q4	
1	Gross domestic product (GDP)	-2.8	5.9	2.1	2.2	2.7	3.6	1.8	-4.6	-29.9	35.3	3.9	6.3	7.0	2.7	7.0	-1.6	-0.6	3.2	2.7	1
2	Personal consumption expenditures	-3.0	8.3	2.8	0.4	2.6	3.4	2.4	-6.2	-32.1	43.0	3.9	10.8	12.1	3.0	3.1	1.3	2.0	2.3	1.4	2

(출처) 미 경제분석국

우선 GDP는 동일한 지표에 대해서 총 3번에 걸쳐 발표를 합니다. '예비치 - 수정치 - 확정치'로 말입니다. 이번 4월에 발표할 지표는 예비치입니다. 사실 3개 지표 중에 가장 먼저 나오는 예비치 숫자가 매우 중요합니다.

또한 전분기 대비 GDP 증감분은 연율Annualized Rate로 환산하여 발표합니다. 슬라이드 자료는 2월에 나온 수정치인데요. 2022년 4분기 GDP가 전분기 대비 연환산 2.7%가 올랐습니다. 그런데 실제 수치는 이것을 4

로 나눈 0.675% 상승분입니다.

여기에 대한 착시 효과가 제가 [그림 2-44]에서 왼쪽 박스로 표시한 2020년 2분기 GDP 수치입니다. 당시 코로나 때문에 경제 활동이 일시 중단되는 등 짧지만 강력한 경기침체가 도래하였습니다. 그렇다고 전분기 대비 −30% 하락했다고 호들갑을 떨면 안 됩니다. 실제 이 수치를 보고 금리는 더 하락하고 주가가 급락하는 모습을 보였는데요. 실제 하락률은 이것을 4로 나눈 −7.5%입니다. 물론 이 수치도 매우 충격적이지만, 미국 경제가 1분기 만에 총 GDP의 30% 하락했다는 것은 그야말로 '아마겟돈' 상황 아니겠습니까? 꼭 4로 나눠서 봐주시기 바랍니다.

그러면 왜 GDP가 이렇게 나왔는지 분석을 해야 합니다. 우선 [그림 2-45]의 각 항목 변화율에 대해서 살펴봐야 합니다.

그림 2-45 GDP 성장률(Table 1: 전분기 대비, 2022년 4분기 기준, %)

Line		2020	2021	2022ʳ	2019 Q1	Q2	Q3	Q4	2020 Q1	Q2	Q3	Q4	2021 Q1	Q2	Q3	Q4	2022 Q1	Q2	Q3ʳ	Q4ʳ	Line
1	Gross domestic product (GDP)	-2.8	5.9	2.1	2.2	2.7	3.6	1.8	-4.6	-29.9	35.3	3.9	6.3	7.0	2.7	7.0	-1.6	-0.6	3.2	2.7	1
2	Personal consumption expenditures	-3.0	8.3	2.8	0.4	2.6	3.4	2.4	-6.2	-32.1	43.0	3.9	10.8	12.1	3.0	3.1	1.3	2.0	2.3	1.4	2
3	Goods	5.2	12.2	-0.5	0.0	5.5	5.8	2.8	0.0	-10.7	55.2	0.3	25.3	11.6	-7.9	2.3	-0.1	-2.6	-0.4	-0.5	3
4	Durable goods	10.0	18.5	-0.5	-3.5	8.9	10.3	7.7	-11.3	0.4	103.6	0.6	44.7	10.6	-22.0	5.1	7.6	-2.8	-0.8	-1.8	4
5	Nondurable goods	2.7	8.8	-0.5	1.7	3.8	3.6	0.4	6.2	-15.9	33.7	0.1	14.9	12.2	1.7	0.7	-4.4	-2.5	-0.1	0.2	5
6	Services	-6.6	6.3	4.5	0.6	1.9	2.3	2.1	-8.9	-40.4	37.1	5.7	4.0	12.3	9.2	3.5	2.1	4.6	3.7	2.4	6
7	Gross private domestic investment	-5.3	9.0	3.9	4.0	2.4	2.6	-8.0	-5.1	-46.8	91.8	18.0	-5.4	9.0	10.4	32.0	5.4	-14.1	-9.6	3.7	7
8	Fixed investment	-2.3	7.4	-0.2	0.8	6.2	4.1	-1.3	-3.0	-28.9	29.2	16.8	9.7	5.8	-1.1	0.6	4.8	-5.0	-3.5	-4.6	8
9	Nonresidential	-4.9	6.4	3.8	1.8	6.2	4.1	-1.6	-8.2	-29.4	20.2	11.5	9.9	9.9	0.6	1.1	7.9	0.1	6.2	3.3	9
10	Structures	-10.1	-6.4	-6.9	0.8	15.4	17.9	-5.8	-3.4	-42.9	-10.4	0.9	1.2	-4.5	-6.7	-12.7	-4.3	-12.7	-3.6	8.5	10
11	Equipment	-10.5	10.3	4.3	0.9	0.8	-5.5	-8.3	-23.9	-38.0	57.1	21.1	6.1	14.0	-2.2	1.6	11.4	-2.0	10.6	-3.2	11
12	Intellectual property products	4.8	9.7	8.9	3.6	7.3	7.3	9.3	7.9	-9.3	9.5	8.3	15.6	12.6	7.4	8.1	10.8	8.9	6.8	7.4	12
13	Residential	7.2	10.7	-10.7	-2.5	6.5	4.2	0.0	17.4	-27.4	61.6	33.4	11.6	-4.9	-5.8	-1.1	-3.1	-17.8	-27.1	-25.9	13
14	Change in private inventories																				14
15	Net exports of goods and services																				15
16	Exports	-13.2	6.1	7.2	4.8	-2.3	0.0	0.8	-15.3	-60.9	59.5	24.2	0.4	4.9	-1.1	23.5	-4.6	13.8	14.6	-1.6	16
17	Goods	-10.1	7.4	6.3	5.5	-7.2	1.9	-0.2	-3.6	-66.2	103.2	25.5	0.7	3.4	-3.7	23.4	-7.5	15.8	15.7	-7.4	17
18	Services	-18.8	3.3	9.2	3.4	7.6	-3.4	2.5	-33.7	-49.1	1.4	21.2	-0.7	7.9	6.6	24.0	1.9	9.9	12.5	18.8	18
19	Imports	-9.0	14.1	8.2	1.3	-0.7	-1.7	-8.0	-12.2	-53.7	88.2	32.9	7.6	7.9	6.6	18.6	18.4	2.2	-7.3	-4.2	19
20	Goods	-5.8	14.5	6.9	0.4	-0.4	-1.6	-9.4	-7.8	-49.3	103.7	29.3	10.9	4.0	0.2	19.6	20.4	-0.4	-8.6	-5.5	20
21	Services	-22.0	12.3	14.6	5.7	5.3	-2.3	-2.0	-28.9	-69.3	25.7	53.6	-8.8	31.9	45.3	14.0	9.1	16.6	-0.8	2.1	21
22	Government consumption expenditures and gross investment	2.6	0.6	-0.6	4.9	5.3	3.4	2.4	3.3	7.3	-5.9	-0.1	6.5	-3.0	-4.0	-1.0	-2.3	-1.6	3.7	3.6	22
23	Federal	6.2	2.3	-2.5	2.9	6.3	4.9	1.8	3.7	31.5	-10.9	1.8	7.3	-6.9	-7.2	0.0	-5.3	-3.4	3.7	5.9	23
24	National defense	2.9	-1.2	-2.8	7.9	0.0	6.8	1.8	2.1	1.8	1.3	11.8	-9.0	-2.6	-3.2	-5.3	-8.5	1.4	4.7	2.2	24
25	Nondefense	11.2	7.3	-2.2	-4.1	16.6	2.2	1.8	6.1	86.5	-24.7	-10.8	64.8	-11.9	-12.1	7.4	-1.1	-9.2	2.5	10.8	25
26	State and local	0.4	-0.5	0.6	6.1	4.7	2.4	2.7	3.0	-5.5	-2.5	-1.3	0.1	-0.4	4.5	-1.6	-0.4	-0.4	3.6	2.6	26

(출처) 미 경제분석국

이는 앞에서 설명해드린 민간소비, 민간투자, 순수출 그리고 정부지출 및 투자 항목으로 나누어본 것입니다. 지난 2022년 4분기에는 순수출이 감소하고(총 −5.8%), 민간투자 항목이 가파른 상승을 보인 것이 특징입니다. GDP의 대부분을 차지하는 민간소비는 둔화의 모습을 보이기는 하지만 여전히 (+)의 영역에 있습니다.

통화정책 측면에서 살펴보면, 연준에서 기준금리를 지속적으로 인상함에도 불구하고 여전히 민간 경제 활동 측면에서 둔화하는 모습은 찾아보기 어렵습니다. 궁극적으로 인플레이션을 통제 가능한 영역으로 끌어들이려면 이들 민간영역의 경제 활동을 둔화시켜야 합니다. 이번 1분기 발표에는 꼭 이 민간소비와 민간투자 부분에 집중해주시기를 당부드립니다.

한편 다음 슬라이드는 전년 동기 대비 GDP 성장률을 표기한 표입니다(그림 2-46).

전분기 대비 GDP 증감은 계절조정 후 지표와 비교하는 반면, 전년 동기 대비 변화율은 계절조정 전 지표를 가지고 비교합니다.

지난 분기인 2022년 말 기준으로 경제 성장률은 전년 동기 대비 0.9% 성장하였습니다. 우선 소비 증가세가 2021년 대비 상당히 둔화되었음을 알 수 있습니다. 연준은 인플레이션을 둔화시키기 위해서, 이 소비지출 성장을 오히려 전년 동기 대비 하락하는 수치를 몇 분기 동안 보고 싶어 할 겁니다."

"오만기 씨가 아주 중요한 코멘트를 하셨습니다. 그러면 오만기 씨, GDP에서도 물가 측면에서 바라본 세부 지표가 있을 거 같은데요?"

그림 2-46 GDP 성장률(Table 5: 전년 대비, 2022년 4분기, %)

Line		Percent change from preceding year								Percent change from fourth quarter to fourth quarter one year ago								Line
		2015	2016	2017	2018	2019	2020	2021	2022¹	2015	2016	2017	2018	2019	2020	2021	2022¹	
1	**Gross domestic product (GDP)**	2.7	1.7	2.2	2.9	2.3	-2.8	5.9	2.1	1.9	2.0	2.8	2.3	2.6	-1.5	5.7	0.9	1
2	**Personal consumption expenditures (PCE)**	3.3	2.5	2.4	2.9	2.0	-3.0	8.3	2.7	2.6	2.3	2.8	2.5	2.2	-1.4	7.2	1.7	2
3	Goods	4.8	3.4	3.9	3.9	3.1	5.2	12.2	-0.5	3.8	3.4	5.2	2.7	3.5	8.6	7.1	-0.8	3
4	Durable goods	7.6	5.4	6.4	6.8	3.8	10.0	18.5	-0.4	6.0	6.3	8.2	3.7	5.7	16.2	7.0	0.6	4
5	Nondurable goods	3.4	2.5	2.6	2.5	2.8	2.7	8.8	-0.5	2.8	2.0	3.7	2.2	2.4	4.6	7.2	-1.6	5
6	Services	2.6	2.0	1.7	2.4	1.5	-6.6	6.3	4.5	2.1	1.8	1.7	2.4	1.6	-5.8	7.2	3.0	6
7	**Gross private domestic investment**	5.5	-1.0	4.1	5.7	2.8	-5.3	9.0	4.0	2.3	1.8	4.6	4.8	0.1	2.4	8.6	-3.8	7
8	Fixed investment	3.8	2.1	4.1	4.9	2.5	-2.3	7.4	-0.2	1.7	2.8	5.0	3.5	2.4	1.0	3.7	-2.0	8
9	Nonresidential	2.3	0.9	4.1	6.5	3.6	-4.9	6.4	3.9	-0.1	2.5	5.2	5.7	2.6	-3.5	5.0	4.5	9
10	Structures	-0.9	-4.3	4.4	4.1	2.3	-10.1	-6.4	-6.6	-7.3	3.6	0.8	1.7	6.6	-16.0	-5.2	-1.7	10
11	Equipment	3.0	-1.8	2.8	6.6	1.3	-10.5	10.3	4.3	1.5	-2.2	7.0	5.1	-3.1	-2.7	4.7	3.9	11
12	Intellectual property products	3.8	8.8	5.6	8.1	7.3	4.8	9.7	8.8	3.3	8.4	5.8	9.3	6.9	3.8	10.8	8.2	12
13	Residential	10.2	6.6	4.0	-0.6	-1.0	7.2	10.7	-10.6	9.2	4.0	4.6	-3.8	2.0	16.4	-0.3	-18.8	13
14	Change in private inventories	....	....	....	....	....	....	....	....	....	....	....	....	....	....	....	....	14
15	**Net exports of goods and services**																	15
16	Exports	0.3	0.4	4.3	2.8	0.5	-13.2	6.1	7.1	-1.5	1.3	6.2	0.2	0.8	-10.0	6.5	4.6	16
17	Goods	-0.4	0.6	4.1	4.2	0.1	-10.1	7.4	6.3	-2.8	2.4	6.1	1.2	-0.1	-4.5	5.1	4.0	17
18	Services	1.5	0.0	4.5	0.2	1.2	-18.8	3.3	8.7	1.2	-0.7	6.4	-1.8	2.4	-19.7	9.3	6.0	18
19	Imports	5.2	1.5	4.5	4.2	1.1	-9.0	14.1	8.1	3.3	2.2	5.3	3.3	-2.0	-0.4	10.1	1.5	19
20	Goods	5.8	1.1	4.5	5.1	0.5	-5.8	14.5	6.9	3.3	2.6	5.5	3.5	-2.9	5.3	8.4	0.8	20
21	Services	2.5	3.0	4.6	0.5	4.0	-22.0	12.3	14.2	3.1	0.3	4.7	2.4	1.6	-19.4	18.8	5.0	21
22	**Government consumption expenditures and gross investment**	1.8	2.0	0.4	1.7	3.3	2.6	0.6	0.9	2.2	1.6	0.7	1.6	4.0	1.0	0.5	0.9	22
23	Federal	0.0	0.5	0.4	3.0	3.9	6.2	2.3	-2.5	1.2	0.1	1.3	3.2	4.0	5.4	0.4	0.1	23
24	National defense	-2.1	-0.6	0.9	3.3	5.3	2.9	-1.2	-2.8	-0.4	-0.6	2.0	4.5	4.1	4.2	-5.0	-0.2	24
25	Nondefense	3.3	2.1	-0.3	2.5	1.9	11.2	7.3	-2.2	3.7	1.1	0.2	1.4	3.9	7.4	8.2	0.4	25
26	State and local	3.0	2.8	0.4	0.9	3.0	0.4	-0.5	0.7	2.8	2.5	0.3	0.6	4.0	-1.6	0.6	1.3	26
	Addenda:																	
27	Gross domestic income (GDI)¹	2.5	0.9	2.3	2.9	2.2	-2.3	5.5	2.3	1.2	1.2	2.9	2.9	2.1	0.1	4.1	0.4	27
28	Average of GDP and GDI	2.6	1.3	2.3	2.9	2.3	-2.5	5.7	2.2	1.5	1.6	2.8	2.6	2.3	0.0	4.9	0.6	28
29	Final sales of domestic product	2.4	2.2	2.2	2.8	2.3	-2.2	5.7	1.3	1.8	2.2	2.9	2.1	3.0	-1.8	4.8	1.3	29
30	Gross domestic purchases	3.4	1.8	2.3	3.1	2.3	-2.4	7.0	2.4	2.5	2.1	2.8	2.7	2.1	-0.3	6.2	0.5	30
31	Final sales to domestic purchasers	3.1	2.3	2.3	3.0	2.3	-1.9	6.7	1.7	2.4	2.3	2.8	2.5	2.5	-0.4	5.4	0.9	31
32	Final sales to private domestic purchasers	3.4	2.4	2.7	3.3	2.1	-2.8	8.1	2.1	2.5	2.4	3.3	2.7	2.2	-0.9	6.4	0.9	32
33	Gross national product	2.6	1.7	2.5	2.9	2.2	-3.1	5.7	2.0	1.9	2.2	3.0	2.0	2.4	-1.9	5.7	0.7	33
34	Real disposable personal income	4.0	1.8	2.7	3.3	3.5	6.2	1.8	-6.0	2.8	1.6	3.0	4.1	3.8	3.7	-0.4	-1.4	34
	Price indexes:																	
35	Gross domestic purchases	0.3	0.7	1.9	2.3	1.5	1.3	4.2	6.8	0.1	1.3	2.0	2.2	1.4	1.5	5.8	6.2	35
36	Gross domestic purchases excluding food and energy²	1.0	1.1	1.8	2.3	1.7	1.4	3.9	6.1	0.7	1.5	1.9	2.3	1.4	1.7	5.3	5.7	36
37	GDP	1.0	1.0	1.9	2.4	1.8	1.3	4.5	7.0	0.8	1.5	2.0	2.3	1.6	1.6	6.1	6.4	37

(출처) 미 경제분석국

"네, 맞습니다. 보도자료의 Table 4에 GDP 디플레이터Deflator라는 물가 항목이 있습니다(그림 2-47). 이것은 GDP 가격지수와 암묵적 디플레이터로 구분되는데요. 분기 동안의 미국 내에서 생산된 상품과 서비스 가격의 변화를 측정합니다. 이는 보시고 계신 슬라이드 중 ① 항목을 참조하십시오.

그림 2-47 GDP 물가 항목(Table 4, 2022년 4분기, %)

Line		2020	2021	2022	2019 Q1	Q2	Q3	Q4	2020 Q1	Q2	Q3	Q4	2021 Q1	Q2	Q3	Q4	2022 Q1	Q2	Q3	Q4'	Line
1	Gross domestic product (GDP)	1.3	4.5	7.0	1.5	2.3	1.3	1.3	1.8	-1.3	3.5	2.5	5.2	6.3	6.2	6.8	8.3	9.0	4.4	3.9	1
2	Personal consumption expenditures	1.1	4.0	6.3	0.8	2.5	1.0	1.5	1.5	-1.8	3.4	1.6	4.5	6.4	5.6	6.2	7.5	7.3	4.3	3.7	2
3	Goods	-0.7	4.9	8.6	-1.3	1.8	-1.4	0.2	-0.8	-5.4	4.0	0.5	5.8	9.0	7.6	9.3	12.6	10.6	2.7	-0.5	3
4	Durable goods	-0.9	5.6	6.5	0.3	-1.1	-1.9	-2.6	-1.2	-2.7	4.8	2.1	1.3	14.7	10.0	8.2	8.3	2.4	3.5	-1.5	4
5	Nondurable goods	-0.7	4.5	9.9	-2.1	3.3	-1.2	1.6	-0.6	-6.8	3.7	-0.4	8.6	5.6	6.1	9.9	15.2	15.7	2.3	0.1	5
6	Services	2.0	3.6	5.0	1.8	2.8	2.2	2.1	2.5	0.0	3.1	2.3	3.9	5.1	4.6	4.6	4.9	5.6	5.2	6.0	6
7	Gross private domestic investment	1.3	3.6	8.2	2.5	2.1	0.7	-0.2	1.8	1.0	2.4	2.7	3.3	2.8	6.8	8.8	9.9	9.9	7.6	3.3	7
8	Fixed investment	1.4	4.0	8.4	2.5	2.0	0.8	0.0	1.6	1.7	2.1	2.6	3.5	4.2	7.3	8.8	10.0	10.3	7.7	4.0	8
9	Nonresidential	0.8	1.7	6.5	2.5	2.0	0.1	-0.8	1.3	2.0	-0.1	1.4	0.7	0.4	4.6	7.7	6.9	8.5	7.6	3.6	9
10	Structures	1.3	4.1	16.4	4.1	5.7	2.9	2.1	2.0	-1.0	0.0	-1.6	1.3	8.1	10.2	22.8	16.7	17.5	20.1	7.7	10
11	Equipment	-0.5	0.4	6.2	1.4	-0.3	-1.6	-0.9	0.9	0.2	-2.4	-1.5	3.6	-4.4	4.3	6.5	7.6	9.2	5.9	6.1	11
12	Intellectual property products	1.8	1.6	2.4	2.7	2.6	0.4	-2.3	1.4	5.7	2.1	5.8	-2.7	1.3	2.3	2.1	1.9	3.9	3.7	-0.6	12
13	Residential	3.3	11.1	13.9	2.3	2.0	3.2	2.5	2.5	1.0	9.3	6.6	12.4	15.5	15.0	12.0	18.9	15.2	8.1	5.1	13
14	Change in private inventories																				14
15	Net exports of goods and services																				15
16	Exports	-2.4	11.5	9.4	-3.3	3.5	-2.4	-1.3	-1.8	-17.6	13.2	6.2	20.5	18.6	9.3	6.2	17.3	20.0	-9.7	-6.1	16
17	Goods	-3.9	14.2	11.5	-5.2	2.6	-4.0	-1.2	-4.2	-21.9	16.0	7.0	26.1	24.4	11.1	7.0	22.9	26.7	-14.0	-11.0	17
18	Services	0.4	6.0	5.1	0.4	5.3	0.7	-1.5	3.0	-8.9	8.3	4.7	9.7	7.2	5.7	4.6	5.8	6.0	1.3	5.0	18
19	Imports	-2.2	7.4	7.5	-4.6	2.3	-4.1	-1.3	-1.2	-12.2	8.1	2.8	12.9	12.7	6.1	6.3	13.5	13.2	-4.1	-5.5	19
20	Goods	-2.8	7.8	7.8	-5.8	2.5	-4.8	-2.0	-1.8	-13.7	8.8	2.6	14.5	13.5	6.6	6.3	15.5	13.9	-5.8	-7.9	20
21	Services	0.7	5.1	6.1	1.2	1.0	-1.0	1.6	1.6	-4.4	5.0	4.3	5.0	8.8	6.5	4.8	4.1	10.0	4.7	6.5	21
22	Government consumption expenditures and gross investment	1.9	5.3	7.5	0.9	0.8	1.0	1.5	3.2	0.0	3.2	3.7	6.9	6.8	6.0	7.2	8.7	11.6	3.6	3.6	22
23	Federal	1.1	3.4	5.0	4.3	-2.6	1.0	1.6	1.4	0.3	2.6	2.4	4.1	4.1	4.4	4.3	5.7	6.0	4.8	3.2	23
24	National defense	1.1	3.7	5.2	1.3	1.3	1.2	1.8	1.0	-1.1	3.0	2.5	5.2	4.4	5.5	7.7	7.2	5.7	3.0	2.4	24
25	Nondefense	1.1	3.0	4.6	9.0	-8.3	0.7	1.4	2.0	2.3	2.1	2.4	2.6	3.8	4.4	4.2	4.5	4.1	7.6	3.4	25
26	State and local	2.4	6.5	9.1	-1.1	3.0	1.1	1.5	4.3	-0.2	3.6	4.6	8.8	8.5	7.0	9.0	10.6	15.0	2.9	3.9	26
	Addenda:																				
27	Final sales of domestic product	1.4	4.6	7.0	1.4	2.3	1.4	1.3	1.8	-1.2	3.4	2.5	5.2	6.5	6.3	6.8	8.3	9.1	4.4	4.0	27
28	Gross domestic purchases	1.3	4.2	6.8	1.1	2.1	1.0	1.2	1.8	-1.0	3.2	2.2	4.7	5.9	5.9	6.8	8.1	8.5	4.8	3.6	28
29	Final sales to domestic purchasers	1.3	4.2	6.8	1.2	2.1	1.0	1.2	1.8	-0.9	3.1	2.2	4.8	6.1	5.9	6.8	8.1	8.5	4.8	3.9	29
30	Final sales to private domestic purchasers	1.2	4.0	6.7	1.2	2.4	1.0	1.1	1.5	-1.1	3.1	1.9	4.3	6.0	5.9	6.7	8.0	7.9	5.0	3.8	30
31	Gross national product (GNP)	1.3	4.5	7.0	1.5	2.3	1.3	1.3	1.8	-1.3	3.5	2.5	5.2	6.2	6.2	6.8	8.3	9.0	4.4	3.9	31
32	GDP excluding food and energy [1]	1.5	4.1	6.2	1.7	2.4	1.5	1.1	2.2	-0.6	3.1	2.3	4.3	5.9	5.6	6.2	6.6	7.3	5.2	4.2	32
33	Gross domestic purchases excluding food and energy [1]	1.4	3.9	6.1	1.5	1.8	1.1	1.1	2.1	-0.3	3.0	2.2	4.0	5.7	5.4	6.0	7.0	6.9	5.0	4.1	33
34	PCE excluding food and energy [1]	1.3	3.5	5.0	1.5	2.1	1.6	1.2	1.9	-1.0	3.2	1.5	3.2	6.0	4.8	4.8	5.6	4.7	4.7	4.4	34
35	Market-based PCE [2]	1.1	3.6	6.5	0.9	2.1	0.8	1.5	1.3	-1.0	2.8	1.1	4.0	5.8	5.2	6.2	8.2	8.0	4.5	3.4	35
36	Market-based PCE excluding food and energy [1,2]	1.3	2.9	5.1	1.7	1.7	1.4	1.3	1.8	0.1	2.4	0.9	2.5	5.2	4.3	4.6	6.1	5.0	5.0	4.1	36
	Implicit price deflators:																				
37	GDP	1.3	4.5	7.0	1.6	2.2	1.3	1.5	1.6	-1.5	3.5	2.6	5.1	6.4	6.2	6.8	8.4	9.1	4.4	3.9	37

(출처) 미 경제분석국

그리고 ② 항목은 우리가 너무나도 잘 알고 있는 PCE 지수입니다. 이 지표는 사실, GDP의 세부 항목으로 들어가 있습니다. 몇 번 말씀드렸지만, 미국은 소비의 나라 아닙니까? 그러면 소비지출 항목인 PCE의 중요성은 이루 말할 수 없습니다. 오죽하면 연준에서 목표로 하는 인플레이션 지표가 Core PCE 아니겠습니까?"

"맨 위, 그리고 맨 아래 ③으로 표시된 박스를 보니까 GDP 가격지수는 지난 2022년 2분기를 정점으로 급격하게 내려가는 모습을 보이네요. 이번에 상승이 둔화되는 것을 추가로 확인한다면 금리가 내려갈 수 있겠습니다."

안예슬 대리가 조심스럽게 말을 합니다.

"맞습니다. 대체로 가격 지수는 최근 2분기 동안 하락하는 모습이 뚜렷했습니다. 문제는 레벨인데요. 의미 있는 레벨 다운이 필요합니다. 또한 산업별 성장률을 보고 분석하면서, 눈에 띄는 증감을 찾는 것도 필요합니다.

[그림 2-48]을 보면 지난 분기에서 GDP 비중 1위를 차지하는 금융 섹터(① 참조)는 아무래도 금리가 급등하고 주가가 하락하는 모습을 보이면서, 주요 투자은행들의 영업실적 위축이 있었습니다. 반면 서비스 분야를 대표하는(② 참조) 비중 2위 Professional & Business Services 쪽은 여전히 강세를 보이고 있습니다. 한편 채굴 분야Mining는 비중이 1.9%에 불과하지만, 전분기 대비 연율 21%가 성장하는 모습을 보인 것이 특징입니다(③ 참조). 그 밖에도 GDP 발표 시에 개인소득, 기업이윤 등 발표합니다."

"좋습니다. 그런데 오만기 씨, GDP가 아무래도 분기에 1회씩 발표하니까 현재 경제 상황을 반영하는 데 좀 늦은 감이 있지 않은가? 우리는 실제 바로바로 업데이트가 되는 GDP 지표를 보고 싶은데 말이에요. 혹시 참고할 만한 대체 지표가 있는지요?"

신 부장의 질문에 오만기 씨가 기다렸다는 듯, 슬라이드를 넘기면서

그림 2-48 GDP 성장률(산업별: 전분기 대비, 2022년 4분기, %)

Line		2020	2021	2022	2019 Q1	Q2	Q3	Q4	2020 Q1	Q2	Q3	Q4	2021 Q1	Q2	Q3	Q4	2022 Q1	Q2	Q3	Q4	Line
1	**Gross domestic product**	-2.8	5.9	2.1	2.2	2.7	3.6	1.8	-4.6	-29.9	35.3	3.9	6.3	7.0	2.7	7.0	-1.6	-0.6	3.2	2.6	1
2	**Private industries**	-3.1	6.7	2.2	2.9	2.6	3.8	1.4	-5.4	-32.1	40.2	4.4	7.4	7.5	2.4	7.9	-2.0	-0.6	3.6	2.6	2
3	Agriculture, forestry, fishing, and hunting	2.8	-8.5	-3.2	-23.8	2.2	-5.1	4.2	44.3	-40.3	42.5	1.3	-25.9	-12.0	-4.7	4.4	0.1	-12.8	-1.7	1.7	3
4	Mining	-1.1	-16.3	-6.5	29.0	9.3	15.4	-2.5	26.9	-34.6	-3.8	-9.5	-9.4	-33.4	-13.7	-13.4	-13.7	-0.2	27.0	21.0	4
5	Utilities	3.6	-4.1	-2.2	-6.9	21.1	-10.6	22.5	0.7	0.8	3.3	-10.9	-8.3	8.6	-9.9	-7.9	8.2	1.9	-16.0	1.8	5
6	Construction	-3.8	2.5	-10.4	5.9	0.2	1.6	-2.2	-4.0	-28.9	27.6	10.2	5.9	4.1	-11.9	-13.2	-1.6	-19.2	-17.8	-3.6	6
7	Manufacturing	-4.5	6.7	0.2	-4.2	4.6	5.5	-1.6	-8.8	-38.5	60.9	0.6	9.0	6.3	-4.4	14.2	-3.1	-8.5	0.5	4.5	7
8	Durable goods	-4.5	9.7	2.2	-0.5	0.3	-0.3	-2.1	-6.6	-42.4	79.5	4.9	13.9	8.5	-7.7	15.8	1.2	-4.1	-0.5	7.5	8
9	Nondurable goods	-4.5	3.0	-2.1	-8.7	10.2	13.5	-1.0	-11.4	-33.0	39.5	-4.7	3.3	3.8	0.0	12.3	-8.0	-13.4	1.6	0.8	9
10	Wholesale trade	0.0	5.5	0.3	2.4	-7.7	3.2	1.6	6.3	-30.3	47.7	1.6	8.5	5.5	-6.7	6.6	0.2	-6.8	6.1	3.2	10
11	Retail trade	-2.9	2.6	-3.8	6.3	1.1	5.8	-0.3	-6.9	-31.3	51.0	-0.8	16.8	-12.3	-13.8	7.0	-14.8	1.4	6.8	8.1	11
12	Transportation and warehousing	-12.0	7.5	2.3	-0.9	1.1	4.0	-5.1	8.9	-41.3	73.5	8.5	16.2	-5.4	16.8	-10.7	2.4	16.9	1.7	1.6	12
13	Information	3.9	13.9	7.6	4.9	9.1	6.4	4.6	-1.2	-5.3	25.9	2.0	16.9	24.4	9.5	16.3	-2.3	1.5	17.3	6.4	13
14	Finance, insurance, real estate, rental, and leasing	-0.1	4.8	2.2	5.8	2.7	2.5	4.5	-7.8	-4.7	10.6	4.9	4.2	4.5	3.8	8.1	-1.1	1.9	1.1	-3.7	14
15	Finance and insurance	2.7	7.2	0.5	12.6	3.8	1.0	14.0	-16.7	12.1	11.2	16.0	1.0	6.2	2.0	9.2	-5.7	2.1	-2.7	-5.8	15
16	Real estate and rental and leasing	-1.8	3.3	3.2	1.9	2.0	3.4	-0.9	-1.8	-14.0	10.2	-1.8	6.3	3.3	5.0	7.5	2.0	1.8	3.5	-2.4	16
17	Professional and business services	-1.2	11.7	7.5	5.0	3.0	4.5	1.5	-0.5	-27.4	28.7	11.9	12.6	14.8	12.1	13.6	3.3	4.2	5.7	6.3	17
18	Professional, scientific, and technical services	-0.1	11.1	6.9	5.2	3.6	6.4	1.8	0.8	-23.4	26.9	5.8	11.8	17.5	14.7	10.3	0.4	3.3	7.9	8.2	18
19	Management of companies and enterprises	1.7	10.9	7.2	13.2	3.3	0.4	3.0	-1.8	-7.5	7.6	33.2	3.8	16.3	-3.2	20.7	0.9	8.1	4.6	11.3	19
20	Administrative and waste management services	-5.6	13.6	9.4	-0.3	1.3	2.3	-0.1	-3.0	-46.1	50.5	15.9	20.6	7.4	15.6	17.5	12.0	4.1	1.4	-0.6	20
21	Educational services, health care, and social assistance	-2.9	4.6	3.9	3.7	3.0	2.7	1.7	-2.0	-42.7	71.1	4.8	-3.1	3.2	3.0	5.5	3.1	2.7	5.5	4.8	21
22	Educational services	-9.9	3.3	4.5	2.8	3.4	0.2	-4.8	-8.2	-38.6	19.9	-11.8	12.1	11.0	11.4	5.3	5.1	-4.1	5.6	4.9	22
23	Health care and social assistance	-1.8	4.8	3.8	3.8	3.0	3.2	2.8	-0.9	-43.4	81.2	7.5	-5.1	2.1	1.8	5.6	2.8	3.8	5.4	4.8	23
24	Arts, entertainment, recreation, accommodation, and food services	-27.6	28.3	8.8	-0.8	2.0	6.8	-4.3	-33.6	-90.2	346.4	8.3	29.8	76.8	28.5	9.5	-8.8	10.6	7.3	-0.4	24
25	Arts, entertainment, and recreation	-36.0	35.2	20.9	-2.0	0.1	9.6	1.6	-40.6	-95.3	295.7	70.1	65.5	29.2	61.6	33.7	-0.8	19.2	26.1	5.4	25
26	Accommodation and food services	-24.6	26.2	5.1	-0.4	2.6	5.6	-6.4	-30.9	-87.6	361.9	-5.1	20.2	95.0	19.7	2.6	-11.4	7.9	1.4	-2.4	26
27	Other services, except government	-9.9	5.4	4.0	-3.3	-0.3	5.5	1.0	-11.7	-56.6	74.2	4.6	-6.1	17.8	10.9	3.2	2.0	1.2	2.5	0.1	27
28	**Government**	-0.4	0.5	1.3	-2.5	3.5	1.7	5.2	1.7	-14.4	6.1	0.3	-1.1	2.4	4.4	-0.2	1.8	-0.2	6.0	2.1	28
29	Federal	3.1	1.0	-0.2	-3.8	7.6	2.3	2.2	2.7	3.8	5.3	-1.4	1.2	0.8	0.0	-1.3	0.4	-0.5	-1.5	3.2	29
30	State and local	-1.9	0.3	1.9	-1.8	1.6	1.4	6.6	1.2	-21.5	6.5	1.1	-2.1	3.2	6.4	0.3	2.5	-0.1	1.6	1.5	30

(출처) 미 경제분석국

설명을 이어나갑니다.

"맞습니다, 부장님. 사실 애틀랜타 연은에서 주요 지표가 나올 때마다 이를 업데이트해서 GDP를 추정하는 'GDPNow'라는 지표를 발표하고 있습니다. 고용, 물가 등의 지표가 나올 때마다 이를 반영해서 발표하고 있습니다. 슬라이드를 보시지요(그림 2-49).

그림 2-49 GDPNow(2023년 4월 24일 현재)

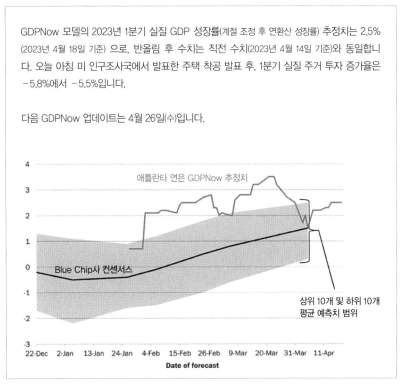

GDPNow 모델의 2023년 1분기 실질 GDP 성장률(계절 조정 후 연환산 성장률) 추정치는 2.5% (2023년 4월 18일 기준) 으로, 반올림 후 수치는 직전 수치(2023년 4월 14일 기준)와 동일합니다. 오늘 아침 미 인구조사국에서 발표한 주택 착공 발표 후, 1분기 실질 주거 투자 증가율은 −5.8%에서 −5.5%입니다.

다음 GDPNow 업데이트는 4월 26일(수)입니다.

애틀란타 연은 GDPNow 추정치

Blue Chip사 컨센서스

상위 10개 및 하위 10개
평균 예측치 범위

Date of forecast

(출처) 애틀랜타 연은

애틀랜타 연은에서는 미 경제분석국의 GDP 산출 방법론을 그대로 가져와서 주요 지표 발표 때마다 이를 반영, 그 예측치를 발표하고 있습니다. GDPNow 자체가 금융시장에 직접적으로 영향을 미치지는 않지만, 이미 영향을 미친 고용, 물가 등의 지표를 반영하고 있기 때문에 공식 GDP 발표치를 어느 정도 가늠하기에는 좋은 지표라고 생각합니다."

"맞습니다. 사실 GDP를 적시성 있게 볼 수 있다는 점에서 GDPNow

그림 2-50 GDPNow vs 실제 GDP 성장률(전분기 대비) **비교**(2019년 1분기~2022년 4분기)

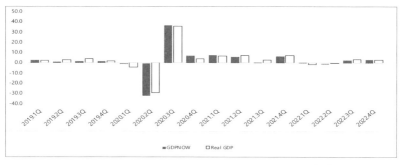

(출처) 애틀랜타 연은, FRED

는 의의가 있습니다. 다만, 최근 발표치와 괴리가 있고 GDPNow 역시, 세부지표 발표 때마다 그 지푯값의 변동성이 심하다는 점에서는 주의해야 할 것입니다(그림 2-50). 그러면 오만기 씨, 마지막으로 GDP 발표치에 따른 금융시장 영향도는 얼마나 있을까요?"

마지막입니다. 바로 이 해답을 얻기 위해 1시간이 넘는 시간 동안 이렇게 설명을 해왔던 것입니다.

"네, GDP가 예상치를 상회하면, 경기가 확장국면이기 때문에, 현재 인플레이션이 상당기간 계속 높은 수준을 유지할 것으로 예상할 겁니다.

1) 채권시장: 따라서 연준은 긴축을 당분간 계속할 것이라는 전망과 함께 금리는 상승할 것입니다. 크레디트 스프레드는 연준의 긴축이 심화되어 경기침체에 대한 우려가 커질수록 확대될 것입니다. 다만, 긴축을 해도 경기지표가 당분간 이렇게 견고하다고 판단되면 위험자산 수요는 증가할 수 있습니다.

2) 주식시장: 크레디트 스프레드 움직임과 유사할 것으로 보입니다. 한 가지 확실

한 것은 경기침체 우려가 커질수록 연준이나 미 재무부에서 유동성을 제공할 것이라는 믿음입니다. 이것이 주식시장이 적어도 급락하지는 않을 것이라는 믿음을 확산시킨 계기입니다. 사실 GDP 성장은 경제가 얼마나 견고한지를 보여주는 것입니다. GDP가 예상치를 상회한다면 주식시장에는 호재로 작용할 것입니다. 다만 긴축 우려가 얼마나 커지느냐에 따라 달라질 것입니다.

3) 외환시장: GDP 지표 호조는 달러 가치를 상승시킬 것입니다. 적어도 연준이 당분간 기준금리를 내릴 가능성이 희박해지기 때문입니다."

"정리 잘해주셨습니다. 오만기 씨, 오늘 발표하시느라 수고 많으셨습니다. 이제 우리 할 일은 이번 주 목요일, 발표 직후 흐름을 보고 어떻게 채권을 운용할 것입니다. 자, 해산!"

2023년 4월 27일(목)

한국 시각 밤 9시 30분, GDP 지표 속보가 블룸버그 팝업창으로 뜹니다.

GDP 1분기 성장률 실제 1.1%, 예상 1.9%, 전분기 2.6%

'엇, 이상하네, GDP 지표가 생각보다 안 나오는데, 금리가 왜 뛰지?'

오만기 씨는 갑자기 치솟는 금리를 보고 깜짝 놀랍니다. 예상보다 부진한 GDP에 대한 예의가 아닙니다.

오만기 씨는 전날 나온 GDPNow 수정치가 1분기 실질 개인소비 지출 및 국내 민간 총투자 증가율이 크게 하락(기존 4.2% 및 −5.8% ⇨ 2.7% 및

그림 2-51 미 국채 금리 일중 변동(2023년 4월 27일)

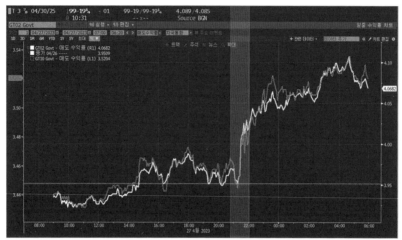

국채 2년: 흰색 실선(우측 축, %), 국채 10년: 파란색 점선(좌측 축, %)　　　　(출처) Bloomberg

그림 2-52 S&P 500 및 달러 인덱스 일중 변동(2023년 4월 27일)

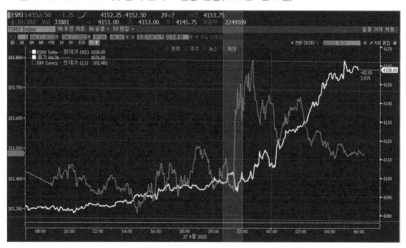

S&P 500 선물: 흰색 실선(우측 축), 달러 인덱스: 파란색 점선(좌측 축)　　　　(출처) Bloomberg

−8.0%)분을 반영하여 기존 2.5%에서 1.1%로 크게 하향 조정된 것을 확
인하였습니다. 따라서 그는 경기둔화를 반영하여 국채 금리가 하락할

것으로 예상했었습니다.

그때 오만기 씨 핸드폰으로 전화 한 통이 옵니다. 발신인은 신달라 부장.

"부장님, 안녕하십니까?"

"GDP 수치 어떻게 나왔어?"

"예, 전분기 대비 성장률은 연율 기준, 예상치 1.9%보다 하회한 1.1%

그림 2-53 GDPNow(2023년 4월 26일 기준)

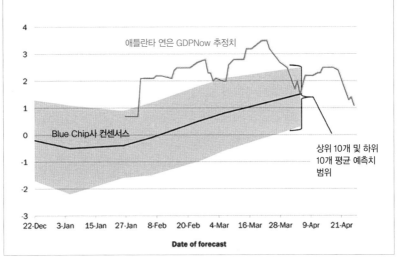

GDPNow 모델의 2023년 1분기 실질 GDP 성장률(계절 조정 후 연환산 성장률) 추정치는 1.1%(2023년 4월 26일 기준)로, 직전 수치인 2.5%(2023년 4월 18일)보다 떨어졌습니다. 최근 미국 인구조사국과 전미 부동산협회가 발표한 1분기 실질 개인 소비지출 증가율과 1분기 실질 국내 총투자 증가율은 각각 4.2%와 -5.8%에서 2.7%와 -8%로 감소했습니다. 한편 1분기 실질 국내총생산(GDP) 성장률에 대한 실질 순수출 변화의 기여도가 0.26%포인트에서 0.30%포인트로 높아졌습니다.

(출처) Bloomberg

가 나왔습니다. 그런데 금리가 갑자기 급등하고 달러 가치가 치솟고 있습니다. 어떻게 이런 상황이 연출되는지 모르겠습니다."

"만약 그렇다면 물가나 소비자 지출 측면에서 잘 나왔지 않나 싶은데, 한번 볼래?"

그렇습니다. 실제 GDP 수치는 둔화로 가고 있음을 나타내고 있지만,

그림 2-54 GDP 세부 항목(2022년 4월 27일 발표)

Line		2020	2021	2022	2019 Q2	Q3	Q4	2020 Q1	Q2	Q3	Q4	2021 Q1	Q2	Q3	Q4	2022 Q1	Q2	Q3	Q4	2023 Q1	Line
1	Gross domestic product (GDP)	-2.8	5.9	2.1	2.7	3.6	1.8	-4.6	-29.9	35.3	3.9	6.3	7.0	2.7	7.0	-1.6	-0.6	3.2	2.6	1.1	1
2	Personal consumption expenditures	-3.0	8.3	2.7	2.6	3.4	2.4	-6.2	-32.1	43.0	3.9	10.8	12.1	3.0	3.1	1.3	2.0	2.3	1.0	3.7	2
3	Goods	5.2	12.2	-0.5	5.5	5.8	2.8	0.0	-10.7	55.2	0.3	25.3	11.6	-7.2	-0.3	-0.1	-2.6	-0.4	-0.1	6.5	3
4	Durable goods	10.0	18.5	-0.1	8.9	10.3	7.7	-11.3	0.4	103.6	0.6	44.7	10.6	-22.0	5.1	7.6	-2.8	-0.8	-1.3	16.9	4
5	Nondurable goods	2.7	8.8	-0.5	3.8	3.6	0.4	6.2	-15.9	33.7	0.1	14.9	12.2	1.7	0.7	-4.4	-2.5	-0.1	0.6	0.9	5
6	Services	-6.6	6.3	4.5	1.3	2.3	2.1	-8.9	-40.4	37.1	5.7	4.0	12.3	8.5	2.1	4.6	3.7	1.6	2.3		6
7	Gross private domestic investment	-5.3	9.0	4.0	2.4	2.6	-8.0	-5.1	-48.8	91.8	18.0	-5.4	9.0	10.4	32.0	5.4	-14.1	-9.6	4.5	-12.5	7
8	Fixed investment	-2.3	7.4	-0.2	6.2	4.1	-1.3	-3.0	-28.9	29.2	16.8	9.7	5.8	-1.1	0.6	4.8	-5.0	-3.5	-3.8	-0.4	8
9	Nonresidential	-4.9	6.4	3.9	6.2	4.1	-1.6	-8.2	-29.4	20.2	11.5	8.9	9.9	0.6	1.1	7.9	0.1	6.2	4.0	0.7	9
10	Structures	-10.1	-6.4	-6.6	15.4	17.9	-5.8	-3.4	-42.9	-10.4	0.9	1.9	-2.5	-6.7	-12.7	-3.6	15.8	11.2			10
11	Equipment	-10.5	10.3	4.3	0.8	-5.5	-8.3	-23.9	-38.0	57.1	21.1	6.1	14.0	-2.2	1.6	11.4	-2.0	10.6	-3.5	-7.3	11
12	Intellectual property products	4.8	9.7	8.8	7.3	7.3	9.3	7.9	-9.3	9.5	8.1	15.6	12.5	7.4	8.1	10.8	8.9	6.8	6.2		12
13	Residential	7.2	10.7	-10.6	6.5	4.2	0.0	17.4	-27.4	61.6	33.4	11.6	-4.9	-5.8	-1.1	-3.1	-17.8	-27.1	-25.1	4.2	13
14	Change in private inventories																				14
15	Net exports of goods and services																				15
16	Exports	-13.2	6.1	7.1	-2.3	0.0	0.6	-15.3	-60.9	59.5	24.2	0.4	4.9	-1.1	23.5	-4.6	13.8	14.6	-3.7	4.8	16
17	Goods	-10.1	7.4	6.3	-7.2	1.9	-0.2	-3.6	-66.2	103.2	25.5	-0.7	3.4	-3.7	23.4	-7.2	15.5	17.8	-7.4	10.0	17
18	Services	-18.8	3.3	8.7	7.6	-3.4	2.5	-33.7	-49.1	1.4	21.2	2.5	7.7	4.6	24.1	1.6	9.9	7.5	5.0	-5.5	18
19	Imports	-9.0	14.1	8.1	0.7	-1.7	-8.0	-12.2	-53.7	88.2	32.9	7.6	7.9	6.6	18.6	18.4	2.2	-7.3	-5.5	3.7	19
20	Goods	-5.8	14.5	6.9	-0.4	-1.6	-9.4	-7.8	-49.3	103.7	29.3	10.9	4.0	0.2	19.6	20.4	-0.4	-8.6	-5.9	3.7	20
21	Services	-22.0	12.3	14.2	5.3	-2.3	-2.0	-26.9	-69.3	25.7	53.6	8.8	31.9	45.3	14.0	9.1	16.6	-0.8	-3.7	-0.2	21
22	Government consumption expenditures and gross investment	2.6	0.6	-0.6	5.3	3.4	2.4	3.7	7.3	-5.9	-0.1	6.5	-3.0	-0.2	-1.0	-2.3	-1.6	3.7	3.8	4.7	22
23	Federal	6.2	2.3	-2.5	6.3	4.9	1.8	3.7	31.5	-10.9	1.8	17.3	-6.9	-7.2	0.0	-5.3	-3.4	3.7	5.8	7.8	23
24	National defense	2.9	-1.2	-2.8	0.0	6.8	1.8	2.1	1.8	1.3	11.8	-9.0	-2.6	-3.2	-5.3	-8.5	1.4	4.7	2.3	5.9	24
25	Nondefense	11.2	7.3	-2.2	16.6	2.2	1.8	6.1	86.5	-24.7	-10.8	64.8	-11.9	-12.1	7.4	-1.1	-9.2	2.5	10.6	10.3	25
26	State and local	0.4	-0.5	0.7	4.7	2.4	2.7	3.0	-3.6	-2.9	-1.8	-0.1	-0.4	4.5	-1.6	-0.4	-0.6	3.7	2.6	2.9	26
	Addenda:																				
27	Gross domestic income (GDI) [1]	-2.3	5.5	2.3	1.2	1.6	3.6	-0.4	-30.6	23.8	17.2	2.0	3.1	4.6	6.8	-0.4	0.8	2.8	-1.1		27
28	Average of GDP and GDI	-2.5	5.7	2.2	2.0	2.6	2.7	-2.5	-30.3	29.4	10.4	4.1	5.0	3.6	6.8	-0.4	-0.7	3.0	0.7		28
29	Final sales of domestic product	-2.2	5.7	1.3	3.4	3.9	3.1	-4.3	-25.9	26.6	3.7	9.1	7.9	0.7	1.9	-1.8	1.3	4.5	1.1	3.4	29
30	Gross domestic purchases	-2.4	7.0	2.2	3.0	3.3	1.8	-4.4	-29.4	38.7	5.5	7.1	7.4	3.6	6.9	-1.4	-1.6	0.3	2.1		30
31	Final sales to domestic purchasers	-1.9	6.7	1.7	3.7	3.5	1.7	-4.1	-25.5	30.1	5.3	9.9	8.2	1.7	2.0	1.3	0.2	1.5	0.7	3.2	31
32	Final sales to private domestic purchasers	-2.8	8.1	2.1	3.3	3.6	1.6	-5.5	-31.4	40.0	6.5	10.6	10.7	2.1	2.6	2.1	0.5	1.1	0.0	2.9	32
33	Gross national product (GNP)	-3.1	5.7	2.0	2.7	3.4	1.3	-4.6	-30.8	35.7	3.1	6.9	5.9	3.0	7.1	-1.6	-0.3	2.4	2.4		33
34	Disposable personal income	6.2	1.8	-6.0	0.0	3.3	2.6	2.4	46.5	-15.3	-9.0	52.4	-28.8	-4.6	-4.9	-10.6	-2.3	3.2	5.0	8.0	34
	Current-dollar measures:																				
35	GDP	-1.5	10.7	9.2	5.4	6.3	3.1	-3.1	-30.9	40.1	6.6	11.7	13.8	9.0	14.3	6.6	8.5	7.7	6.6	5.1	35
36	GDI	-1.0	10.2	9.5	3.5	2.9	5.1	1.3	-31.7	28.2	20.2	7.1	9.6	11.1	14.0	9.2	8.2	7.2	2.7		36
37	Average of GDP and GDI	-1.2	10.4	9.3	4.3	3.9	4.2	-0.9	-31.3	34.0	13.2	9.4	11.7	10.0	14.1	7.9	8.4	7.5	4.6		37

(출처) 미 노동통계국

세부 항목은 상당히 잘 나왔습니다(그림 2-54).

"네, 부장님 말씀대로 소비자 지출이 전분기 대비 연율 3.7%(① 참조)가 상승했습니다. 지난 2022년 4분기 수치 1.0% 대비 개선된 수치입니다. 그리고 아아…!"

지표를 보다가 오만기 씨는 GDP가 왜 낮게 나왔는지 알게 되었습니다.

"부장님, 민간 총투자가 전분기 대비 연율 12.5%(② 참조) 하락했습니다. 그 이유는 재고 투자가 감소했다고 나오고 있습니다."

"재고율은 변동성이 매우 심한 항목 중 하나야. 어느 날 갑자기 매출이 확 늘면 재고가 확 줄고, 반대의 경우에는 계속 쌓이게 되잖아. 크게 의미를 둘 건 없어. 그리고 혹시 국내 민간 최종 구매액 증가율(③ 참조)은 어떻게 나왔어?"

"영어로 보면 Final sales to private domestic purchasers를 말씀하시는 거죠? 이것도 전분기 대비 약 2.9% 상승하였습니다. 그런데 이것은 무엇을 의미하는지요?"

"아, 이건 변동성이 큰 요인들(재고, 무역, 정부 지출 등)을 제외한 경제의 기본 수요를 측정하는 지표야. 종합적으로 보면 미국 경제의 약 70%를 설명하는 소비는 여전히 견고함을 알 수 있네. 그래서 높은 물가 수준이 당분간 계속될 것이라는 예상으로 금리가 상승하고 있는 거 같아."

"제가 GDP의 물가 부분을 확인해보겠습니다(그림 2-55)."

오만기 씨는 지난 월요일에 GDP 내의 숨은 지표, GDP 디플레이터 지표의 중요성을 강조했었습니다. 이제 그 수치가 얼마나 의미 있게 나왔으며 이것이 시장참여자들이 느끼는 향후 물가 수준에 대한 가이드라인을 제시할 것입니다.

그림 2-55 GDP 세부 항목: 물가(2023년 4월 27일)

Line		2020	2021	2022	Seasonally adjusted at annual rates															2023	Line
					2019 Q2	Q3	Q4	2020 Q1	Q2	Q3	Q4	2021 Q1	Q2	Q3	Q4	2022 Q1	Q2	Q3	Q4	Q1	
1	Gross domestic product (GDP)	1.3	4.5	7.0	2.3	1.3	1.3	1.8	-1.3	3.5	2.5	5.2	6.3	6.2	6.8	8.3	9.0	4.4	3.9	4.0	1
2	Personal consumption expenditures	1.1	4.0	6.3	2.5	1.0	1.5	1.5	-1.8	3.4	1.6	4.5	6.4	5.6	6.2	7.5	7.3	4.3	3.7	4.2	2
3	Goods	-0.7	4.9	8.6	1.8	-1.4	0.2	-0.8	-5.4	4.0	0.5	5.8	9.0	7.6	9.3	12.6	10.6	2.7	-0.5	0.7	3
4	Durable goods	-0.9	5.6	6.5	-1.1	-1.9	-2.6	-1.2	-2.7	4.8	2.1	1.3	14.7	10.0	8.2	8.3	2.4	3.5	-1.5	-0.9	4
5	Nondurable goods	-0.7	4.5	9.9	3.3	-1.2	1.6	-0.6	-6.8	3.7	-0.4	8.6	5.6	6.1	9.9	15.2	15.7	2.3	0.1	1.7	5
6	Services	2.0	3.6	5.0	2.8	2.2	2.1	2.5	0.0	3.1	2.3	3.9	5.1	4.6	4.6	4.9	5.6	5.2	6.0	5.9	6
7	Gross private domestic investment	1.3	3.6	8.2	2.1	0.7	-0.2	1.8	1.0	2.4	2.7	3.3	2.8	6.8	8.8	9.9	9.9	7.6	3.3	4.4	7
8	Fixed investment	1.4	4.0	8.4	2.0	0.8	0.0	1.6	1.7	2.1	2.6	3.5	4.2	7.3	8.8	10.0	10.3	7.7	4.0	4.9	8
9	Nonresidential	0.8	1.7	6.5	2.0	0.1	-0.8	1.3	2.0	-0.1	1.4	0.7	0.4	4.6	7.7	6.9	8.5	7.6	3.6	7.0	9
10	Structures	1.3	4.1	16.4	5.7	2.9	2.1	2.0	-1.0	0.0	-1.6	1.3	8.1	10.2	22.8	16.7	17.5	20.1	7.7	7.3	10
11	Equipment	-0.5	0.4	6.2	-0.3	-1.6	-0.9	0.9	0.2	-2.4	-1.5	3.6	-4.4	4.3	6.5	7.6	9.2	5.9	6.1	7.7	11
12	Intellectual property products	1.8	1.6	2.4	2.6	0.4	-2.3	1.4	5.7	2.1	5.8	-2.7	1.3	2.3	2.1	1.9	3.9	3.7	-0.6	6.1	12
13	Residential	3.3	11.1	13.9	2.0	3.2	2.5	2.5	1.0	9.3	6.6	12.4	15.5	15.0	12.0	18.9	15.2	8.1	5.1	-1.9	13
14	Change in private inventories																				14
15	Net exports of goods and services																				15
16	Exports	-2.4	11.5	9.4	3.5	-2.4	-1.3	-1.8	-17.6	13.2	6.2	20.5	18.6	9.3	6.2	17.3	20.0	-9.7	-6.1	-0.2	16
17	Goods	-3.9	14.2	11.5	2.6	-4.0	-1.2	-4.2	-21.9	16.0	7.0	26.1	24.4	11.1	7.0	22.9	26.7	-14.0	-11.0	-3.5	17
18	Services	0.4	6.0	5.1	5.3	0.7	-1.5	3.0	-8.9	8.3	4.7	9.7	7.2	4.6	5.8	6.0	1.3	5.7	7.6		18
19	Imports	-2.2	7.4	7.5	2.3	-4.1	-1.3	-1.2	-12.2	8.1	2.8	12.9	12.7	6.1	6.3	13.5	13.2	-4.1	-5.5	-1.2	19
20	Goods	-2.8	7.8	7.8	2.5	-4.8	-2.0	-1.8	-13.7	8.8	2.6	14.5	13.5	6.1	6.6	15.5	13.9	-5.8	-7.9	-2.3	20
21	Services	0.7	5.1	6.1	1.0	-1.0	1.6	1.6	-4.4	5.0	4.3	5.0	8.8	6.5	4.8	4.1	10.0	4.7	6.6	4.1	21
22	Government consumption expenditures and gross investment	1.9	5.3	7.5	0.8	1.0	1.5	3.2	0.0	3.2	3.7	6.9	6.8	6.0	7.2	8.7	11.6	3.6	1.6	1.6	22
23	Federal	1.1	3.4	5.0	-2.6	1.0	1.6	1.4	0.3	2.6	2.4	4.1	4.1	4.4	4.3	6.0	6.8	4.8	3.2	3.2	23
24	National defense	1.1	3.7	5.2	1.3	1.2	1.8	1.0	-1.1	3.0	2.5	5.2	4.3	4.4	4.5	6.6	7.5	2.7	3.0	2.4	24
25	Nondefense	1.1	3.0	4.6	-8.3	0.7	1.4	2.0	2.3	2.1	2.4	2.6	3.8	4.4	4.2	4.5	4.1	7.6	3.4	4.3	25
26	State and local	2.4	6.5	9.1	3.0	1.1	1.5	4.3	-0.2	3.6	4.6	8.8	8.5	7.0	9.0	10.6	15.0	2.9	3.9	0.6	26
	Addenda:																				
27	Final sales of domestic product	1.4	4.6	7.0	2.3	1.4	1.3	1.8	-1.2	3.4	2.5	5.2	6.5	6.3	6.8	8.3	9.1	4.4	4.0	4.1	27
28	Gross domestic purchases	1.3	4.2	6.8	2.1	1.0	1.2	1.8	-1.0	3.2	2.2	4.7	5.9	5.9	6.8	8.1	8.5	4.8	3.6	3.8	28
29	Final sales to domestic purchasers	1.3	4.2	6.8	2.1	1.0	1.2	1.8	-0.9	3.1	2.2	4.8	6.1	5.9	6.8	8.1	8.5	4.8	3.8	3.8	29
30	Final sales to private domestic purchasers	1.2	4.0	6.7	2.4	1.0	1.1	1.5	-1.1	3.1	1.9	4.3	6.0	5.9	6.7	8.0	7.9	5.0	3.8	4.3	30
31	Gross national product (GNP)	1.3	4.5	7.0	2.3	1.3	1.3	1.8	-1.3	3.5	2.5	5.2	6.2	6.2	6.8	8.3	9.0	4.4	3.9	......	31
32	GDP excluding food and energy [1]	1.5	4.1	6.2	2.4	1.5	1.1	2.2	-0.6	3.1	2.3	4.3	5.9	5.6	6.2	6.6	7.3	5.2	4.2	4.8	32

(출처) 미 노동통계국

　

"역시 물가 수준이 상당히 잘 나왔습니다. 전분기 대비 GDP 디플레이터는 4%, 분기 PCE 물가는 약 4.2% 상승하였습니다. 이제 금리가 왜 상승하고 달러 가치가 치솟고 있는지 확실히 이해가 갑니다."

"다 오만기 씨가 지난 월요일에 정리를 잘해줘서 이해를 빨리 할 수 있었던 거 같은데? 다만 이거 하나는 꼭 기억해줘. GDP는 기본적으로 지난 분기의 경제 체력을 진단한 종합 검진표야. 종합 검진표를 보고 만약 문제가 있으면 의사가 검진자를 불러서 주의사항을 전달해주잖아.

GDP라는 검진표에서 나온 주의사항은 다음과 같아."

   1) 여전히 소비는 강하다.

   2) 그래서 물가는 잘 버텨준다.

   3) 따라서 연준은 기준금리를 당분간 내리지 않을 것이다.

"부장님께서 말씀하신 '주의사항'을 보면, 이렇게 해석할 수도 있겠습니다. 긴축의 강도는 줄어들지만 확 풀지는 않는다. 그러면 지난 2007년 서브프라임 사태로 시작된 금융위기 발생 정도는 아니겠지만, 어쨌든 그러한 현상이 발생할 수도 있겠네요? 그렇다면 안전자산 선호현상이 앞으로 심해질 수 있겠네요?

   그러면 부장님, 저 지금 미 국채 5년물 2,000만 달러만 현재 금리 수준에서 매입해도 되겠습니까?"

   전화기 너머 갑자기 침묵 모드로 변합니다. 그리고
   뚜뚜뚜뚜…
   전화가 끊어졌습니다.

3

의장님,
물가가 제일
중요한가요?

소비 활동: 소매판매, 미시간대학 소비자심리 지수, 컨퍼런스보드 소비자신뢰지수

2023년 3월 15일(수)

한국 시간 오전 8시 30분, 뉴욕 시간 전일 저녁 7시 30분, 차영하 과장 인트라넷 메일에 뉴욕지점 테드 장의 이메일이 와 있습니다. 이메일 도착 시간이 2분 전입니다.

'차영하 과장님, 뉴욕지점 테드 장 매니저입니다. 저희 지점장님께서 아시아 오전 장에서 미 국채 2년물을 5,000만 달러를 매입하라고 지시하셨습니다. 지난 주 SVB 사태[1] 및 미국 금융기관 부실 우려가 높아지면서 안전자산을 매입하라고 합니다. 현재 2년물 금리는 지난 주 5%까지 올랐던 것이 냉탕 온탕을 오가면서 현재 4.25% 레벨이더라고요. 저는 금리가 고점 대비 너무 많이 떨어져서(즉 가격이 많이 올라서) 보류하고 싶은데요. 지점장님 말씀은 위기가 닥치면 제일 먼저 투자자들이 찾는 것이 국채, 특히 단기 국채라며 무조건 사라고 하십니다. 우선 과장님께 여쭤보고 매입 여부를 결정하려고 하는데요.

---

1 실리콘밸리 은행이 보유 중인 유가증권 미실현 손실이 약 18억 달러에 이른다는 발표, 뒤이어 추진한 증자 실패로 인하여 예금주들의 뱅크런이 지속되며 연방정부가 파산을 선언한 사건(2023년 3월 10일)

그림 3-1 미 국채 2년물 금리(2023년 1월 1일~3월 14일)

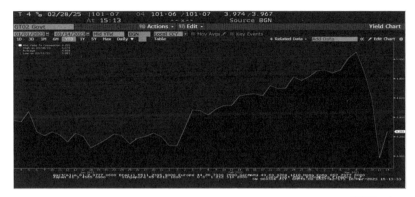

(출처) Bloomberg

회신 주시면 참고하도록 하겠습니다.'

차 과장은 사내 메신저 검색 창에 '테드 장'을 치니, 로그인이 되어 있습니다. 채팅 창을 열고 대화를 시도합니다.

'안녕하세요, 테드 매니저님?'

곧바로 '테드 님이 메시지를 입력 중입니다'라는 메시지가 나옵니다.

'안녕하세요, 과장님?'

'네, 지금 메일 보고 말씀을 드립니다. 혹시 화상회의 가능하신가요?'

'물론입니다. 어차피 오늘 아시아 오전 장까지는 여기 있어야 합니다.'

테드 장 회신과 동시에 차 과장은 화상회의 방을 엽니다.

"매니저님, 지금 제 얼굴이 보이시나요? 그리고 목소리는 잘 들리십니까?"

"Absolutely, and loud & clear(물론이지요, 그리고 잘 들립니다)!"

재미교포인 테드는 영어가 오히려 편한 듯합니다. 습관적으로 '유 노우'를 연발하는 습관이 있습니다.

"네, 시기적으로는 지점장님 말씀이 맞다고 봅니다. 하지만 미국 기준으로는 내일이죠, 한국 시간 기준 오늘 밤 9시 30분에 미 월간 소매판매(이하 소매판매) 지표가 나옵니다. 소매판매 지표를 보고 판단하는 게 어떨지요?"

차 과장 말대로 외화채권부는 금년부터 연준처럼 모든 채권 매입 여부는 경제지표에 따라 결정합니다. 따라서 오늘 소매판매 지표 결과가 매우 중요합니다.

"아, 그러네요. 그런데 과장님, 제가 아직 주니어여서 미국의 소매판매 지표가 어떤 의미에서 중요한지 잘 모릅니다. 유노우? 그 의미를 말씀해 주시겠습니까?"

테드는 지난 달 소매판매 호조로 금리가 상승하는 것을 보았을 때, 소매판매 지표가 채권 금리에 적잖은 영향을 주었다는 사실은 알고 있습니다. 하지만 왜 그런지에 대해서는 잘 알지 못합니다.

2023년 1월(발표일 2월 15일) 소매판매(전월 대비) 변동 결과
예상 2.0%, 실제 3.0%, 전월 −1.1%, 전일 대비 미 국채 2년 변동 1.6bp(종가 4.63%)

차 과장은 차근차근 설명을 합니다.

"네, 우선 미국의 GDP 비중의 약 70%를 소비가 차지하고 있습니다. 이 중 소매판매가 차지하는 비중은 약 3분의 1 정도 되지요. 그래서 소매판매는 성장의 대표적인 지표인 GDP 성장과 관련이 있습니다. 그런데 최근에 중요한 건 이겁니다. 소매판매 성장률이 높다는 것은 그만큼

소비자들이 시중에서 돈을 많이 썼다는 의미이고, 이것은 인플레이션 상승에 기여한다는 것입니다. 그래서 혹시 오늘 밤에 소매판매가 잘 나오면, 투자자들이 '아직 미국의 경기침체 가능성은 별로 없구나. 인플레이션 압력이 아직 있구나'라고 생각하고 채권을 매도할 수 있습니다."

"아, 그렇군요. 그러면 소매판매 지표가 어떻게 만들어지는지 설명해줄 수 있으신가요? 저희 지점장님께서는 지적 호기심이 너무 많으셔서, 결정을 해야 할 때 오만가지 이유를 물어보셔서요."
"아….."
테드 장의 기습질문에 차 과장은 적잖이 당황한 모습입니다. 그래도 그들은 경기지표에 따라 채권운용 전략을 짜는 국내 유일의 운용부서입니다.

"네, 소매판매는 미 상무부 산하 인구조사국The Census Bureau에서 매월 발표하는 지표[2]입니다. 보통 매월 셋째 주, 즉 매월 중간 즈음 발표합니다. 이것은 매월 초 약 4,800개 기업을 대상으로 서베이를 실시하며, 주로 우편을 이용합니다. 회신은 매월 6영업일 이내 요청합니다.
이 지표는 올바른 월간 변동을 측정하기 위하여 계절, 휴일 및 영업일 조정을 합니다. 다만, 인플레이션을 감안하지 않은 명목 기준이기도 하지요. 소매판매 지표를 구성하고 있는 비중은 다음과 같습니다(표 3-1)."
차 과장이 회의방에 표를 업로드합니다.

---

2 매월 서베이 데이터의 평균 추정치(The percent change estimate) 및 표준편차(estimated standard deviation)를 구한 후, 신뢰구간(Confidence Level) 90%(t-value: 1.753)를 기준으로 전월 대비 차이의 유의미성을 측정한다.

표 3-1 소매판매 구성 비중(2021년 9월 현재)

구 분	비 중
Motor Vehicles and Parts Dealers(자동차 및 부품 딜러)	21.1%
Food and Beverage Stores(음식료 매장)	13.1%
Food Services and Drinking Places(음식 서비스 및 음식점)	13.0%
General Merchandise Stores(잡화점)	12.2%
Nonstore Retailers(비점포 소매점)	11.8%
Building Material and Garden Equipment and Supplies Dealers(건축 자재, 정원 장비 및 용품 딜러)	8.3%
Health and Personal Care Stores(건강 및 개인 관리 매장)	7.5%
Clothing and Clothing Accessories Stores(의류 및 의류 악세사리 매장)	5.9%
Sporting Goods, Hobby, Musical Instrument, and Book Stores(스포츠 용품, 취미, 악기, 서점)	3.6%
Gasoline Stations(주유소)	3.4%
Miscellaneous Store Retailers(잡화점 소매점)	2.7%
Furniture and Home Furnishings Stores(가구 및 가정용 가구점)	2.6%
Electronics and Appliance Stores(전자제품 및 가전제품 매장)	2.2%
Department Stores(백화점)	1.8%

(출처) 미 상무부 인구조사국

"그런데 단순히 소매판매만 보아서는 안 됩니다. 제가 회의방 채팅방을 이용해서 적겠습니다.

1) 소매판매Retail Sales Advance(전월 대비)

2) 자동차 제외 소매판매Retail Sales Ex Auto

3) 자동차, 가솔린 제외 소매판매Retail Sales Ex Auto & Gas

4) 통제그룹 소매판매Retail Sales Control Group

1)은 총소매판매인데요. 그런데 매니저님, 자동차 없이는 미국에서는 어디 왕래하시기 힘드시죠?"

"물론이죠. 저는 뉴욕 옆에 있는 뉴저지에 사는데요. 뉴욕으로 가는 버스가 30분에 한 대씩 와요. 우버는 너무 비싸고요. 자가용 없으면, 유 노우, 못 다녀요."

"네, 그래서 자동차 판매가 월별로 들쑥날쑥하면 전체 소매판매의 변동성을 높여서, 경제지표를 들여다보는 연준 입장에서는 올바른 해석을 할 수 없습니다. 그리고 가스 값 역시 변동성이 심하니, 같은 이유에서 제외한 지표를 별도로 보고요.

마지막으로 통제그룹이라는 것은 자동차 및 자동차 부품Motor vehicles and parts dealers, 빌딩 자재Building materials and garden equipment and supplies dealers, 휘발유 Gasoline stations 그리고 음식료 판매Food services and drinking places를 제외한 소매판매를 의미합니다. 통제그룹 소매판매가 중요한 이유는 이 수치가 그대로 월말에 발표하는 PCE, 그리고 분기 GDP 산출에 그대로 들어가면서 때문에 일종의 물가 및 성장 선행지표로 사용하기 때문입니다."

"I fully understand what you said(완벽히 이해했어요)."

차 과장의 오랜, 그리고 자세한 설명에 테드는 완벽하게 이해하는 모습입니다.

"자, 그러면 그렇게 잘 나왔다는 지난 달 소매지표를 다시 보시죠(표 3-2). 표 하나 띄울게요. 잠시만요."

차 과장이 다른 표와 통제그룹 소매판매 추이를 회의방에 업로드합니다.

표 3-2 2023년 1월 소매판매 지표 상세(%p)

구분	예상	실제	전월
소매판매(Retail Sales Advance, 전월 대비)	2.0	3.0	-1.1
자동차 제외 소매판매(Retail Sales Ex Auto)	0.9	2.3	-1.1
자동차, 가솔린 제외 소매판매(Retail Sales Ex Auto & Gas)	0.9	2.6	-0.7
통제그룹 소매판매(Retail Sales Control Group)	1.0	1.7	-0.3

(출처) 미 상무부 인구조사국, Bloomberg

그림 3-2 통제그룹 소매판매 추이(2021년 1월~2023년 1월)

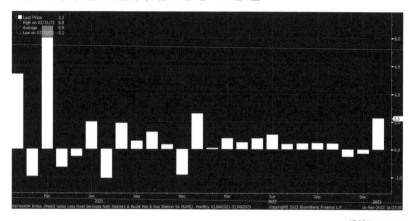

(출처) Bloomberg

"통제그룹 소매판매 추이를 보니까, 이제 인플레이션 압력을 받나 봅니다. 일단 소매판매 발표 결과를 지켜보고 투자를 해야겠네요. 혹시 소매판매 이외에 소비자 활동과 관련해서 볼 만한 지표들 추천 좀 부탁드려도 될까요?"

"예, 저는 두 가지 지표를 참고로 봅니다. 첫 번째 지표는 미시간대학에서 매월 발표하는 소비자신뢰지수University of Michigan Sentiment입니다. 같은 날에 나오는 동행 및 기대지수, 그리고 기대인플레이션에 대해서는 성장 및 물가지표와 관련해서 설명할 기회가 있을 겁니다. 예비치와 확정

그림 3-3 질문 항목

x_1 = PAGO_R = "We are interested in how people are getting along financially these days. Would you say that you (and your family living there) are <u>better off</u> or <u>worse off</u> financially than you were <u>a year ago</u>?"

x_2 = PEXP_R = "Now looking ahead--do you think that <u>a year from now</u> you (and your family living there) will be <u>better off</u> financially, or <u>worse off</u>, or just about the same as now?"

x_3 = BUS12_R = "Now turning to business conditions in the country as a whole--do you think that during the <u>next twelve months</u> we'll have <u>good</u> times financially, or <u>bad</u> times, or what?"

x_4 = BUS5_R = "Looking ahead, which would you say is more likely--that in the country as a whole we'll have continuous good times during the <u>next five years</u> or so, or that we will have periods of widespread <u>un</u>employment or depression, or what?"

x_5 = DUR_R = "About the big things people buy for their homes--such as furniture, a refrigerator, stove, television, and things like that. Generally speaking, do you think now is a <u>good</u> or <u>bad</u> time for people to buy major household items?"

x1: 전년 대비 경제적으로 나아졌는지 여부
x2: 현재 시점 대비 1년 후 경제적으로 나아질 것인지 여부
x3: 현재 시점 대비 1년 후 기업 환경이 경제적으로 더 나아질 것인지 여부
x4: 현재 시점 대비 5년 후 지속적으로 기업 환경이 나아질 것인지, 아니면 실업률 증가 또는 경기침체를 예상하는지 여부
x5: 현재 시점에서 가정에서 사용하는 고가 제품(예를 들어 가구, 냉장고, 가스렌지, 텔레비전)을 구입하기에 좋은 시기인지 여부

치 발표가 있는데, 예비치가 중요합니다. 보통 셋째 주 금요일에 발표하는데요. 설문조사는 5개 항목으로 구성되어 있습니다."

차 과장이 미시간대학 소비자신뢰지수 항목을 회의방에 업로드합니다(그림 3-3). 차 과장은 이어서 회의방에 구비되어 있는 전자칠판을 이용해서 지표 만드는 과정을 적습니다. 적으면서 채팅을 이어갑니다.

"인덱스를 이용하는 방법은 제가 칠판에 순서대로 적겠습니다."

1) 각 항목의 상대적인 점수를 계산한다.

공식: [(긍정적으로 대답한 응답자 − 부정적이라고 답한 응답자 비율)÷전체 응
답자] + 100

2) 아래 공식대로 계산

$$ICS = \frac{X_1 + X_2 + X_3 + X_4 + X_5}{6.7558} + 2.0$$

"여기서 분모 6.7558은 1966년 수치를 의미하고, 절편 2.0은 1950년
대 표본설계 변경을 수정하기 위한 상수입니다.

비록 정부 주관 발표는 아니지만, 미시간대학 소비자심리지수는 1946
년 같은 대학 교수였던 조지 카노나$^{Goerge\ Katona}$가 만들었습니다. 1978년
부터 매월 발표하는 권위 있는 선행지표로 저점을 찍으면 수개월 후 침
체를 암시합니다. 최근 이 지표의 추이를 한번 볼까요?

그래프 보이시나요(그림 3-4)? 팬데믹이 한참이던 2022년 7월 저점으
로 계속 반등하여 현재 시점 67 수준입니다. 이번 주 금요일 지표 발표

그림 3-4 미시간대학 소비자심리지수 추이(1980년 1월~2023년 2월)

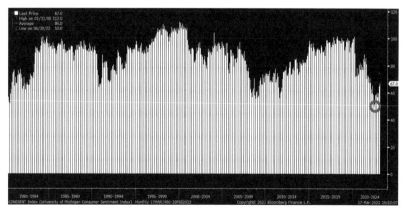

(출처) University of Michigan, Bloomberg

후 채권, 주식 지표를 한번 보시지요."

"네에, 소매판매와 달리 이 지표가 약간 반등하고 있지만, 아직 소비자 심리가 비교적 부정적이네요. 그러면 경기침체 우려도 있으니 채권을 꼭 사야 하는 거 아닌가요?"

"한 가지 지표를 더 설명해드릴게요. 컨퍼런스 보드에서 나오는 소비자신뢰지수인데요. 얼핏 민간기관에서 나오는 지표라고 생각하시겠지만, 실은 미 상무부에서 의뢰를 받아서 나오는 지표이니, 미시간대학 소비자신뢰지수와 달리 정부 공식 지표라고 할 수 있습니다."

차 과장이 한숨 돌린 후, 설명을 이어나갑니다.

"저희 신 부장님이 지난달에 내부 강의하신 자료가 있으니 그걸 좀 참고하겠습니다. 소비자신뢰지수는 일반적으로 매월 마지막 주 화요일 오전 10시(미 동부시간 기준) 발표하는 소비자의 만족도 및 행복감을 서베이한 것입니다. 수치는 1985년 1월 100을 기준으로 그 추이를 봅니다. 우선 최근 수치를 보시지요(그림 3-5). 잠시만요."

그림 3-5 컨퍼런스보드 소비자신뢰지수(1980년 1월~2023년 2월)

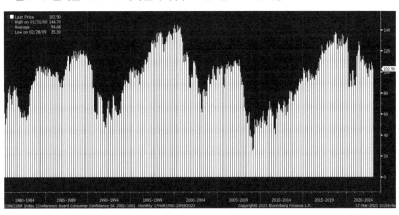

(출처) 컨퍼런스보드, Bloomberg

"이 지표도 2021년 6월 이후에는 계속 떨어지고 있네요. 유 노우, 이것도 앞으로 경기 상황이 그리 녹록지 않다는 것을 의미하지 않나요?"

"네, 미시간대학 소비자심리지수와 더불어 이 지표에서도 소비자들이 느끼는 체감경기가 좋지 않다는 것을 의미합니다. 일단 이 지표의 계산법을 말씀드리겠습니다.

이 지표는 2개의 카테고리 내 총 5개 항목의 질문을 이용하여 서베이하는 형태입니다.

현재 상황 지표 Present Situation Index

1) 현 기업 환경에 대한 평가
2) 현 고용 상황에 대한 평가

기대 지표 Expecation Index

3) 현재 시점 기준, 6개월 후 기업 환경 평가
4) 현재 시점 기준, 6개월 후 고용 환경 평가
5) 현재 시점 기준, 6개월 후 가구당 소득 평가

각 항목은 긍정, 중립, 부정 3지선다로 구성되어 있습니다. 이를 토대로 각 항목의 상대점수를 계산하는데요. 제가 칠판에 적을게요.

(긍정적 응답자 수) ÷ (긍정적 응답자 수 + 부정적 응답자 수)

이 공식으로 계산된 1)~5)의 평균을, 1985년의 지표로 나눈 비율(1985년=100)이 바로 소비자심리지수입니다. 미시간대학 소비자심리지

수 지표는 주로 1년, 5년 기준의 좀 더 장기 시점의 경기를 예측하는 것이라면, 컨퍼런스보드 소비자신뢰지수는 6개월이라는 비교적 단기 시점의 경기를 예측하는 점에서 차이가 있습니다. 채권운용의 목적에 따라 이들 지표를 어떻게 이용할 건지 판단해야겠지요."

테드가 세 개의 지표를 토대로 나름의 채권시장 전망을 합니다.

"I am now full of precious knowledge from you(과장님 덕분에 귀한 지식을 얻어서 감사해요). 쌩큐 베리 모치. Let me clarify myself by inferring your comments to how these indicators might influence fixed income market(제가 차 과장님 설명을 토대로 채권시장 변화를 유추해볼게요).

소매판매는 최근 호조세를 띠면서 인플레이션 압력이 커지고 있습니다. 그래서 채권 금리가 상승할 여지가 있습니다. 반면에 미시간대학 소비자심리지수 지표나, 유 노우, 컨퍼런스보드 소비자신뢰지수는 그 추이가 꺾이고 있다는 점에서 경기침체 시 안전자산으로 수요가 몰리는 채권의 특성상 금리가 내려가는(즉 가격이 상승하는) 현상이 나올 거 같습니다. 혹시 Stock Market(주식시장) 및 달러에는 어떤 영향을 줄까요?"

"네, 주식시장은 소매판매 잘 나오고, 두 경기선행지표가 좋으면 당연히 주가가 올라가는 것이 정상입니다. 다만, 고인플레이션으로 연준이 기준금리를 올리고 있는 점을 보았을 때는 한마디로 'Good News is Bad performance, 즉 좋은 뉴스가 주식에는 악재가 되는 상황'입니다. 연준이 계속 긴축을 할 거라는 신호를 주기 때문입니다. 달러는 반대로, 미국 경기가 강하니까 자국 화폐가 강세를 보이겠죠. 여기에 연준이 기준금리를 올릴 거라는 기대가 덧붙여져서 강세를 보일 것으로 예상합니다."

테드는 차 과장의 설명을 들으니, 확실히 어떻게 투자할지 마음을 굳혔습니다.

"과장님, 오늘 설명 감사합니다. 내일 아침(뉴욕 시간 기준) 소매판매 지표가 나온 후, 미시간대학 소비자심리지수 지표 나오기 전에 2년 국채를 매입해야겠습니다."

"바람직한 결정이십니다. 그러면 오늘 미팅은 여기서 마무리하겠습니다. 즐거운 저녁 되세요."

쿠키 장면

다음 날 아침, 차 과장 텔레그램에 테드가 메시지와 함께 보내온 지표 및 2년 국채 일간 변동 그래프를 확인합니다.

"차 과장, 유노우, 나 완전 지점장님한테 깨졌어. 당신을 믿었는데…. 나 짤리게 생겼어, 유노우? 나 갈 곳도 없는데…. 책임져."

차 과장의 한탄하는 감탄사

"아뿔싸, 소매판매가 전월 대비 −0.4%가 떨어졌구먼. 여기에 크레디트스위스[3] 이슈까지…."

---

3 2023년 3월 15일, 크레디트스위스 대주주인 사우디아라비아 국영은행에서 (규정에 따라 10% 이상의 지분 취득이 금지되어 있는 점 등을 들어) 더 이상의 자금 투입이 어렵다는 기사가 나오면서 장중 30% 이상 급락하며 자칫 파산 위험 우려로 안전자산으로 돈이 몰려 일중 2년물 금리가 최대 65bp 하락했다.

그림 3-6 2년 국채 금리 일중 변동(2023년 3월 14~15일)

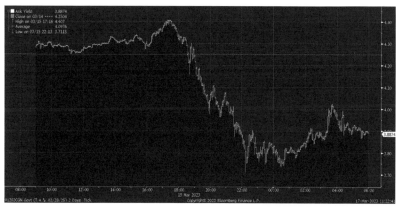

그림 3-7 소매판매 항목별 상세 (2023년 2월 기준, 전월 대비)

NAICS code	Kind of Business	Percent Change[1]					
		Feb. 2023 Advance from --		Jan. 2023 Preliminary from --		Dec. 2022 through Feb. 2023 from --	
		Jan. 2023 (p)	Feb. 2022 (r)	Dec. 2022 (r)	Jan. 2022 (r)	Sep. 2022 through Nov. 2022	Dec. 2021 through Feb. 2022
	Retail & food services, total	-0.4	5.4	3.2	7.7	0.8	6.4
	Total (excl. motor vehicle & parts)	-0.1	6.8	2.4	8.6	0.7	7.6
	Total (excl. gasoline stations)	-0.4	6.1	3.6	7.9	1.5	6.8
	Total (excl. motor vehicle & parts & gasoline stations)	0.0	7.9	2.8	9.0	1.6	8.2
	Retail	-0.1	4.0	2.9	5.5	0.3	4.8
441	Motor vehicle & parts dealers	-1.8	-0.2	7.1	3.8	1.2	1.5
4411, 4412	Auto & other motor veh. dealers	-2.0	-0.8	7.8	3.5	1.2	1.0
442	Furniture & home furn. stores	-2.5	0.1	5.7	5.7	0.8	2.0
443	Electronics & appliance stores	0.3	-2.8	6.5	-1.6	-0.4	-5.1
444	Building material & garden eq. & supplies dealers	-0.1	0.6	0.4	1.5	-0.7	1.6
445	Food & beverage stores	0.5	5.5	-0.4	5.3	0.1	5.7
4451	Grocery stores	0.6	5.8	-0.6	5.4	0.1	6.0
446	Health & personal care stores	0.9	8.0	3.1	5.1	1.0	4.9
447	Gasoline stations	-0.6	-1.9	-1.0	5.6	-5.9	2.6
448	Clothing & clothing accessories stores	-0.8	4.3	2.9	8.8	1.0	5.4
451	Sporting goods, hobby, musical instrument, & book stores	-0.5	3.9	0.4	7.9	0.6	5.3
452	General merchandise stores	0.5	10.5	4.3	7.4	3.4	7.7
4521	Department stores	-4.0	2.5	18.1	6.1	0.4	2.8
453	Miscellaneous store retailers	-1.8	4.8	5.6	10.3	0.9	6.6
454	Nonstore retailers	1.6	8.5	1.8	6.8	1.0	9.7
722	Food services & drinking places	-2.2	15.3	5.6	24.4	4.0	17.9

기대인플레이션: 미시간대학 기대인플레이션, 뉴욕 연은 기대인플레이션

2023년 3월 17일(금)

홍콩 시각 밤 11시, 마이클은 미 국채 거래를 위해 사무실에 남아서 블룸버그 모니터를 뚫어지게 쳐다봅니다.

경기침체의 그늘이 점점 드리워집니다. 연준의 기준금리 움직임과 그 궤를 같이 하는 미 국채 2년물의 금리는 주간 일 평균 30bp 등락을 보입니다. 안정적으로 10대를 유지하던 VIX(시카고옵션거래소 변동성 지수)가 25까지 오르면서 주식시장 역시 불안한 모습을 보입니다.

그는 작년에 기록적으로 오른 인플레이션 수치 때문에 애를 많이 먹었습니다. 보유하고 있는 약 2억 달러 상당의 해외채권이, 비록 만기가 5년 이내인 단기물이긴 하지만, 이자율 스와프 등 헤지를 전혀 안 하고 있는 상황에서 금리 상승을 맞아 엄청난 미실현 손실을 떠안게 되었습니다. 금년 초 본부장 승진을 앞두고 있던 당시 홍콩지점장은 본인 재임 시에 절대로 손실은 보면 안 된다며, 조기에 매도하려는 마이클에게 절대 매도하지 말라고 지시합니다. 그 덕인지는 몰라도 그는 올해 초 본부장으로 승진하여, 맞지도 않는 인사기획담당 본부장으로 영전합니다.

그는 올해까지 인플레이션이 계속 이어지고 중앙은행이 긴축정책을 계속 펼친다면, 현재 보유 중인 채권 손실때문에 더 이상 버티기 어렵다고 보고 있습니다. 그는 매일매일 기도합니다. 이놈의 인플레이션이 내려가게 해달라고 말이지요.

'Please be down xxcking inflation, God(신이시여! 제발 이놈의 인플레이션이 내려가길).'

1시간 전 팝업으로 뜬 지표 중에 인플레이션 수치가 나와서 유심히 봅니다. 미시간대학 1년 기대인플레이션, 5년 기대인플레이션 지표입니다. 발표 내용은 다음과 같습니다.

1년 기대인플레이션 3.8%(전월 4.1%), 5년 기대인플레이션 2.8%(전월 2.9%)

'수치 자체는 1년 전 기준 5.4%에서 3.8%까지 많이 떨어졌네. 금리 자체는 앞으로 낮아질 수 있겠구먼.'

미시간대학 지표 중에 가장 알려진 것은 소비자심리지수입니다. 현재, 그리고 미래에 대한 경기 상황을 예측할 수 있는 일종의 선행지표로 쓰여서 유용하다고 들었습니다. 그에 못지않게 기대인플레이션 수치도 중요할 것 같습니다. 예전에 신달라 부장이 사내 온라인 강의에서 강조한 채권의 분해 공식이 떠오릅니다.

명목금리 = 실질금리 + 인플레이션

이 인플레이션은 명목금리를 가진 채권의 만기와 일치하니 기대인플레이션을 대입해도 똑같을 겁니다. 연준이 3개월에 한 번씩 FOMC 때(3, 6, 9, 12월)마다 인플레이션 경로를 발표하지만, 미시간대학 기대인플레이션 지표가 나름대로 채권 금리에 미치는 영향이 있을 것 같습니다.

'본점 외화채권부에 아직 근무하는 직원이 있으면 이 개념에 대해서 좀 물어봐야겠어.'

마이클은 사내 메신저 창을 봅니다. 다행히 신 부장 컴퓨터가 활성화되어 있다고 나옵니다. 비록 부장이지만, 궁금하면 언제든지 물어보라는 그의 말이 생각나서, 용기를 내고 채팅창을 열고 말을 겁니다.

'안녕하십니까, 부장님. 밤늦게 죄송합니다. 저 마이클 웅입니다.'

1분 후, 신 부장이 대화를 입력하고 있다는 메시지가 나옵니다.

'안녕, 마이클. 왜 퇴근 안 했어? 요즘은 괜찮은가?'

'예, 덕분에 버티고 있습니다. 저 사실은 오늘 발표한 미시간대학 기대인플레이션을 어떻게 계산을 하며, 이것이 향후 금융시장에 어떤 영향을 미치게 되는지 궁금해서 이렇게 대화를 요청하게 되었습니다.'

사실 신 부장은 안예슬 대리의 궁금증(01. 소비 활동: 소매판매, 미시간대학 소비자심리지수, 컨퍼런스보드 소비자신뢰지수 참조)을 가르쳐주느라 피곤합니다. 더군다나 한국은 자정을 넘긴 상태.

'그래, 미시간대학 기대인플레이션 지수까지 볼 정도면 마이클, 이미 채권쟁이가 다 되었는데! 그러면 뭐 요즘 추이를 이야기하기 전에 이 지표가 어떻게 만들어지는지, 그리고 금융시장에 어떤 의미가 있는지를 설명할게. 우선 그러면 자네가 화상회의 방을 좀 열어줄 텐가? 지금 안

예슬 대리도 있으니까 같이 초대해주게.'

잠시 후 마이클이 개설한 회의방이 열립니다.
"마이클, 내 말 잘 들리지?"
"Loud and Clear(잘 들립니다)."

"우선 미시간대학 기대인플레이션 지표는 같은 기관에서 발표하는 소비자심리지수, 동행지수 및 기대지수와 함께 나오는데, 질문은 간단해. 내가 먼저 응답지 샘플을 올려볼게."
신 부장이 몇 번 시도를 하지만, 기계치인지라 업로드되지 않습니다.
"안 대리, 이거 좀 도와줄래?"
"넵, 부장님. 클릭하신 파일을 이곳 업로드 판에 그대로 드래그해서 놓으시면 됩니다."

안 대리의 도움으로 파일 하나가 업로드됩니다.

그림 3-8 미시간대학 기대인플레이션 질문지(1년)

A12. 향후 12개월 동안 대체로 가격이 오를까요, 내릴까요? 아니면 현재 수준에 머무를 것이라고
생각하십니까?

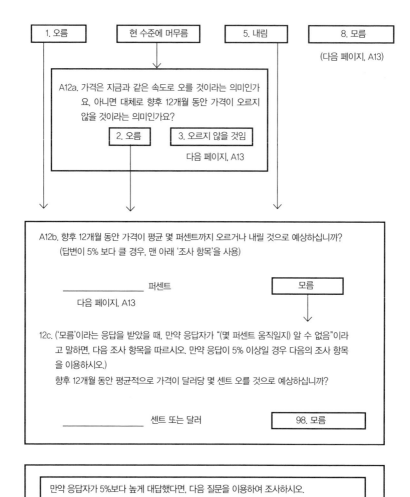

| 1. 오름 | 현 수준에 머무름 | 5. 내림 | 8. 모름 |

(다음 페이지, A13)

A12a. 가격은 지금과 같은 속도로 오를 것이라는 의미인가
요, 아니면 대체로 향후 12개월 동안 가격이 오르지
않을 것이라는 의미인가요?

| 2. 오름 | 3. 오르지 않을 것임 |

다음 페이지, A13

A12b. 향후 12개월 동안 가격이 평균 몇 퍼센트까지 오르거나 내릴 것으로 예상하십니까?
(답변이 5% 보다 클 경우, 맨 아래 '조사 항목'을 사용)

_____ 퍼센트 | 모름 |

다음 페이지, A13

12c. ('모름'이라는 응답을 받았을 때, 만약 응답자가 "(몇 퍼센트 움직일지) 알 수 없음"이라
고 말하면, 다음 조사 항목을 따르시오. 만약 응답이 5% 이상일 경우 다음의 조사 항목
을 이용하시오.)
향후 12개월 동안 평균적으로 가격이 달러당 몇 센트 오를 것으로 예상하십니까?

_____ 센트 또는 달러 | 98. 모름 |

만약 응답자가 5%보다 높게 대답했다면, 다음 질문을 이용하여 조사하시오.
제가 당신의 응답이 맞는지 확인해보겠습니다. 당신은 앞으로 12개월 동안 가격이 (   )
퍼센트 움직일 것이라고 말했습니다. 맞습니까?

그림 3-9 5년 기대인플레이션 응답지

A 13. 향후 5~10년간 물가 전망은 어떻습니까? 지금부터 5~10년 후 가격이 오를까요, 현 수준을 유지할까요, 아니면 내릴까요? 당신의 생각은 어떻습니까?

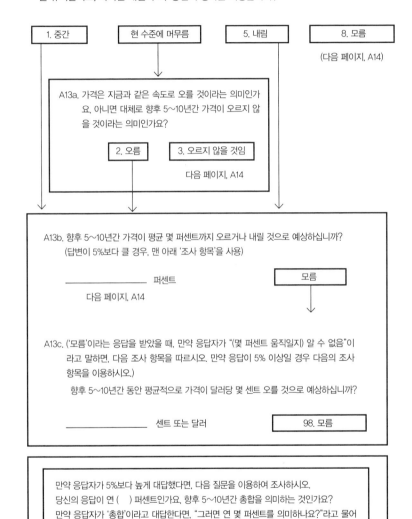

| 1. 중간 | 현 수준에 머무름 | 5. 내림 | 8. 모름 |

(다음 페이지, A14)

A13a. 가격은 지금과 같은 속도로 오를 것이라는 의미인가요, 아니면 대체로 향후 5~10년간 가격이 오르지 않을 것이라는 의미인가요?

| 2. 오름 | 3. 오르지 않을 것임 |

다음 페이지, A14

A13b. 향후 5~10년간 가격이 평균 몇 퍼센트까지 오르거나 내릴 것으로 예상하십니까?
(답변이 5%보다 클 경우, 맨 아래 '조사 항목'을 사용)

_____ 퍼센트 | 모름 |

다음 페이지, A14

A13c. ('모름'이라는 응답을 받았을 때, 만약 응답자가 "(몇 퍼센트 움직일지) 알 수 없음"이라고 말하면, 다음 조사 항목을 따르시오. 만약 응답이 5% 이상일 경우 다음의 조사 항목을 이용하시오.)
향후 5~10년간 동안 평균적으로 가격이 달러당 몇 센트 오를 것으로 예상하십니까?

_____ 센트 또는 달러 | 98. 모름 |

만약 응답자가 5%보다 높게 대답했다면, 다음 질문을 이용하여 조사하시오.
당신의 응답이 연 ( ) 퍼센트인가요, 향후 5~10년간 총합을 의미하는 것인가요?
만약 응답자가 '총합'이라고 대답한다면, "그러면 연 몇 퍼센트를 의미하나요?"라고 물어보시오.

(출처) University of Michigan

"이 질문지에 응답한 후 우편으로 회신하면, 각 기대인플레이션의 중간값Median을 채택하여 발표하게 되는 거지."

"그러면 부장님, 우리 보통 서베이 전화나 우편이 오면 대충 답하잖아요. 때문에 그러면 통계가 엉터리일 거 같은데요?"

"그런데 미국 사람들은 이상하게 그런 응답에 되게 진심인가 봐, 하하. 사실 이 기대인플레이션이 믿을 만한 것이 물론 미시간대학 지표 자체가 권위를 갖고 있는 사실[4]도 있지만, 통계적인 측면에서 상당한 신뢰를 가지고 있어. 때문에 연준에서도 이 지표에 상당한 관심을 가지고 있지 않나 싶어. 이 신뢰는 응답자들의 실제 소비 패턴과 연관이 있기 때문인데, 다음 화면을 한번 봐줘."

"이 화면의 표(표 3-3)는 작년 11월 기준으로 나온 소비행태와 인플레이션과의 연관성인데, 당시에는 '소비를 줄이겠다, 그만하겠다'라고 대답한 소비자들이 향후 기대인플레이션을 높게 본 거야. 앞으로 물가가 오를 것이고 예측하는데, 응답자가 소비를 늘리겠다고 대답한다면 이것은 아웃라이어, 즉 통계를 내는 데에 사용하지 않는 데이터가 되거든. 즉, 유체 이탈 화법으로 응답하면 아웃라이어 가능성이 높아져서 통계에 반영되지 않는 거야. 이처럼 응답자의 소비행동과 결부하여 조사하게 되면, 이 기대인플레이션 수치의 신뢰도는 높아지지 않을까?"

한마디로 장난으로 설문지를 작성하기 어렵다는 것이고, 소비 패턴과 인플레이션과의 인과관계를 파악할 수 있는 신뢰 있는 지표라는 말입니다.

---

4 U. of Michigan Institutional Research에서 1946년 소비자심리지수 등과 함께 심리학자인 조지 가토나(George Katona)가 개발한 권위 있는 인플레이션 지표로 1978년부터 매월 발표한다. 미 전역을 대상으로 조사한 자료라는 점에서 연준에서도 인플레이션 목표에 잘 연계(Anchoring)되어 있는지 주목하는 선행지표이다.

표 3-3 소비행동 패턴과 기대인플레이션 예측치(2022년 11월 기준)

소비 응답	(%)	심리지수	기대 인플레이션(%)	
			1년	5~10년
과거 12개월				
변동 없음	39	70	3.8	2.7
소비 축소	51	51	5.2	3.0
구매 중단	8	51	5.0	3.1
향후 12개월				
변동 없음	36	74	3.5	2.7
소비 축소	53	51	5.2	3.0
구매 중단	8	43	5.2	2.8

(출처) Five Pattern in Consumer Response to Inflation, written by Joanne Hsu, PhD, Director
(https://data.sca.isr.umich.edu/fetchdoc.php?docid=71616)

"그리고 내가 1년 기대인플레이션과 실제 CPI의 역사적인 추이를 만든 그래프가 있어(그림 3-10). 내가 한번 올려볼게."

신 부장은 안 대리의 도움으로 본인이 직접 엑셀로 만든 그래프를 업로드합니다.

"와, 부장님. 진짜 보면 미시간대학 1년 기대인플레이션이 꼭 1년은 아니지만, 실제 CPI를 수개월 앞선 모습을 보이고 있네요. 최근에 계속 떨어지고 있으니, CPI도 결국 이를 따라서 떨어질 수 있겠군요."

"그래도 1년이나 5년이나 기대인플레이션 수치가 아무래도 소비자가 현재 느끼고 있는 물가를 감안하여 응답한 정성적인 지표니까, 한마디로 밑바닥 물가라고 봅니다. 즉 중앙은행이 영향력을 미칠 수 있는 통화정책을 실행하도록 참고해야 하는 민생지표이지요."

안 대리가 나름대로의 이 지표에 대한 의미를 피력합니다.

그림 3-10 1년 기대인플레이션 vs CPI(1978년 1월~2023년 2월)

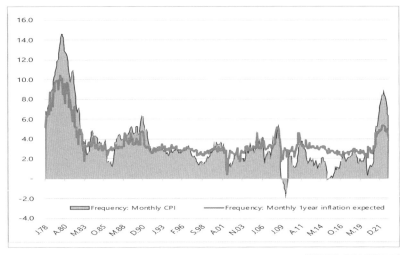

(출처) 세인트루이스 연은(FRED)

"두 분 의견 모두 맞아. 실생활에 미치는 가장 민감한 지표인 점이기 때문에 연준에서 눈여겨보고 있는 거지. 자, 그러면 최근 1년 및 5년 기대인플레이션 지표를 한번 보자고. 잘 안 내려오고 있는 현재 인플레이션 대비해서 기대인플레이션은 확실히 많이 내려왔어."

"두 그래프를 보면, 우선 아래 있는 5년 기대인플레이션(그림 3-12)은 높아봐야 3% 초반이었고, 지금은 2%대 후반인데, 비교적 안정적으로 잘 유지하고 있어. 반면에 1년 기대인플레이션(그림 3-11)은 작년에 비해서 많이 내려와서 우리 같은 채권 하는 사람들한테는 호재이지. 그런데 이번에 나온 수치가 3.8%라는 것은 내년 2월에 실제 인플레이션이 3.8%라는 것이니까, 연준이 목표로 하는 2%보다는 높은 거야. 아직 안심할 단계는 아니라고 말하고 싶어."

"그러면 부장님, 기대인플레이션이 미치는 영향은 어떻습니까? 채권

그림 3-11 1년 기대인플레이션

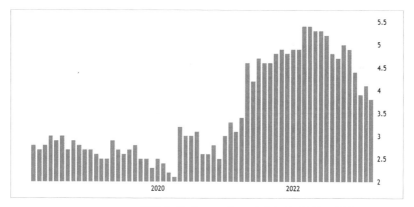

(출처) https://tradingeconomics.com/united-states/michigan-inflation-expectations

그림 3-12 5년 기대인플레이션

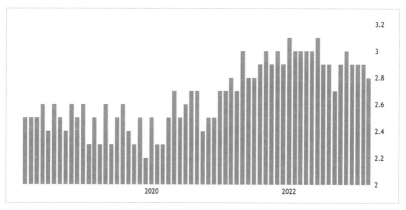

(출처) https://tradingeconomics.com/united-states/michigan-5-year-inflation-expectations

은 예전 부장님이 말씀해주신 공식, 즉 '명목금리=실질금리+(기대)인플레이션'을 감안할 때, 기대인플레이션이 내려가니까 명목금리도 내려가서 호재일 거 같습니다. 그러면 주식시장과 외환시장에 미치는 영향은 어떻습니까?"

"기대인플레이션이 내려간다는 것은 두 가지로 또 나눠야 할 거 같아. 확실하게 금리 하락이라는 답을 낼 수 있는 채권과 달리, 주식은 우선 다음과 같이 나눌 수 있어. 내가 전자칠판에 적을게.

1) 기대인플레이션 하락 ⇨ 연준의 긴축 통화정책 중단 가능성 높아짐 ⇨ 주식시장 호재
2) 인플레이션 상승 우려에 따른 소비자들의 소비행태 변화 ⇨ 경기침체 ⇨ 기대인플레이션 하락 ⇨ 주식 급락

지난주에 미국 및 스위스에 있었던 금융 혼란[5]만 없었다면, 이번 기대인플레이션 하락은 주식시장에 호재였을 거야. 1)을 적용할 수 있었을 텐데, 이러한 혼란, 그리고 미시간대학 소비자심리지수 부진 등 일련의 경기지표 둔화가 자칫 경기침체로 이어지지 않을까 하는 불안감이 적용된 기대인플레이션 하락 측면 때문에 주가가 오늘은 하락하지 않았나 싶네.

외환시장은 경기침체 불안감에 따른 달러 가치 상승보다는 경기둔화 및 연준의 기준금리 중단 가능성 등으로 하락 가능성이 더 크다고 봐. 다만 기대인플레이션이 고용, 물가지표와 같은 영향력은 별로 없어, 외환시장에서는."

---

[5] 2023년 3월 10일, 미국 실리콘밸리 은행(SVB) 파산 및 스위스 소재 대형 금융기관 크레디트스위스(CS) 유동성 위기를 말한다. SVB발 미국 내 금융 혼란은 연준의 긴급 유동성 제공(Bank Term Funding Program: 지역 은행 보유 중인 미 국채 및 Agency MBS의 액면가치 기준으로 담보로 인정, 최장 1년 만기 대출 프로그램), JP 모건 등 미 대형 은행의 퍼스트리퍼블릭 뱅크(First Republic Bank)에 대한 300억 달러 규모 자금 예치 등으로 안정을 꾀했다. CS의 경우, 스위스 최대은행인 UBS가 약 32억 달러 규모로 인수하기로 결정하면서 안정되었다(2023년 3월 19일 현재).

"부장님, 미시간대학 같은 민간기관에서 만든 기대인플레이션 지표가 매우 중요하다면, 연준 같은 공신력 있는 금융당국에서도 이 지표를 자체적으로 만들어서 모니터링할 거 같은데요."

마이클은 미시간대학 이외의 공공기관의 지표를 서로 비교하고 싶어 합니다.

"미국의 12개 지역 연방준비위원회에서 기대인플레이션 수치를 발표하는데, 그중에서 가장 영향력 있는 기대인플레이션 지표가 바로 뉴욕 연은에서 발표하는 기대인플레이션이야. 이 지표는 2013년부터 매월 발표하는데, 발표 시기가 공교롭게도 미 CPI 발표 바로 직전이라는 거야. 보통 CPI 발표 주 월요일에 나와. 그래서 CPI의 선행지표로 사용하기도 해.

방법은 뉴욕 연은에서 'Survey of Consumer Expectation^{SCE}'의 설문지를 미 전역을 대표하는 약 1,300여 개 가구를 대상으로 다음의 설문지 질문에 대한 응답, 내가 예시로 1년 기대인플레이션에 대한 설문지를 올릴게. 잠시만. 아이고, 이거 힘들긴 하네. 지금 회의방 파일에 업로드했어(그림 3-13). 여기 올린 응답의 중간값을 기대인플레이션으로 채택, 발표하게 되는 것이지.

한편 기대인플레이션과 관련한 조사 항목은 1년, 3년, 그리고 5년이 있고, 그 이외에 인플레이션 불확실성 지표, 기대 인플레이션 비율별[6] 비중, 예상 주택 가격 및 상품가격 등을 발표하지.

CPI 직전에 발표한 뉴욕 연은 보도자료(그림 3-14)하고 1년, 3년, 그리

---

6 항목: 〈 0%, 0~2%, 2~4%, 〉 4%로 분류

그림 3-13 뉴욕 연은 1년 기대인플레이션 설문지(예)

Q8v2

The next few questions are about inflation. **Over the next 12 months**, do you think that there will be inflation or deflation? (Note: deflation is the opposite of inflation)

Instruction H8.

○ Inflation (1)

○ Deflation (the opposite of inflation) (2)

If no response: error E1

Q8v2part2

What do you expect the rate of [inflation (if Q8v2=inflation)/deflation (if Q8v2=deflation)] to be **over the next 12 months**? Please give your best guess.

Instruction H9.

Over the next 12 months, I expect the rate of [inflation/deflation] to be ___ %

If no response: error E1

고 5년 기대인플레이션 추이를 같이 올려볼게.

내가 박스로 표기한 첫 번째 단락을 요약하자면 다음과 같아.

1년 기대인플레이션은 0.8%포인트 하락한 4.2%, 3년 기대인플레이션은 변동 없이 2.7%, 그리고 5년 기대인플레이션은 0.1% 상승한 2.6%입니다. 응답자 간 의견 불일치를 측정한 설문조사의 척도(인플레이션 예상치의 75분위와 25분위 간 차이)는 세 가지 기대인플레이션에서 모두 하락한 것으로 나타났습니다.

"부장님께서 박스로 구분한 기사를 보면, 1년 기대인플레이션은 0.8%포인트 하락한 4.2%에 반해서 3년 및 5년 기대인플레이션은 큰 변화가 없습니다. 장기 기대인플레이션은 이미 2%대에 안착하여 연준이 크게 걱정할 상황은 아닙니다. 여기에 향후 1년 내 인플레이션이 미시간 1년

그림 3-14 보도자료 (2023. 3. 13일) – 인플레이션 부분만 발췌

Inflation

> - Median inflation expectations dropped by 0.8 percentage point at the one-year-ahead horizon to 4.2%, remained unchanged at the three-year-ahead horizon at 2.7%, and increased by 0.1 percentage point at the five-year-ahead horizon to 2.6%. The survey's measure of disagreement across respondents (the difference between the 75th and 25th percentile of inflation expectations) declined at all three horizons.

- Median inflation uncertainty—or the uncertainty expressed regarding future inflation outcomes—declined at the one- and three-year ahead horizons and remained unchanged at the five-year-ahead horizon.

- Median home price growth expectations increased by 0.3 percentage point to 1.4% in February, remaining far below the 12-month trailing average of 3.4%. The increase was more pronounced among respondents with annual household incomes above $100k and for those who live in the Northeast Census region.

- Median year-ahead expected price changes declined by 0.4 percentage point for gas (to 4.7%), 1.7 percentage point for food (to 7.3%), 0.3 percentage point for the cost of medical care (to 9.4%), 1.2 percentage point for the cost of college education (to 8.1%), and 0.2 percentage point for the cost of rent (to 9.4%). All commodity price expectations remain well above their pre-COVID (February 2020) levels.

(출처) https://www.newyorkfed.org/newsevents/news/research/2023/20230313

그림 3-15 기대인플레이션(뉴욕연은 발표) 추이(2013~2023년)

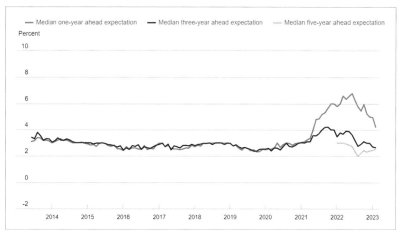

(출처) 뉴욕 연방준비위원회

기대인플레이션처럼 3%대로 하락하는 모습을 이 지표를 통해서 확인한다면, 현재 기준금리 수준에서 연준이 급격한 인상은 없을 것으로 생각됩니다."

안 대리는 기대인플레이션 추이나 수치를 보면, 긴축 통화정책의 끝이 보이는 것으로 생각하고 있습니다.

'인플레이션이 안정적으로 관리되어온 2010년대의 뉴욕 연은 기대인플레이션 수치를 근거로 생각해보면, 결국 1, 3, 5년 수치가 서로 2%대 수치에서 '감격의 상봉'을 해야 할 거 같습니다. 그날이 점점 가까워지고 있음을 느낍니다.'

마이클이 엄청난 타자 속도로 신 부장이 그래프를 업로드하자마자 대답합니다.

"자, 결론을 내리면, 다음과 같네."

1) 고물가 시대, 기대인플레이션은 향후 CPI, PCE 등 주요 지표의 중요한 선행지표로서 최근 발표 수치에 따라 금융시장에 상당한 영향을 끼치고 있다.

2) 인플레이션은 채권 금리 등락을 결정하는 중요한 요소(명목금리 = 실질금리 + (기대)인플레이션)로서, 최근 기대인플레이션 하락은 금리 자체를 떨어뜨리는 요인이 된다.

3) 위험자산의 경우, 인플레이션 하락 요인에 따라 등락이 결정되는데 연준이 기준금리를 더 이상 올리지 않을 것이라는 기대가 커지면 상승하고, 경기침체에 따른 하락이라면 위험자산 하락 요인이 된다.

4) 경기침체는 안전자산으로 취급받는 달러로의 쏠림이 심화되어, 단기적으로 달러 가치 상승을 불러온다. 그러나 연준이 기준금리 동결 또는 인하 등 이른바

통화정책의 피봇이 이뤄지면 달러 가치는 급락한다.

5) 기대인플레이션은 응답자의 주관적인 답변을 기초로 작성된 정성적 통계자료이므로, 실생활을 가장 잘 반영하는 수치로 연준에서 비공식적이지만, 관심 있게 모니터링하는 중요한 지표이다.

"자, 다들 퇴근해. 안 대리는 국채 2년 마저 매입하고. 마이클은?"

"아, 저도 지점장님께서 국채를 좀 매입할 수 있으면 하라고 하셔서요. 그러면 저희 홍콩지점과 외화채권부, 대동단결하여 국채 매입해볼까요?"

부동산 가격: S&P CoreLogic Case-Shiller Home Price Indices

2023년 3월 27일(월)

런던지점 찰리 킴은 11살 때 사업을 하시던 부모님을 따라 런던에 정착했습니다. 그는 항상 부모님이 런던 부동산 가격이 너무 비싸다며, 세 식구가 여유로운 공간 속에서 살 수 있는 집 한 채 갖는 것이, 본인 생애에 불가능하다고 한탄하셨던 기억이 또렷합니다. 실제로 성인이 된 지금도 그는 스튜디오(침실 없는 주택) 기준 월 5,000파운드(한화 약 800만 원)를 지불하며 살고 있습니다.

그런데 미 연준이 인플레이션을 잡기 위해서 작년 이맘때부터 기준금리를 인상하기 시작하여 어느덧 기준금리가 제로금리에서 4.75~5%로 올렸습니다. 금리가 올라가니 대출받기는 어려워질 테고, 주택 수요가 감소할 것입니다. 영국의 중앙은행, 영란은행도 기준금리 인상에 동참하여 현재 4.25%, 2021년 12월 0.1%에서 0.25%로 인상을 시작한 이래 1년 3개월 만에 4%를 인상한 것입니다. 영국의 주택 가격은 그러나 소폭 하락에 머물고 있습니다(그림 3-16).

'작년 여름부터는 조금씩 꺾이고 있긴 한데, 다시 꿈틀거리겠구먼. 언

그림 3-16 영국 주택 가격 추이(2018년 3월~2023년 3월)

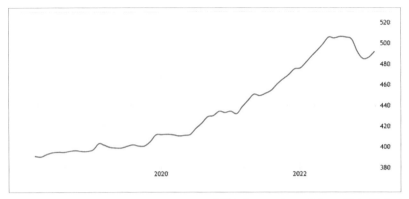

(출처) tradingeconomics.com, Halifax and Bank of Scotland

제 나는 내 집 마련을 할 수 있을는지'

갑자기 찰리는 미국 상황이 궁금합니다. 그는 대학생 때 일어난 글로벌 금융위기의 원인이 서브프라임 모기지(프라임 (선순위) 대출을 받지 못한 경우, 금리는 높지만 대출 제약 조건이 낮은 동 모기지 상품을 차입) 등 부동산 문제였다는 것을 귀가 따갑도록 교수님께서 강조하신 생각이 납니다. 그러면서 한 그의 코멘트가 걸작입니다.

'This was not our responsibility, but the crisis was so contagious that many bankruns occurred in the UK. Bullshit(이건 우리 책임이 아녀. 그런디 그 위기는 쉽게 퍼져서 우리나라(영국)에서 많은 뱅크런이 일어났어. 젠장)!'

만약 미국의 주택시장 가격 하락이 가속화된다면, 경기침체가 빨리 올 것입니다. 그는 약 3억 달러의 보유 채권을 상당수 안전자산으로 교체할 필요성을 느낍니다.

전 세계의 표준시를 알리는 그리니치 천문대를 보유하고 있는 영국, 현지 시각 오전 9시, 섬머타임 적용으로 한국 시각은 오후 5시입니다. 그는 메신저에 신 부장이 활성화되어 있는 걸 보고 신 부장에게 대화를 요청합니다.

'Hello, sir(안녕하십니까, 부장님). 저 런던지점 찰리입니다. 현재 미국의 주택시장 가격흐름을 좀 알고 싶은데, 한 수 가르쳐주실 수 있으십니까?'

신 부장은 오후 5시면 슬슬 자리를 정리하고 퇴근할 준비를 합니다. 그런데 최근 미국 금융시장이 워낙 불안하고, 유럽도 크레디트스위스의 피인수, 도이치방크 불안 등으로 퇴근을 미루고 있는 상황입니다. 금융기관들의 연이은 위기가 자칫 미국 주택시장으로 전이되어 자칫 2008년 금융위기의 경로를 밟을 수 있다는 점에서, 그 역시 여차하면 보유채권을 팔거나 안전자산으로 바꿀 생각을 갖고 있습니다. 찌찌뽕~

"오, 찰리. 안녕? 사실 미국의 주택시장 가격 인덱스가 발표 시기와 발표 대상 간 괴리가 좀 있긴 한데, 주택시장의 추이를 살펴보고 미국의 경기 상황을 파악할 수 있다는 점에서는 그 의의가 있지."

"어떤 인덱스인가요? 제가 바로 체크해보겠습니다."

"응, S&P CoreLogic Case-Shiller Home Price Index(이하 케이스쉴러 지수)라고 하는데, 발표기관은 이 이름에서처럼 S&P Global야. 세계 3대 신용평가기관.

이건 단독주택 실제 매매 가격 및 수량을 기준으로 만든 실질 데이터인데, 지역별로 인덱스를 분류해놓았어. 미 전역, 10대 도시, 그리고 20

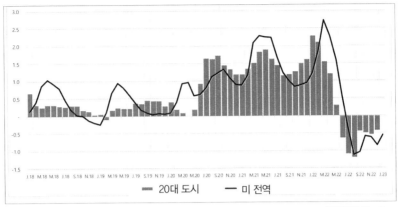

그림 3-17 케이스쉴러 지수 추이(전월 대비, 전역 vs 20대 도시, 2018년 1월~2023년 3월)

(출처) S&P, Bloomberg

대 도시 기준으로 만들고 있고, 전월 및 전년 대비 변동을 보면서 현재 추이를 체크하면 돼. 지난 금요일(2023년 3월 24일)에 2023년 1월 지표가 발표되었으니까 항상 2개월의 괴리가 있어(그림 3-17)."

"미국은 그래도 기준금리를 올림으로써 가격이 많이 꺾였네요. 20대 도시는 작년 6월부터, 미 전역은 7월부터 가격이 계속 하락하는 모습을 보입니다. 그런데 경기침체 우려는 없겠습니까?"

찰리는 바로 핵심 질문을 던집니다.

"주택 가격흐름만 보면, 확연히 과거에 과열된 모습에서 점차 식어가는 모습을 보이는 건 사실인데, 앞으로 모기지 금리가 장기 국채 금리 빠지듯이 하락할 것인가에 따라 달라지지 않을까(그림 3-18)?"

"그러면 부장님, 아까 케이스쉴러 지수는 실제 매매 가격에 따른 지수라고 하셨는데, 구체적으로 어떻게 만들어지는지요?"

그림 3-18 30년 모기지 금리(2018년 3월~2023년 3월)

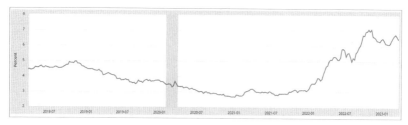

(출처) Fraddie Mac, 세인트루이스 연은(FRED)

단순히 지표만 보지 않고 이 지표가 어떻게 만들어지는지 물어보는 찰리를 신 부장은 매우 기특하게 여깁니다.

'지표의 본질을 보겠다는 저 자세, 아주 좋아요.'

"이름에서 알 수 있겠지만, 이 인덱스는 케이스Karl E. Case와 쉴러Robert J. Shiller가 1980년대 바이스 리서치Weiss Research에서 공동으로 만든 지표야. 지수는 2000년 1월 말 100을 기준으로 만들었고 말이야. 발표 시기는 매월 마지막 주간이고, 발표 대상은 발표 시기 기준 2개월 전 자료야. 따라서 해당 부동산 가격은 전형적인 후행지표로 볼 수 있어.

자료 출처는 미국의 인구조사국 내 9개 부서에서 취합하는 주택 가격을 기반으로 하고 있어. 기준은 실제 단독주택single family의 판매 가격을 기준으로 만드는데, 동일한 주택이 제3자 간 매매가 두 번 이상 성사된 건만을 지표에 반영하는 '반복판매 방법론Repeated Sales Methodology'을 쓰게 돼. 적용되는 가격도 말이야, 추정된 시장 가격과 괴리가 있는 거래와 주택타입의 변화로 인한 가격 변화 등은 산정 대상에서 제외되지. 따라서 시가를 잘 반영하는 지표라고 할 수 있어.

우리나라도 집값 중에 서울, 부산 등 대도시 집값이 엄청 중요하듯이, 미국도 대도시에 있는 주택 가격 변화가 비중 있게 다뤄지는데, 세부지표로는 10개 도시별 지표, 20개 도시별 지표를 발표하고 있어.

10대 대도시: 보스턴, 시카고, 덴버, 라스베이거스, LA, 마이애미, 뉴욕, 샌디에고, 샌프란시스코, 워싱턴 D.C.

20대 대도시: 10대 대도시+애틀랜타, 샬롯, 클리블랜드, 댈러스, 디트로이트, 미니에폴리스, 피닉스, 포틀랜드, 시애틀, 템파

대도시별 인덱스는 가중평균 기준으로 만드는데 2010년까지의 비중은 다음과 같아(표 3-4). 내가 표를 채팅 내 첨부해서 보내줄게, 잠시만.

표 3-4 대도시별 비중

10대 대도시

도시명	1990	2000	2010
보스턴	6.5%	7.4%	6.4%
시카고	7.6%	8.9%	8.1%
덴버	1.9%	3.7%	3.5%
라스베이거스	0.7%	1.5%	1.5%
LA	26.4%	21.1%	21.0%
마이애미	4.9%	5.0%	5.8%
뉴욕	28.3%	27.2%	29.4%
샌디에고	5.0%	5.5%	5.3%
샌프란시스코	10.2%	11.8%	9.2%
워싱턴 D.C.	8.6%	7.9%	9.8%

20대 대도시

도시명	2000	2010
보스턴	5.3%	4.7%
시카고	6.3%	6.0%
덴버	2.6%	2.5%

라스베이거스	1.1%	1.1%
LA	15.1%	15.5%
마이애미	3.6%	4.3%
뉴욕	19.4%	21.7%
샌디애고	3.9%	3.9%
샌프란시스코	8.4%	6.8%
워싱턴 D.C.	5.6%	7.2%
애틀란타	3.9%	4.0%
샬롯	1.3%	1.5%
클리블랜드	1.7%	1.4%
댈러스	4.0%	3.9%
디트로이트	4.8%	2.1%
미니애폴리스	2.8%	2.5%
피닉스	2.9%	2.8%
포틀랜드	1.9%	2.1%
시애틀	3.9%	4.3%
템파	1.5%	1.8%

(출처) CoreLogic

나는 미 전역 지표보다는 20대 대도시 기준 지표를 주로 보고 있어. 아무래도 사람들이 많이 몰리는 곳에서 경기 상황에 따라 주택 가격의 변동 폭이 의미가 있어서 말이야."

'지표 자체는 신뢰성이 있는데, 발표 시기와 발표 대상의 괴리 때문에 별로 의미 있어 보이지는 않아.'

찰리의 생각으로는 실제 주택 매매 가격 기준으로 대도시 가격을 보여준다는 점은 의미가 있습니다. 그렇지만 2개월 후행하는 지표라는 점에서는 추이를 살펴보는 것 이외에는 채권운용에 별로 도움이 될 것 같지 않다는 생각이 듭니다. 그리고 실제 미국 뉴욕이나 영국 런던은 적지 않은 외국인들이 거주하며 일을 하고 있습니다. 그들은 아무래도 주택을 직접 사기보다는 월세를 내고 거주하는 경우가 대부분일 겁니다. 찰리 자신도 런던에 오래 거주하고 있지만, 월세를 내면서 일하고 있지 않습니까?

"부장님, 그런데 임대료와 관련한 지표, 그리고 발표 시기와 대상이 그래도 1개월 이내의 시차가 나야지 채권시장에 의미가 있지 않겠습니까?"

"좋은 질문이야. 그런데 찰리는 거기서 집주인하고 어느 기간 주기로 월세 계약을 하지?"

신 부장의 질문에 찰리는 1년 플러스 6개월이라고 대답합니다.

"보통 임대료는 최저 1년, 많게는 5년 계약을 한다고 하지? 즉 임대료는 다른 물가지표 대비 변동성이 낮고, 현재의 물가 수준을 반영하는 측면에서는 연결고리가 좀 약해. 그래서 파월 의장도 FOMC 기자회견에서 강조하는 게 '슈퍼코어 CPI', 즉 임대료를 제외한 핵심 서비스 물가의 움직임을 토대로 기준금리 등 통화정책을 결정한다고 했어. 다만 임대료가 CPI나 PCE에 차지하는 비중이 각각 40%, 30%가 넘으니까 그냥 간과할 수도 없지. 그래서 민간 지표이긴 하지만, 나름 참고자료로 볼 수 있는 지표를 알려줄게. 내가 지금 이메일로 그래프를 보냈는데 보이나?"

"예, 지금 받았고, 잘 열립니다."

"미국 소재 온라인 부동산 거래 플랫폼인 질로우Zillow사에서 발표하는 임대료 지수가 있어(그림 3-19). 물론 주택 가격지수도 발표하고 있지. 자신들의 플랫폼에서 거래되는 렌트를 기준으로 앞의 케이스쉴러 인덱스

그림 3-19 Zillow Rent Index 및 전월 대비 변동 폭(2018~2023년)

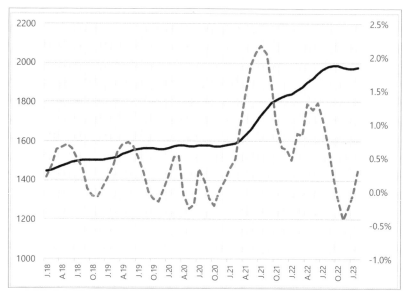

Zillow Rent Index(좌측 축): 검은색 실선   (출처) Zillow Research (https://www.zillow.com/research/data/)
전월 대비(우측 축): 파란색 점선

와 유사한 방법으로 '반복렌트 방법론'에 의거해서 인덱스를 만들고 있어. 2020년 4월부터 인덱스를 매월 중순경 발표하고 있고, 기준은 전월 자료여서 데이터의 적시성도 좋아.

그래프를 보면, 임대료는 2021년 중반 피크를 찍고 조금씩 내려가다가 2022년 중에 다시 올라갔다가 뚝 떨어지고, 작년 말부터 다시 올라가는 모습을 보이네. 다만 그 고점은 점점 낮아져서 임대료 상황도 점점 안정적인 상승 또는 유지 수준을 보일 거 같네."

"부장님, 그러면 케이스쉴러 인덱스는 아무래도 자료가 후행하니까 당장의 금융시장에 미치는 영향은 매우 작을 거 같은데요."

"그렇지는 않아. 지금처럼 7개월 연속(20개 도시 기준) 주택 가격이 하락세를 보이는 건 주택을 담보로 하여 현금을 인출하고 돈을 소비하는 미국인들의 소비 습성상 안 좋은 상황이지. 그런데 지금 금융시장 상황은 2008년 금융위기 이후에는 'Bad News is good news'일 경우가 적지 않아. 왜냐하면 부동산 가격이 이처럼 계속 떨어지는 모습을 보이면, 연준의 통화정책에 변화가 있을 수 있다는 기대감을 불러일으키거든. 구분해서 보면 다음과 같아.

1) 채권시장: 주택 및 임대료 가격 하락은 금리를 낮춘다. 반면 부동산이 미국 개인 소비의 중추적인 역할(부동산 담보로 한 추가 대출 등으로 소비를 늘리는 경우가 일반적임)을 한다는 점에서, 주택 가격 급락을 막기 위한 선제적인 통화정책 변화 시 크레디트 스프레드도 위험자산 선호와 함께 축소될 수 있음.

2) 주식시장: 경기침체는 주식시장에 악영향을 줌. 최근 지역 은행 부실 위험은 주택 및 상업용 부동산 부실로 이어질 수 있다는 우려로 주식시장 변동성이 커진 사례가 있음. 그러나 연준의 통화정책 피봇으로 위험자산 선호현상으로 변할 수 있음. 이는 시스템과 무관한 혼란은 주식시장에 축복으로 작용할 수 있다는 것임.

3) 외환시장: 침체는 안전자산 선호현상으로 달러 강세를 야기함. 그러나 통화정책 피봇으로 금리 인하 등 적극적인 완화정책으로 변경 시 단기 금리에 영향을 받는 환율 특성상 달러 가치 하락으로 바뀜.

매우 단정적으로 부동산 시장이 침체가 오더라도 예전에 교과서에서 배우던 이론과는 다른 결과가 나옴을 꼭 명심해야 해."

"넵, 잘 알겠습니다. 오늘 부장님 말씀, 큰 도움이 되었습니다. 어쨌든 케이스쉴러 지수에서 보는 실제 주택 매매 가격이나, Zillow에서 나오는 임대료 등 주택지수를 볼 때에는 저희 채권 쪽에는 그리 나쁜 거 같지 않아 보입니다. 침체가 와도, 그래서 연준이 통화정책을 바꿔도 금리는 내릴 가능성이 크니 말입니다. 이걸 뭐라고 표현을 하지요?"

"꽃놀이패, 하하!"

04

소비자물가: PCE, CPI

2023년 3월 31일(금)

뉴욕 시각 오전 8시 30분. 지표 발표를 앞두고 뉴욕지점 테드는 어김없이 블룸버그 앞에 앉습니다. 오늘 발표할 지표는 PCE^{Personal Consumption} Expenditure(개인소비지출). 팝업으로 속보가 뜹니다.

그림 3-20 2월 PCE 지표(%p) **및 Core PCE 추이**(2010년 1월~2023년 2월)

구 분	실제	예상	전월
Headline(전월 대비)	0.3	0.3	0.6
Headline(전년 대비)	5.0	5.1	5.3
Core(전월 대비)	0.3	0.4	0.5
Core(전년 대비)	4.6	4.7	4.7

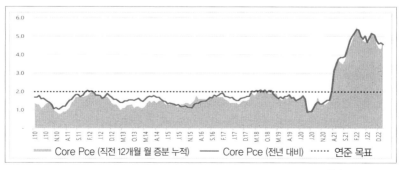

(출처) BEA, Bloomberg

'오 마이 갓! 물가가 분명히 내리기 시작했어. 실리콘밸리 은행 파산 같은 거 반영 전인데도 말이야. 금리, 유노우, 떨어지고, 주식 오를 텐데.'

테드는 일중 금리와 S&P 500 선물 일중 그래프를 체크합니다.

그림 3-21 미 2년, 10년 금리 일중 변화(2023년 3월 31일)

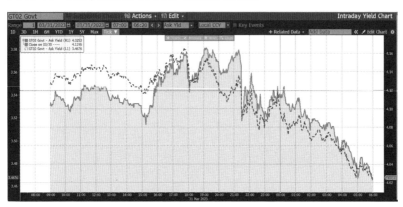

국채 2년(파란색 실선, 우측 축), 국채 10년(검은색 점선, 좌측 축)　　　　　(출처) Bloomberg

그림 3-22 S&P 500, 달러 인덱스 일중 변화(2023년 3월 31일)

(출처) Bloomberg

달러 인덱스(점선, 좌측 축), S&P 500(실선, 우측 축)

"연준이 세워놓은 물가 안정목표제에 따르면, 장기적으로 2% 이내를 유지하는 것을 밝히고 있습니다. 그런데 이 2%가 어디서 나온 것이냐? 바로 근원 PCE(또는 핵심 PCE) 수치에서 나온 겁니다."

테드는 지난 2월, 신 부장이 신탁부와 개인퇴직연금부 직원 대상으로 한 연수 프로그램을 온라인으로 들었습니다. 다른 것은 기억이 안 나도 어렸을 때부터 '숫자 신동'이라고 칭찬을 들었던 테드는 숫자 하나만큼은 기가 막히게 기억을 잘합니다.

그러나 왜 연준이 PCE를 물가 목표로 선정했는지 궁금합니다. 궁금할 때마다 그가 찾는 차 과장이 오늘은 과연 있을까 하고 메신저 창을 엽니다. 지표 발표일이어서인지 그의 상태가 '활성화'되어 있습니다.

'차 과장님, 안녕하세요. 저 테드예요.'
'오, 테드님, 안녕하세요. 2주 만에 뵙겠습니다.'

2주 전 소매판매 및 미시간 소비자심리지수 발표 때 여러 에피소드가 있었던 둘입니다.

'차 과장님, 2주 전처럼 저희 화상 회의방을 열고 PCE에 대해서 이야기 좀 나눴으면 합니다. 가능하신지요.'
'얼마든지 환영입니다. 제가 열게요.'

차 과장이 회의방을 오픈합니다. 회의방명은 '우리, 어차피 함께 가는 거야Anyway, we have no choice but to go together'입니다.

"차 과장님, Why does FED choose PCE as the inflation target

indicator(왜 연준이 PCE를 인플레이션 타깃으로 정했을까요)? 사실 대표적인 물가지표는 CPIConsumer Price Index가 있잖아요, 유 노우?"

"신 부장님이 물가는 완전 전문이신데, 오늘 미국에 있는 아들과 화상 통화 하신다고 일찍 가셨거든요. 제가 아는 선에서 말씀드릴게요.

CPI와 PCE를 구분하는 가장 중요한 척도는 CPI는 소비자가 구매하는 대상에 집중하고요, PCE는 소비자의 지출하는 행위 자체에 초점을 맞추고 있습니다. 그리고 PCE의 카테고리 범위 및 비교 대상이 되는 가격 지표를 여기 복사해서 붙여볼게요.

그림 3-23 BEA(Bureau of Economic Analysis) 발표 주요 가격 지표 카테고리

	Bought by consumers	Bought by businesses & governments	Produced in U.S.	Imported to U.S.	Exported from U.S.	
PCE Price Index Personal Consumpton Expenditures Price Index	✓	✗	✓	✓	✗	• Closely watched by the Federal Reserve • Similar to the BLS Consumer Price Index; the formulas and uses differ • Captures consumers' changing behavior and a wide range of expenses
Core PCE Price Index PCE Price Index, Excluding Food and Energy	✓	✗	✓	✓	✗	• Closely watched by the Federal Reserve • Excludes two categories prone to volatile prices that may distort overall trends
Gross Domestic Purchases Price Index	✓	✓	✓	✓	✗	• BEA's featured measure of inflation in the U.S. economy overall
GDP Price Index Gross Domestic Product Price Index	✓	✓	✓	✗	✓	• Measures only U.S.-produced goods and services
GDP Price Deflator Gross Domestic Product Implicit Price Deflator	✓	✓	✓	✗	✓	• Closely mirrors the GDP price index, although calculated differently • Used by some firms to adjust payments in contracts

(출처) BEA

영문으로 정의한 두 지표는 제가 지금 타이핑을 할게요.

CPI: 도시에 거주하는 소비자들이 소비재 및 서비스 대표 바스킷에 대하여 지불하는 가격의 평균 변화율을 측정

PCE: 미국 경제에서 재화와 서비스 소비에 대한 주요 측정 지표[7]

제가 생각하기에 정의에 따라 PCE가 개인소비 활동이라는 경제 활동에 초점을 맞추고 있어서 이 지표가 물가뿐만 아니라 경제 성장에 영향을 주는 요인으로 해석할 수 있기 때문이라고 봅니다. 실제 미국은 개인소비가 70% 이상을 차지하는 '소비국' 아닙니까?"

"그보다도 과장님, 유 노우, 인플레이션을 판단하는 근거가 지표 레벨 자체뿐만 아니라 지표 추이의 지속성이지 않나요?"

테드는 신 부장이 강의장에서 말한 내용을 기억하고 있습니다. 따라서 변동성 높은 에너지와 음식료 부문을 제외한, 핵심물가 지표에 대한 판단 기준이 된다고 말입니다.

"맞습니다. 그런데 한 가지 지표가 더 있습니다. 그것이 바로 주거비와 관련한 것인데요. 주거비의 대부분은 렌트비인데요. 테드는 혹시 지금 살고 계신 맨해튼 오피스텔 얼마에 어느 정도 기간으로 계약하셨어요?"

"거기 너무 비싸요. 써리빠이브 싸우전드 퍼 먼쓰(3,500달러/월)이에요. 그런데 3개월은 Free로 해서, 실제 기간은 15개월이에요."

"네, 렌트는 주로 1년 이상의 장기 계약을 바탕으로 하지요. 그래서 현재 물가에 제대로 반영하지 못하는 단점이 있습니다. 그래서 현 연준 의장인 파월은 주거비를 제외한 핵심 서비스 물가를 '슈퍼코어 물가'라고 하면서 이들의 추이를 같이 보고 있습니다. 어쨌든 PCE는 CPI에 비해서 주거비 비중이 낮아요. 즉 물가 추이의 지속성을 판단하는 데 CPI보

---

7 발표 담당국: Bureau of Economic Analysis

다는 PCE가 더 우수하다고 연준은 판단하고 있어요."

표 3-5 PCE 구성 요소 비중(2022년 말 기준)

대구분	항목	PCE
내구재 (Durable Goods)	Motor vehicles and parts(자동차 및 부품)	4.1%
	Furnishings and durable household equipment (가구 및 가정용 내구재)	3.7%
	Recreational goods and vehicles (레크리에이션 용품, 차량)	6.4%
	Other durable goods(기타 내구재)	2.4%
비내구재 (Non-Durable)	Food and beverages purchased for off-premises consumption (외부 소비를 위해 구입한 음식료)	7.3%
	Clothing and footwear(의류 및 신발)	3.5%
	Gasoline and other energy goods (휘발유 및 기타 에너지 제품)	3.1%
	Other nondurable goods(기타 비내구재)	9.4%
서비스(Service)	Housing and utilities**(주택 및 공공시설)	15.4%
	Health care(헬스케어)	16.3%
	Transportation services(운송서비스)	3.1%
	Recreation services(레크리에이션 서비스)	3.4%
	Food services and accommodations (음식 서비스 및 숙박)	6.5%
	Financial services and insurance(금융서비스와 보험)	6.3%
	Other services(기타 서비스)	8.6%

* 음식료, 에너지 제외 비중: 88% vs Core CPI 비중: 79%   (출처) BEA(2022년 비중 평균)
** CPI 내 주거비(Shelter) 비중: 34.4%

"참고로 이번 슈퍼코어 PCE도 전월 대비 +0.3% 상승하는 데 그쳤습니다. 지난달에는 +0.5%였는데 말이죠. 안정적인 슈퍼코어 PCE가 총 PCE의 45%를 차지하고 있더라고요."

테드가 다이어리를 찾아보며 대답합니다.

그림 3-24 슈퍼코어 PCE(직전 12개월 월별 변동분 누적) 추이

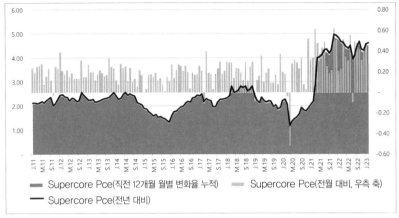

그림 3-24 슈퍼코어 PCE(직전 12개월 월별 변동분 누적) 추이

(출처) Bloomberg

"앞에서 말씀을 드렸는데, PCE는 분기에 한 번 발표하는 GDP 수치의 선행지표 역할을 합니다. 테드 님도 아시겠지만, 국가의 경제력은 GDP로 보통 설명하잖아요. 미국처럼 GDP의 70%를 차지하는 소비 지표가 가장 중요하겠죠. 그래서 매월 말 발표하는 PCE 지표가 쌓여서 1, 4, 7, 10월 마지막 주 목요일에 발표하는 GDP 수치의 선행지표가 되는 것입니다.

자, 그러면 실제 이번 발표 내용을 한번 볼까요? 테드 님, 이 사이트 열어보세요."

https://www.bea.gov/news/2023/personal-income-and-outlays-february-2023

"Hold a moment(잠시만요). I got it(열었어요)."

"사이트는 오늘 발표한 지표에 대한 간단한 보도자료입니다. PCE 지표는 2012년 말 달러 가치를 기준으로 변화율을 측정한 것입니다.

그림 3-25 보도자료 중(2023년 3월 31일)

	2022			2023	
	Oct.	Nov.	Dec.	Jan.	Feb.
			Percent change from preceding month		
Personal income:					
Current dollars	0.9	0.4	0.3	0.6	0.3
Disposable personal income:					
Current dollars	1.1	0.6	0.4	2.0	0.5
Chained (2012) dollars	0.7	0.4	0.2	1.5	0.2
Personal consumption expenditures (PCE):					
Current dollars	0.7	-0.2	0.0	2.0	0.2
Chained (2012) dollars	0.3	-0.4	-0.2	1.5	-0.1
Price indexes:					
PCE	0.4	0.2	0.2	0.6	0.3
PCE, excluding food and energy	0.3	0.2	0.4	0.5	0.3
Price indexes:			Percent change from month one year ago		
PCE	6.1	5.7	5.3	5.3	5.0
PCE, excluding food and energy	5.1	4.8	4.6	4.7	4.6

Prices

From the preceding month, the **PCE price index** for February increased 0.3 percent (table 9). Prices for goods increased 0.2 percent and prices for services increased 0.3 percent. Food prices increased 0.2 percent and energy prices decreased 0.4 percent. Excluding food and energy, the PCE price index increased 0.3 percent. Detailed monthly PCE price indexes are presented on Table 2.4.4U.

From the same month one year ago, the **PCE price index** for February increased 5.0 percent (table 11). Prices for goods increased 3.6 percent and prices for services increased 5.7 percent. Food prices increased 9.7 percent and energy prices increased 5.1 percent. Excluding food and energy, the PCE price index increased 4.6 percent from one year ago.

Real PCE

The 0.1 percent decrease in **real PCE** in February reflected a decrease of 0.1 percent in spending on goods and a decrease of 0.1 percent in spending on services (table 7). Within goods, a decrease in motor vehicles and parts (specifically new motor vehicles) was partly offset by an increase in gasoline and other energy goods. Within services, the largest contributor to the decrease was food services and accommodations (mainly food services). Detailed monthly real PCE spending data are presented on Table 2.4.6U.

Updates to Personal Income and Outlays

Estimates have been updated for October through January. Revised and previously published changes from the preceding month for current-dollar personal income, and for current-dollar and chained (2012) dollar DPI and PCE, are provided below.

(출처) BEA

여기 제가 보도자료문 첫 번째와 세 번째 단락에 박스를 쳐놓았습니다. 이걸 보면 다음과 같습니다.

(1문단) 물가

2월 PCE 물가지수는 전월 대비 0.3% 상승했습니다. 상품 가격은 전월 대비

0.2%, 서비스 가격은 0.3% 올랐습니다. 식품 가격은 0.2% 상승했고 에너지 가격은 0.4% 하락했습니다. 음식과 에너지를 제외한 근원 PCE는 전월 대비 0.3% 상승했습니다. 자세한 월별 PCE 가격 지표는 [그림 3-26]에 나와 있습니다.

(3문단) 개인 소득 및 지출 업데이트
본 자료는 작년 10월부터 금년 1월까지의 추정치가 업데이트되어 있습니다. 현재 시점 달러기준 개인 소득, 현재 시점 달러 및 체인(2012년 기준) 달러 가격 지수 및 PCE에 대한, 전월의 수정 및 발표한 변경사항이 있습니다.

사실 CPI 때와는 달리, PCE 자료는 빈약해요. 분기마다 발표하는 GDP 발표 때는 PCE 항목별로 자세하게 나오지만, 월중 자료는 주요 항목의 월별 변화율만 나오는데요.

테드 님께서는 최근 추이에 대해서 어떻게 생각하세요?"
테드는 2주 전 국채를 매입하려고 하다가 차 과장의 조언으로 매입하지 않았습니다. 그러나 지금은 소신껏 '지를 때'라고 생각하고 있습니다.

"우선 전년 대비 Core PCE가 내려가고 있습니다. 연준이 목표로 하는 2% 대로 오려면 아직 갈길이 멀지만(금년 월별 지표를 연율화하면 약 4.8%[8]) 기준금리가 현재 4.75~5% 수준이라면 많아봐야 1번 인상하고 계속 떨어지는지 관찰할 거 같습니다.
연준의 긴축 속도가 늦춰진다면 앞으로 금융시장 여건이 좋아질 것이

---

8 (0.5%p + 0.3%p)×12÷2

그림 3-26 주요 항목별 월별 변화율(2022년 1월~2023년 2월)

Line		JAN	FEB	MAR	APR	MAY	JUN	JUL	AUG	SEP	OCT	NOV	DEC	JAN	FEB
		2022												2023	
1	Personal consumption expenditures (PCE)	0.5	0.6	1.0	0.2	0.6	1.0	-0.1	0.3	0.3	0.4	0.2	0.2	0.6	0.3
2	Goods	0.9	1.2	1.8	-0.2	0.9	1.6	-0.4	-0.3	-0.1	0.4	-0.2	-0.5	0.6	0.2
3	Durable goods	1.2	0.2	-0.2	0.2	0.4	0.7	-0.2	0.5	0.4	-0.4	-0.6	-0.2	0.3	-0.2
4	Nondurable goods	0.7	1.8	2.9	-0.4	1.2	2.1	-0.6	-0.8	-0.4	0.8	-0.1	-0.7	0.8	0.3
5	Services	0.3	0.3	0.5	0.4	0.4	0.7	0.1	0.6	0.6	0.4	0.4	0.6	0.6	0.3
	Addenda:														
6	PCE excluding food and energy	0.5	0.4	0.4	0.3	0.4	0.6	0.1	0.6	0.5	0.3	0.2	0.4	0.5	0.3
7	Food[1]	0.9	1.4	1.4	1.1	1.2	1.0	1.3	0.8	0.6	0.5	0.5	0.4	0.4	0.2
8	Energy goods and services[2]	1.1	3.8	12.0	-3.1	3.9	7.6	-4.9	-5.6	-2.4	2.3	-1.4	-3.6	2.0	-0.4
9	Market-based PCE[3]	0.6	0.7	1.1	0.2	0.7	1.1	0.0	0.2	0.3	0.5	0.1	0.2	0.5	0.3
10	Market-based PCE excluding food and energy[3]	0.5	0.5	0.4	0.3	0.4	0.6	0.2	0.5	0.4	0.1	0.4	0.5	0.4

월별 주요 제품 유형별 개인 소비지출 가격의 변화율(%) (이전 기간 대비; 월별 비율로 계절 조정)　(출처) BEA

라는 기대감으로 다음과 같이 예상됩니다."

1) 채권시장에서 금리 및 크레디트 스프레드 축소 예상됩니다.

2) 주식시장에서는 중장기 금리 하락을 기대할 수 있으므로, PER^Price per Earning 지수가 높은 기술주의 밸류에이션이 높아질 것입니다. 미국의 주요 대형주가 기술주(애플, 마이크로소프트, 아마존, 엔디비아 등)임을 감안할 때 지표 상승 기대됩니다.

3) 달러는 반면 약세를 보일 것입니다. 자국의 단기 금리 레벨 및 방향에 영향을 받는 자국 통화 가치 측면[9]에서 달러는 완연한 하락을 보일 것으로 예상합니다.

　"사실 PCE는 그 지표의 우수성에도 불구하고, CPI에 비해서는 금융시장에 미치는 영향이 상대적으로 작습니다. 월중(매월 세 번째 주 주중) 발표하는 CPI로 물가 전망에 대한 시장참여자들의 기대감이 금융시장에 상

---

9 Dollar Future Value=Dollar Current Value×(1+ r_d)÷(1+ r_i)
r_d: 미국 단기 금리, r_i: 해외 단기 금리(이자율 고정)

당 폭 반영되기 때문입니다. 그러나 그것이 특수한 요인(예를 들어 주거비)에 기인한다면, PCE 지표 결과를 같이 보면서 비교해야 합니다. 그리고 PCE가 오늘처럼 예상치를 하회하여 나올 경우, 금융시장에 미치는 영향이 오늘과 같이 꽤 클 것입니다.

'아 이제는 기준금리 올릴 가능성이 낮아지겠지' 하는 기대감과 말입니다."

이와 더불어 차 과장은 2주 전 본의 아닌 결과를 다시 책임지고 싶지는 않습니다.

"사실 PCE를 본 인플레이션은 비록 많이 내려오기는 했지만 아직 안심할 단계는 아닙니다. 여전히 5%에 가까운 핵심물가로 긴축이 장기화될 수 있기 때문입니다. 따라서 위험자산 투자는 여전히 말리고 싶습니다. 그러나 국채 금리의 경우, 이번 3월에 지역 은행 위기라는 큰 파고가 있었고, 긴축이 오래되면 경기침체로 이어져서 중장기 금리 하락으로 이어질 수 있습니다. 긴축이 끝나면 금리에는 더없이 좋고요. 이번에는 말리지 않겠습니다. 2주 전에 제가 큰 빚을 졌으니까요."

테드는 '하트' 이모티콘을 보냅니다.

"유노우, I'm very confident(나 확신해요). 반드시 이번 국채 투자는 성공할 거예요."

2023년 4월 3일(월)

한국 시각 저녁 8시 30분경, 테드가 '왓츠 앱'을 통해서 차 과장에게 메시지를 남겼습니다.

'빈 살만 이 자가 일을 저질렀어, 유 노우? OPEC+가 오늘 오후에 전

그림 3-27 10년 국채 금리(2023년 4월 3일~현재 저녁 8시)

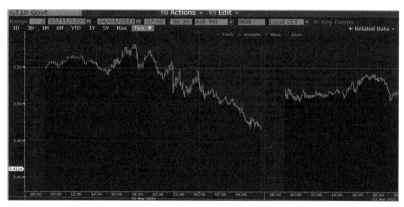

(출처) Bloomberg

그림 3-28 10년 국채 금리(2023년 4월 3일 종가 기준)

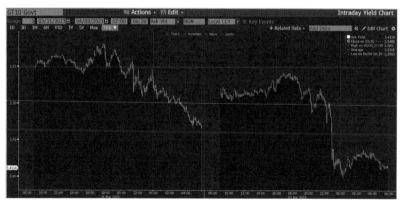

(출처) Bloomberg

격적으로 일 100만 배럴 감산에 합의했대. 유 노우? 이거 때문에 지금
금리가 뛰고 있어. 유 노우, 나 손실 보고 다 팔았어.'

　차 과장이 블룸버그 통해서 10년 국채 금리 현황을 봅니다.

"오 마이 갓!"

바로 메시지를 보냅니다.

'그래도 테드 님, 에너지 가격은 변동성이 심해서 추이를 좀 보고, 이게 제품 물가 상승으로 이어질지는 보셨어야 했는데. 그리고 뉴욕시각 오전 10시에 ISM 제조업 수치까지 보고 매도를 결정하시지 그러셨어요?'

2023년 4월 12일(수)

밤 9시 30분(미국 동부시각 오전 8시 30분) 3월 미국 소비자물가CPI 지표가 발표됩니다. 물가와 고용, 두 지표는 연준의 통화정책 목표에 포함되어 있을 뿐만 아니라, 금융시장에 미치는 영향이 워낙 크다는 것을 오만기 씨는 잘 알고 있습니다. 그래서 CPI 지표에 대해서 완벽하게 공부하고, 내일 지표 발표 직후 투자할 만한 채권들을 미리 정리할 필요성을 느낍니다.

똑똑

점심 시간 직후, 신 부장 방을 두드립니다. 요즘 신 부장은 통풍으로 고생하고 있어 모든 점심 약속을 취소하고 혼자 방에서 샐러드로 점심을 해결합니다.

똑똑

아무리 두들겨도 대답하지 않습니다. 아마 잠시 잠을 청하신 듯합니다. 그때,

"어, 들어와."

오만기 씨가 다이어리를 들고 방으로 들어갑니다.

"죄송합니다. 부장님, 쉬시는 데 방해해서요."

"어, 급한 일 있나?"

"아, 아닙니다. 내일 CPI 발표가 있어서, 미리 공부를 좀 해두면 저에게도 공부가 되고 또 채권을 어떻게 매매할지 머릿속에 정리해두는 데 도움이 될 듯해서, 부장님께 지식을 사사받으려고 들어왔습니다."

신 부장은 며칠 통풍으로 밤잠을 설쳤습니다. 그나마 아침에 통풍 약을 복용하고 딱 잠이 올 타이밍이 점심 시간이었는데, 오만기 씨가 그 타이밍을 뺏어버린 것입니다.

"괜찮아. 뭐 배우러 들어왔는데, 내가 며칠 잠을 설쳐서 피곤하면 어때, 그치? 후배들에게 내가 아는 선에서 아낌없이 주는 게 내 임무지, 하하. 아흠~~~~. 비록 매우 매우 졸리긴 하지만 말이야."

하품 반 말 반입니다. 이왕 이렇게 들어왔는데, 오만기 씨는 궁금한 것들을 하나하나 질문할 요량입니다.

"부장님, FOMC 성명서에 항상 빠지지 않는 문구가 그들의 목표인데요. 여기서 '장기 인플레이션 목표치가 2%이다'라고 말하고 있습니다. 2%의 의미가 무엇인지 궁금합니다."

FOMC 성명서 중

The Committee seeks to achieve maximum employment and inflation at the rate of 2 percent over the longer run. In support of these goals, (이하 생략)

"일단 2% 목표 문구는 2012년 1월 FOMC 성명서에서부터 등장한 거

야. 우선 고용과 물가라는 두 가지 지켜야 할 목표를 균형 있게 달성하겠다는 의미가 포함되어 있는 것이지. 그리고 인플레이션을 대표하는 지표는 Core PCE야. 몇 번 설명한 적이 있지만, PCE는 CPI에 비해서 주택 비중이 훨씬 낮아서 지표 발표 기준 월 물가 상황을 보다 적확하게 판단할 수 있어. 주택 임대료는 장기 계약이라서 당장의 물가에는 반영되지 않다는 특성을 감안해서 말이야.

그러면 이 물가안정목표제를 미국이 제일 먼저 실시했느냐? 그건 아니고, 뉴질랜드 중앙은행이 1990년에 최초로 물가 목표 2%를 중앙은행 목표로 설정하는 데서 시작한 거야. 그래서 주요 중앙은행들이 이 물가안정목표제를 채택하고 있어.

그러면 2012년 당시 의장이던 버냉키가 왜 2%를 목표라고 명시했는가? 그가 저술한 책[10]을 인용하자면, 인플레이션은 가격 안정성을 지속할 수 있는 한 충분히 낮은 수준이자, 기준금리 하한(당시 0%) 이하로 떨어지지 않고도 금리를 낮출 여지를 제공함으로써 완전고용을 추구할 수 있는 연준의 능력을 지킬 수 있을 만큼 높은 수준이라고 정의하고 있지."

"그런데 지금 Core PCE는 실제 2%를 한참 벗어나 있는 수준이잖아요?"

---

10 Ben S. Bernanke, 2016, 21st Century Monetary Policy – The Federal Reserve from the Great Inflation to Covid-19, page 176 참조

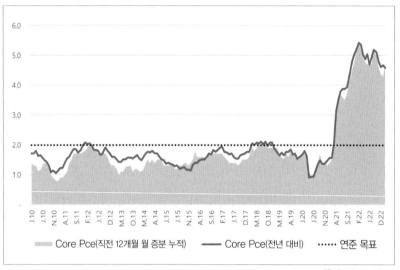

그림 3-29 Core PCE(2012년 1월~2023년 2월)

(출처) BEA, Bloomberg

"그렇기 때문에 작년부터 급하게 금리를 올리기 시작해서 목표치 수준으로 떨어뜨리는 게 그들이 지금 우선적으로 해야 할 일이지. 사실 고용은 이번에 봐서도 알 수 있지만, 둔화하고는 있지만 여전히 실업률이 3.5% 수준에 머무르는 등 완전고용에 가까운 상황이잖아?

그런데 연준은 꼭 2% 목표치를 단 0.001의 오차도 없이 항상 유지해야 하느냐에 대한 질문에는 'No'야. 연준은 인플레이션 목표를 항상 '탄력적Flexible'이라고 말하고 있는데, 그 이유는 물가만이 아니라 완전고용까지 두 가지 목표의 최적 달성을 위함이지. 그들은 이 2%라는 목표치가 대중들이 기대하는 2% 장기 인플레이션 '수준'을 지속적으로 유지하고 있다면 어느 정도의 오차는 용인하겠다는 입장이야.

2012년 이후 연준은 끈질기게 완화적인 스탠스를 취했어. 물론 2017

년, 2018년 긴축을 하기도 했지만, 그 당시에는 물가 때문에 금리를 올린 게 아니라 10년 동안 계속 취해왔던 제로금리 등 완화적인 통화정책으로부터 정상화에 목표를 두었기 때문에 오늘 스토리와는 거리가 좀 있고. 음, 보자…. 2020년 팬데믹 때 연준은 무지막지한 완화적인 통화정책을 썼잖아. 혹시 오만기 씨 정리한 내용 있어?"

"네, 여기 있습니다."

그림 3-30 2020년 코로나 팬데믹 당시 연준의 주요 통화정책[11]

Date	Action	Date	Action
Monetary policy actions		March 19, 2020	FOMC announces temporary swap lines with 9 additional central banks
March 3, 2020	FOMC lowers FFTR by 1/2 percentage point, to 1 to 1-1/4 percent	March 20, 2020	FOMC increases frequency of 7-day maturity operations of standi swap lines
March 9, 2020	Updates the monthly schedule of repo operations	March 31, 2020	FOMC announces temporary FIMA Repo Facility
March 12, 2020	Introduces new weekly recurring one- and three-month term repo operations	**Tools to provide more direct support for providing credit across the economy**	
March 15, 2020	FOMC lowers FFTR by 1 percentage point, to 0 to 1/4 percent, and introduces forward guidance	March 23, 2020	FRB announces Term Asset-Backed Securities Loan Facility
March 15, 2020	FOMC to increase its holdings of Treasury and agency mortgage-backed securities by at least $500 billion and $200 billion, respectively, over the coming months	March 23, 2020	FRB announces Primary Market Corporate Credit Facility
March 16, 2020	Introduces a second daily overnight repo operation and increases the amount offered in each $500 billion	March 23, 2020	FRB announces Secondary Market Corporate Credit Facility
		March 23, 2020	FRB says it expects to announce Main Street Lending Program so
March 23, 2020	FOMC announces it will continue to purchase Treasury securities and agency MBS "in the amounts needed." It also includes the purchases agency CMBS for the first time	April 9, 2020	FRB announces Municipal Liquidity Facility
June 10, 2020	FOMC announces it will increase holdings of Treasury securities and agency mortgage-backed securities at least at the current pace	April 9, 2020	FRB announces Paycheck Protection Program Liquidity Facility
September 16, 2020	FOMC revises forward guidance on rates	**Banking initiatives**	
		March 15, 2020	FRB encourages banks to use their capital and liquidity buffers as they lend to households and businesses who are affected by the coronavirus
December 16, 2020	FOMC introduces guidance on asset purchases	March 22, 2020	Agencies provide additional information to encourage financial institutions to work with borrowers affected by COVID-19
Liquidity and funding operations		April 1, 2020	FRB announces temporary exclusion of U.S. Treasury securities ar deposits at Federal Reserve Banks from the supplementary lever ratio
March 15, 2020	Discount window: reduction in primary credit rate by 150 basis points to 0.25 percent, and introduction of term loans up to 90 days. Reserve requirements: reduction to 0 percent, effective on March 26	June 25, 2020	FRB announces stress-test results with additional sensitivity analy
March 15, 2020	FOMC enhances standing U.S. liquidity swap lines with Bank of Canada, Bank of England, Bank of Japan, European Central Bank, and the Swiss National Bank	August 3, 2020	Interagency announcement on loan modification
March 17, 2020	FRB announces Commercial Paper Funding Facility	December 18, 2020	FRB announces second round of stress-test results
March 17, 2020	FRB announces Primary Dealer Credit Facility		

(출처) https://www.federalreserve.gov/econres/feds/files/2021035pap.pdf

"여러 가지 지원책이 있지만, 박스 친 부분만 보면(그림 3-30),

---

[11] Richard H. Clarida, Burcu Duygan-Bump, and Chiara Scotti, 2021, The COVID-19 Crisis and the Federal Reserve's Policy Response, page 4~5

1) 제로금리(2020년 3월 15일)

2) 국채, MBS 각각 최소 5,000억 달러, 2,000억 달러 매입(2020년 3월 15일)

3) 주별 1개월, 3개월 레포 통한 자금 공급(2020년 3월 12일)

3) 익일물 레포 공급량 5,000억 달러로 증액

4) 국채, MBS 사실상 무제한 매입 및 CMBS 매입(2020년 3월 20일)

뭐 이렇게 돈을 풀어대는 데도 인플레이션은 2020년 내내 꿈쩍을 안 해. 그래서 그 해 8월 잭슨홀 미팅(미 아이오와주 휴양지 잭슨홀에서, 미 캔자스 시티 연방은행 주최로 매년 열리는 세계 중앙은행 총재 연례 세미나)에서 파월 의장은 평균물가목표제Average Inflation Target를 새로운 물가 목표로 설정하겠다고 발표하지.

평균물가목표제는 당시 연준 부의장이었던 리처드 클라리다가 주도하여 나온 제도로 알려져 있어. 그는 '현시점에서 (제로) 기준금리를 인상하기 위해서는 연준의 목표대로 최대고용을 달성하고 인플레이션이 2%에 도달하며, 인플레이션이 당분간 2%를 약간 상회하는 수준에 이르는 조건에 이르러야 가능하다'라고 말하면서,[12] 구체적인 기간 및 수치는 언급하지 않고 'Flexible(탄력적)'이라는 단어를 몇 번 사용해. 당시에는 팬데믹 이전으로 고용이 올라오고 있지 않았기 때문에, 제로금리를 당분간 유지함으로써 자칫 회복 단계에 있는 경제 상황 및 시장참여자들의 불안감을 잠재우기 위함이었어. 그런데 2021년 초부터 인플레이션이 연탄가스처럼 스멀스멀 올라오더니만, 작년에 아주 난리가 난 거지."

---

[12] Richard H. Clarida Speech, Flexible Average Inflation Targeting and Prospects for U.S. Monetary Policy(2020. 11. 8)

신 부장은 언제 잠을 설쳤냐는 듯, 열정적으로 연준의 물가 목표에 대한 역사를 열강합니다. 오만기 씨는 덕분에 연준의 시각으로 인플레이션 추이에 따른 통화정책을 그려볼 수 있을 것 같습니다.

"그런데 부장님, CPI 지표는 어떤 방법으로 나오나요?"

"CPI도 고용지표처럼 노동부 노동통계국에서 작성, 발표하게 돼. 보통 매월 둘째 주 화~목 사이에 발표하는 경향이 있지. CPI는 두 가지 인구집단(도시에 거주하는 모든 소비자와 도시에 거주하는 임금노동자 및 성직자 그룹)으로 나누어 조사하는데, 우리가 보는 CPI는 도시에 거주하는 모든 소비자를 대상으로 조사해서 나오는 통계를 보는 것이지. 이것을 CPI-U라고 말해. CPI-U는 전체 미국 인구의 약 90%를 대표하는 통계적 성격을 가지고 있어. 여기서 도시가 아닌 지역(농촌)에 사는 소비자, 군인, 죄수, 정신병원 입원자 등은 제외하고 있고 말이야.

CPI-U는 75개 도시에서 약 6,000가구 및 2만 2,000개 기업을 대상으로 취합한 가격 정보를 토대로 지표를 산출하는데, 재미있는 건 세금이 포함될까, 안 될까?"

"세금은 정부에서 가져가는 거니까 포함 안 될 거 같습니다."

대답을 예상했는지 신 부장이 미소를 지으면서 대답합니다.

"세금은 물가지표에 포함이야. 생각을 해봐. 우리나라 부가세가 지금은 10%인데, 정부에서 세수가 모자란다 해서 부가세를 15%로 올리면, 물가 역시 5%가 동시에 올라가는 거잖아. 하하!

CPI-U Index는 1982-1984년을 100을 기준으로 매월 인덱스를 산출하고, 이를 토대로 전월 및 전년 대비 변화율을 계산해내. 그토록 금융시장참여자들을 웃고 울리는 지표가 바로 이것이지.

　CPI는 계절조정 전후 통계를 모두 발표하는데, 금융시장참여자 측면에서는 당연히 계절조정 후의 지표를 기준으로 보게 돼. 딸기는 보통 봄에 나오니까 봄철에는 저렴한 반면, 그 외 계절에는 비싸겠지? 그러한 계절 요인들을 조정해줘야지 비교할 만한 가치가 생기게 되는 거야."

　"그러면 CPI의 품목별 비중은 어떻습니까? 연준에서 '목표로 하는 PCE는 주거비 비중이 낮기 때문에, 실제 물가를 판단하기 더 적합한 지표이다'라고 하고 있어서 CPI 비중이 어느 정도 되는지도 궁금합니다."

그림 3-31 CPI 품목별 비중(The most updated, 2022년 1월)

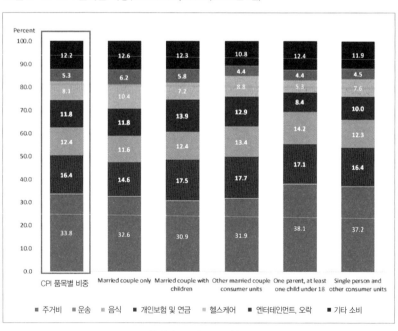

"내가 지난 번 연수 때 강의했던 내용에 포함했었는데, 찾아볼게. (책꽂이를 샅샅이 뒤진 후) 아, 여기 있네."

"주거비가 약 40% 정도 차지하고 있네요. 여기에는 에너지가 안 나왔는데, 음식과 에너지를 뺀 Core CPI 비중은 전체의 몇 % 정도 될까요?"

음식(12.4%), 에너지(7%)를 제외하면, Core CPI는 약 80% 정도를 차지하고 있네. 여기서 파월 의장이 핵심물가의 적시성 측면에서 매번 이야기하는 '슈퍼코어 CPI', 즉 핵심 서비스 물가에서 주거비 물가를 차감한 수치는 약 57% 정도를 차지하고 있어. 슈퍼코어 CPI는 여전히 둔화 폭이 낮은데 이 지수가 확연히 상승세가 둔화된다면 현재의 통화정책 기조를 바꿀 수 있을 거야."

CPI의 조사 주체, 방법 및 구성 비율 등을 알았으니, 내일 지표 발표 후에 1) 헤드라인, 2) Core, 3) Super Core 세 지표의 추이를 보면서 채권 금리가 어떻게 움직일지 감이 섭니다.

"부장님, 죄송한데 CPI 발표 전에 참고할 만한 지표들이 있다면 오늘 꼭 참고하고 싶습니다."

"옳거니, 오만기 씨 열정이 장난 아닌데? 며칠 전에 김승리 주임이 참고지표 좀 물어봐서 같이 설명하는 게 낫겠다. 나가서 김승리 주임 자리에 왔으면 같이 들어올래?"

오만기 씨가 곧 김 주임과 함께 방으로 다시 들어옵니다.

"아따, 부장님예, 지가 물어볼 때는 안 갈쳐주더만 오만기 씨는 와 갈쳐달라니까 바로 갈쳐주시고, 이거 와 좀 불공평하다 아입니꺼."

"그래서 내가 안 잊어먹고 김 주임 불렀잖아. 하하! 지금부터 중요한 내용이니까 잘 들어줘. 우선 지역 연은에서 발표하는 비공식이나 공식 같은 지표들은 다음과 같아.

1) 클리블랜드 연은 발표 Core CPI(전월, 전년 대비)

2) 뉴욕 연은 발표 소비자 조사

3) 애틀랜타 연은, Sticky Inflation

우선 클리블랜드 연은 홈페이지에서 볼 수 있는 '인플레이션 나우캐스팅'에서 예상하는 3월 및 4월 CPI 수치야(그림 3-32). 연준 수치와 다른 점은 항목 안에 있는 경제지표 발표 때마다 이를 반영하여 새롭게 업데이트된다는 점이지."

"부장님, 뫄 클리블랜드 수치 정도 나오면 이거 와 금리 억수로 올라가겠는데예. 지금 시장에서 보는 수준이 CPI 전월 대비 0.3% 상승인데예."

"연준에서 오랫동안 매파 발언을 했던 클리블랜드 연은 총재인 로레타 메스터가 이 지표보고 맨날 그렇게 세게 이야기하나? 금리 많이 올려야 한다고?"

신 부장도 이 수치를 보고 살짝 걱정이 됩니다. 3.9%대에 10년물을 2억 달러(약 2,400억 원) 매입한 데 이어, 지난 주 두 차장의 북에 5,000만 달러를 3.4%에 매입한 것이 부담은 됩니다.

그림 3-32 인플레이션 나우캐스팅(Inflation Nowcasting, 2023년 4월 11일 현재)

INFLATION, MONTH-OVER-MONTH PERCENT CHANGE

Month	CPI	Core CPI	PCE	Core PCE	Updated
April 2023	0.56	0.46	0.44	0.38	04/11
March 2023	0.30	0.45	0.27	0.38	04/11

Note: If the cell is blank, it implies that the actual data corresponding to the month for that inflation measure have already been released.

INFLATION, YEAR-OVER-YEAR PERCENT CHANGE

Month	CPI	Core CPI	PCE	Core PCE	Updated
April 2023	5.37	5.64	4.54	4.67	04/11
March 2023	5.22	5.66	4.29	4.60	04/11

(출처) 클리블랜드 연방준비은행(https://www.clevelandfed.org/indicators-and-data/inflation-nowcasting)

"그리고 뉴욕 연은에서 발표하는 소비자 조사Consumer Survey는 매월 CPI 발표 주 월요일에 발표해. 이 조사 방법은 약 1,300여 개 가구를 대상으로 실시하는 인터넷 기반이고, 응답자는 최대 1년 동안 이 설문의 동일한 질문에 응답할 수 있는 권리를 가져. 그래서 서로 다른 응답자 집합을 대상으로 하는 반복적인 단면cross-section 조사가 아니라, 동일한 응답자의 행동 변화를 관찰하면서 만들어내는 지표인 거지. 발표 항목은 인플레이션, 노동시장 그리고 가계신용과 관련한 것인데, 시기가 시기인만큼 물가지표가 중요하겠지? 여기서 조사하는 항목은 1년, 3년, 5년 기대인플레이션인데, 주목도는 1년 인플레이션이 가장 높아. CPI 지표하고 연계가 되어 있는 것이니까."

그림 3-33 보도자료(2023년 4월 10일)

Short-Term Inflation Expectations Increase; Credit Access Perceptions and Expectations Deteriorate

April 10, 2023

NEW YORK—The Federal Reserve Bank of New York's Center for Microeconomic Data today released the March 2023 *Survey of Consumer Expectations*, which shows that inflation expectations increased at the short-term and medium-term horizons, but decreased slightly at the longer-term horizon. Expectations about year-ahead price increases for gas, food, cost of rent, and medical care all continued to decline, while expectations for the cost of college education increased. Home price growth expectations rose but remain below pre-pandemic levels. Credit access perceptions and expectations deteriorated.

The main findings from the March 2023 Survey are:

Inflation

- Median inflation expectations increased by 0.5 percentage point at the one-year-ahead horizon to 4.7%, marking the first increase in the series since October 2022. Median inflation expectations increased by 0.1 percentage point at the three-year-ahead horizon to 2.8%, but decreased by 0.1 percentage point at the five-year-ahead horizon to 2.5%. The survey's measure of disagreement across respondents (the difference between the 75th and 25th percentile of inflation expectations) increased at all three horizons.

- Median inflation uncertainty—or the uncertainty expressed regarding future inflation outcomes—increased at the one-year-ahead horizon, decreased at the three-year-ahead horizon, and remained unchanged at the five-year-ahead horizon.

- Median home price growth expectations increased by 0.4 percentage point to 1.8% in March, remaining far below the 12-month trailing average of 3.0% as well as their pre-pandemic levels. The increase was most pronounced among respondents with no more than a high school education and for those who live in the Midwest Census region.

- Median year-ahead expected price changes declined by 0.1 percentage point for gas (to 4.6%), 1.4 percentage point for food (to 5.9%), 0.1

⇨ 1년 기대 인플레이션(중간값 기준)은 4.7%로 0.5%포인트로 2022년 10월 이후 처음으로 상승했습니다. 3년 기대 인플레이션(중간값)은 0.1% 상승한 2.8%를 기록했으나, 5년의 경우 0.1% 하락한 2.5%를 기록했습니다.

그림 3-34 1년 기대인플레이션 추이(2013년 1월~2023년 3월)

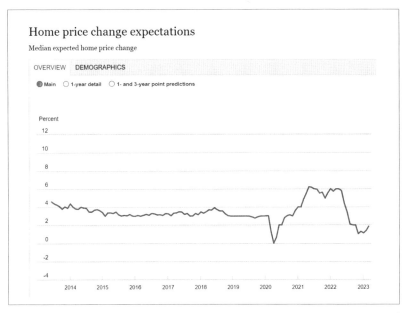

(출처) 뉴욕 연은(https://www.newyorkfed.org/newsevents/news/research/2023/20230410)

"부장님, 기대인플레이션이 반등하는 모습이네요. 불길한데요?"

"작년 10월 이후에 5개월 만의 반등이라고 하니까, 이게 한 번으로 끝날지 아니면 지속될지 모르겠네. 어쨌든 이번 CPI 지표가 우리가 바라는 대로 낮게 나오지는 않을 것 같다는 추측 정도는 할 수 있겠네?

이제 애틀랜타 연은에서 발표하는 Sticky price 추이 및 항목들을 보자고.

그림 3-35 Stick Price 항목

Sticky-price items	Frequency of adjustment[a]	Relative importance
Infants' and toddlers' apparel	5.3	0.2
Household furnishings and operations	5.3	4.8
Motor vehicle maintenance and repair	5.8	1.2
Motor vehicle insurance	5.9	2.0
Medical care commodities	6.2	1.6
Personal care products	6.7	0.7
Alcoholic beverages	7.3	1.1
Recreation	7.9	5.7
Miscellaneous personal goods	8.1	0.2
Communication	8.4	3.2
Public transportation	9.4	1.1
Tenants' and household insurance	10.1	0.3
Food away from home	10.7	6.5
Rent of primary residence[b]	11.0	6.0
OER, Northeast[b]	11.0	5.3
OER, Midwest[b]	11.0	4.5
OER, South[b]	11.0	7.7
OER, West[b]	11.0	6.9
Education	11.1	3.1
Medical care services	14.0	4.8
Water, sewer, and trash collection services	14.3	1.0
Motor vehicle fees	16.4	0.5
Personal care services	23.7	0.6
Miscellaneous personal services	25.9	1.1
Total, sticky-price items		**70.1**
Total, core sticky-price items		**63.6**
Total, non-OER sticky-price items		**45.7**

(출처) 애틀랜타 연은

항목을 보면, 아무리 물가가 올라도 의식주와 관련한 필수 항목들은 사용해야 하니까 이들 항목만 모아놓고 인플레이션을 측정한 거야. 눈에 띄는 건 역시 주거비 비용이네(Rent, OER(Owners' Equivalent Rent)). 애틀랜타 연은 자료는 사실 CPI의 후행지표 성격을 가지고 있어. 왜냐하면 CPI 발표일 동부시각 오전 11시(발표 2시간 30분 후)에 따로 정리해서 발표하거든."

"아, 그러면 미리 살펴볼 이유는 없고, CPI 발표 후에 얼마나 물가가 빨리 떨어질 수 있을까 판단하기에 적합한 지표인 거 같습니다."

"빙고!"

그림 3-36 Sticky Price 추이(2013년 1월~2023년 2월)

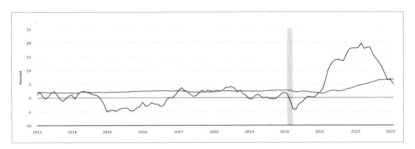

Sticky CPI 12개월 평균: 검은색 실선, Flexible CPI 12개월 평균: 파란색 실선 　　　(출처) 애틀랜타 연은

"부장님예, 그라믄 민간 지표로써 CPI 직전에 참고할 만한 자료가 있을까요?"

김 주임은 예전에 CPI의 주요 항목을 집어서 발표하는 민간 지표들이 있는데, 그것들이 꽤 유의미하다는 이야기를 들은 바가 있습니다.

"음, 있지. 몇 개 추천해보면 다음과 같아.[13]"

1) Adobe, Digital Price Index

2) Truflation

3) 만하임 중고차 지수

---

13 임대료 현황을 보기 위해서 Zillow 임대료 지수를 참고함. 관련 내용은 Part 3 03. 부동산 가격: S&P CoreLogic Case-Shiller Home Price Indices' 참조

"우리 PDF 파일로 유명한 어도비에서 매월 CPI 발표 주 월요일에 발표하는 Digital Price Index는 온라인에서 매출이 일어나는 품목들을 대상으로 전월 대비, 전년 대비 변화율을 집계, 인덱스로 만든 지표야. 출처는 Adobe Analytics(어도브 애널리틱스)의 AI와 머신러닝을 통해서 공식 CPI 지표대로 항목을 추출해서 만든대. 기술을 통해서 인터넷에 익숙하지 않은 어르신들이야 아직 온라인을 통해서 구매하는 행위가 드물지만, 벌써 50대인 나도 인터넷에 나름 능숙한 세대잖아? 나름대로 표본 추출하기가 쉽고, 대표성도 가질 수 있는 인덱스라고 나는 봐요.

마침 보도자료 출력한 것 있으니까 같이 한번 보자고."

그림 3-37 Adobe Digital Price Index 보도자료(2023년 4월 10일)

Media Alert: Adobe Digital Price Index: Online Prices Fall 1.7% In March

Monday, April 10, 2023 08:00 AM

Media Alert: Adobe Digital Price Index: Online Prices Fall 1.7% In March

- Online prices fell 1.7% compared with March 2022 and remained flat from February 2023
- Price increases for groceries continued to slow, easing food costs for consumers
- Categories including home/garden, appliances and electronics continued to see price drops

SAN JOSE, Calif. — Today, Adobe (Nasdaq:ADBE) announced the latest online inflation data from the Adobe Digital Price Index (DPI), powered by Adobe Analytics. Online prices in March 2023 fell 1.7% year-over-year (YoY), marking the seventh consecutive month of YoY price decreases with over half of the categories (10 of 18) tracked by Adobe seeing falling prices on an annual basis. On a monthly basis, online prices in March remained flat (up 0.03%).

March's YoY price decline was driven by steep drops in discretionary categories including electronics (down 12.9% YoY, down 1.3% MoM) and toys (down 6.6% YoY, down 1.2% MoM). Prices also fell YoY for home goods: Appliances were down 4.9% YoY (up 0.8% MoM), while home/garden products fell 4.9% YoY (down 0.3% MoM) and the furniture/bedding category fell 0.9% YoY (down 0.3% MoM).

In certain categories with persistent inflation, YoY price increases have slowed in recent months. Grocery prices were up 10.3% YoY (up 0.4% MoM), down from February 2023's 11.4% YoY increase. This marks the sixth consecutive month where YoY price increases for groceries have decelerated from September's record high, when prices rose 14.3% YoY. In the personal care category, prices were up 4.4% YoY (down 1.5% MoM); Contrast this with February 2023, when personal care prices were up 6.1% YoY. In another category such as apparel, prices rose 6.6% YoY (up 1.8% MoM)—an uptick from February 2023's 5.1% YoY increase—but down from February 2022, when apparel prices were up 16.7% YoY.

(출처) Adobe사 (https://news.adobe.com/news/news-details/2023/Media-Alert-Adobe-Digital-Price-Index-Online-Prices-Fall-1,7-In-March/)

⇨ 3월 전년 대비 가격 하락은 전자제품(전년 대비 12.9% 하락, 전월 대비 1.3% 하락)과 장난감(전년 대비 6.6% 하락, 전월 대비 1.2% 하락)을 포함한 임의소비재 범주의 급격한 물가 하락에 기인합니다. 가전제품은 전년 대비 4.9% 하락하였으며(전월 대비 0.8% 상승), 가정/정원용 제품은 전년 대비 4.9% 하락(전월 대비 0.3% 하락)했고, 가구/침대 카테고리에서 전년 대비 0.9% 하락(전월 대비 0.3% 하락)했습니다.

인플레이션이 지속되는 특정 카테고리에서의 전년 대비 물가 상승률은 최근 몇 달 동안 둔화되었습니다. 식료품 가격은 전년 대비 10.3% 상승(전월 대비 0.4% 증가)하여 2023년 2월, 전년 대비 상승률 11.4%보다는 하락했습니다. 이는 작년 9월, 전년 대비 14.3% 상승을 고점으로, 식료품 가격의 전년 대비 상승률 수준이 6개월 연속으로 감소하고 있음을 보여줍니다. 개인 관리 카테고리에서 가격은 전년 대비 4.4% 상승(전월 대비 1.5% 하락)했습니다.

그림 3-38 Digital Price Index 추이(2019년 1월~2023년 3월)

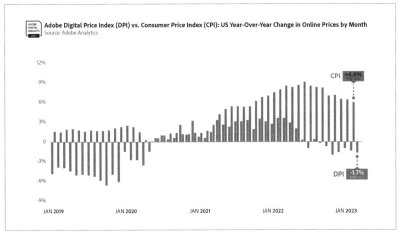

(출처) Adobe 사

"어, 이 지표만 보면 '내돈내산'의 기본 아이템 전자제품이나 습관적으로 사는 가정용품 가격이 하락하는 모습이네요. 오르는 품목들도 다 이전만 못하고요."

"봐, 씨피아이 하고의 추이를 봐도 봐 납득이 충분히 갑니데이. 이번에 둔화하는 모습을 보일 거 같긴 합니더."

"실제 CPI 증가율이 이번에 5.2%로 예상하고 있잖아. 레벨의 문제이지 둔화하고 있는 건 맞는 거 같지? 자, 다음은 내가 개인적으로 가장 많이 보는 Truflation 화면을 보자고.

이 지표 진짜 레알 일별로 보여주는 획기적인 인플레이션 지표야. 일반적인 민간 지표는 정부의 공식 지표를 선행하거나 보완하는 역할을 하고 있는데 반해, 이 지표는 정부 지표보다 더 나은 지표를 꿈꾸고 있나 봐.[14]

그 근거는 내가 보기에는 두 가지로 나눌 수 있어. 첫 번째는 매월 발표하는 CPI와는 달리 매일 발표함으로써 적시성을 높이려는 부분이고, 두 번째는 개발자 및 암호화폐 커뮤니티에서 만든 독립적인 시스템을 구축함으로써 데이터의 왜곡 가능성을 차단하는 거지. 이 두 가지를 위해서 현재 Chainlink Oracle(체인링크 오라클) API를 통해서 데이터를 실시간 받고 있어. 이 회사는 결국 탈중앙화된 시스템을 통해서 지표를 발전시키겠다는 포부를 가지고 있대."

"대단한 포부인데예? 블록체인 기술을 이용하겠다는 건데 지표가 신뢰성과 적시성을 먹고 사는 동물이라면, 마 충분히 납득이 갑니다."

"아직은 금융지표에 영향을 줄 만한 임팩트는 없지만, 현재 나는 이 지표가 내일 발표할 공식 CPI의 선행지표로 충분히 가치가 있다고 보고 있어. 산출 방법은 각 항목의 비중과 변화율을 감안한 가중평균 방식을 따르고 있어. 여기 지표 항목의 비중 먼저 체크하고 그래프를 봅시다."

---

14 Truflation offers a more reliable view of inflation, contrasting with government metrics that have outdated methodologies and limited transparency(출처: Truflation)

그림 3-39 항목별 비중(Truflation, 2022년 12월 기준)

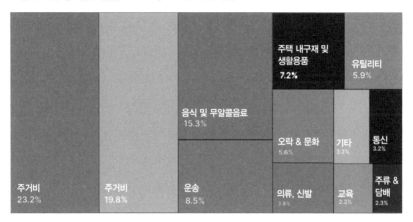

그림 3-40 Truflation 지표 추이(2022년 4월~2023년 4월)

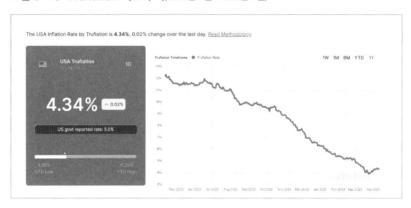

"부장님, 비중으로 보면 PCE 비중과 비슷하네요. 이 지표상에서도 그래프는 확실히 하락하고 있는 모습이네요. 앞의 지역 연은이 발표하는 자료와는 좀 차이가 있습니다."

오만기 씨는 살짝 헷갈리기 시작합니다. 분명히 기대인플레이션은 반등을 했고, 핵심물가 측면에서는 여전히 강한 모습을 보이고 있습니다. 그런데 민간 지표는 확연한 둔화의 모습을 가지고 있습니다. 방법론의 차이긴 하겠지만, 과연 민간 지표를 정부 지표의 선행지표로 사용할 수 있을지 의문이 듭니다.

　"자, 만하임 중고차 지수를 한번 보자고(그림 3-41). 실제 CPI에서 자동차가 차지하는 비중은 약 8%이고, 중고차 비중은 약 2.7%에 불과하지만, 지난 2020년 팬데믹 이후 CPI를 상승시키는 주범으로 몰렸었지. 미국 사람들은 차 없으면 아무데도 다닐 수 없잖아. 그런데 팬데믹 이후 자동차를 만들 노동자 구하기가 어려워지고, 툭하면 확진자가 퍼져서 공장 문을 못 열고…. 중고차 변동분 추이 한번 볼래?

　중고차 수요가 급등한 걸 볼 수 있지? 그래서 2021년 이후 CPI 발표

그림 3-41 중고차 부문 CPI 추이(2019년 1월~2023년 2월)

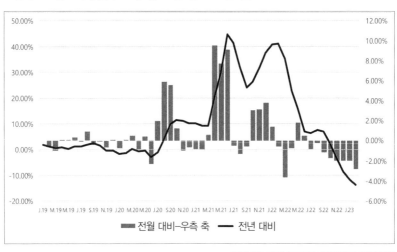

(출처) 미 노동부(노동통계국), 세인트루이스 연은(FRED)

전에 만하임 중고차 지수를 먼저 확인하고 보는 것도 CPI 지표를 추정하는 데 도움이 될 거야.

만하임 중고차 지수는 매월 5영업일째 전월분을 발표해. 이 지표는 매년 약 500만 대의 중고차 거래를 기반으로 만든 건데, 총 20개 종류의 자동차를 대상으로 해(오토바이, 대형 트럭 제외). 품목당 비중은 24개월 이동평균 기준으로 산출하고 이를 기반으로 만든 가중평균 지수래. 1997년 100을 기준으로 인덱스를 만들고 있어.

자, 그러면 이번 3월분 지수 결과가 어떤지 한번 보자고.

그림 3-42 만하임 중고차 지수 보도자료(2023년 4월 7일)

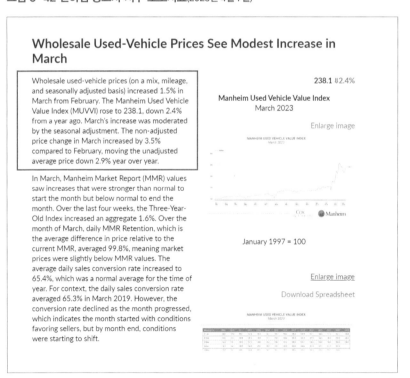

내가 첫 단락에 박스를 쳐놨지? 내용을 보면 이렇네.

3월 도매 중고차 가격(혼합, 주행거리, 계절조정 기준)은 2월보다 1.5% 올랐습니다. 만하임 중고차 가치지수MUVVI는 전년 대비 2.4% 하락한 238을 보였습니다. 3월 증가는 계절조정으로 그 수준이 완화되었습니다. 3월 비조정 평균 가격은 2월 대비 3.5% 상승했고, 전년 대비 2.9% 하락했습니다.

중고차는 전년 대비로는 당분간 하향하는 모습을 보이지 않을까 싶은데? 이제 공장도 제대로 돌아가서 중고차 수요가 제자리를 찾아가는 모습이라서 CPI에는 이제 예전 같은 영향력은 없어 보이네."

"맞습니데이. 한물갔다 아입니꺼."

그림 3-43 만하임 중고차 지수 추이(1997년 1월~2023년 3월)

(출처) 만하임사

"그래도 미국 사람들 생계에 가장 중요한 품목 중 하나고, CPI 발표 직전에 나온다는 점에서 의미가 있으니까 꼭 챙겨봤으면 좋겠어."

오만기 씨는 모든 준비를 마쳤습니다. 이제 CPI를 볼 때입니다. 그때 갑자기 김 주임이 투자 제안을 합니다.

"부장님, 뫄 지금 이 상황에서 저희 TIPS 투자를 제안하는 바입니다. 뫄 정리를 해보면, 인플레이션은 떨어지지만 여전히 레벨이 높고, 국채 금리는 뫄 인플레이션이 둔화되니까 금리가 하강 곡선을 그리고 말입니데이. 그랑께 함 10년물 TIPS로 추라이 해봄이 으뜸겠습니꺼?"

'드디어 인플레이션 채권 투자하는 것을 보는구나.'

오로지 명목금리를 따라 투자 계획을 세웠던 오만기 씨에게는 김 주임의 제안은 신선한 자극이었습니다.

"오, 좋지. 채권 금리는 이렇게 구성되니까."

명목금리 = 실질금리 + (기대)인플레이션

"맞심더. 이번에 오만기 씨 하고 같이 매수 좀 하고 싶습니다. 제 북에 아직 1억 달러 여유가 있는데 일단 3,000만 달러 수준만 매입해보겠습니더. 아, 그리고 부장님께 한 번만, 이자 수령일에 이자 계산 공식만 한 번 확인해봐도 되겠습니꺼?"

"좋아, 김 주임이 직접 한번 설명해보지?"[15]

---

15 별첨) TIPS 거래 시 계산 법 참조

4월 12일(수)

"앗, CPI가 예상치를 하회했네."

한국 시각 밤 9시 30분(미 동부 시각 오전 8시 30분) CPI 발표 팝업이 뜹니다.

1) CPI 전년 대비 실제 5.0%, 예상 5.2%, 전월 6.0%

2) CPI 전월 대비 실제 0.1%, 예상 0.2%, 전월 0.4%

3) Core CPI 전년 대비 실제 5.6%, 예상 5.6%, 전월 5.5%

4) Core CPI 전월 대비 실제 0.4%, 예상 0.4%, 전월 0.5%

오만기 씨는 바로 채권 금리 및 주식, 달러 흐름을 체크합니다.

그림 3-44 미 국채 금리 일중 변동(2023년 4월 12일)

2년: 흰색 실선(우측 축), 10년: 파란색 점선(좌측 축)　　　　　　　　(출처) Bloomberg

그림 3-45 S&P 500 Futures, 달러 인덱스 일중 변동(2023년 4월 12일)

주식: S&P500 6월물 mini, 흰색 실선(우측 축), 달러 인덱스: 파란색 점선(좌측 축)　　　(출처) Bloomberg

　"아따, 뭐, Core CPI가 예상치 수준인데 이렇게 급작스럽게 금리가 떨어지는지 모르겠네."

　같이 있던 김 주임이 고개를 갸우뚱합니다.

　"주임님, 그런데 왜 이렇게 금리가 뚝뚝 떨어지죠?"

그림 3-46 CPI 추이(전월 대비, 2019년 1월~2023년 3월)

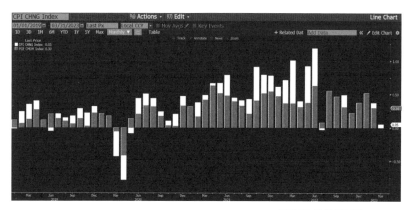

Headline CPI: 흰색 막대, Core: 파란색 막대　　　(출처) 미 노동부(노동통계국), Bloomberg

"일단 헤드라인 CPI가 예상치보다 안 나오니까, 시장에서는 '이제 연준의 기준금리 인상이 멈추겠구나' 하고 생각해서 채권 매수에 열을 올리는 거 같은데?"

그림 3-47 CPI 추이(전년 대비, 2019년 1월~2023년 3월)

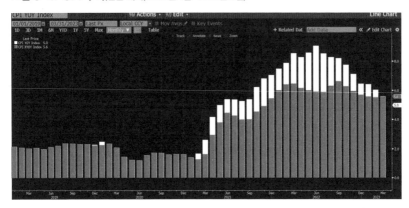

Headline: 흰색 막대, Core: 파란색 막대   (출처) 미 노동부(노동통계국), Bloomberg

그림 3-48 Super Core CPI 추이(전년 및 전월 대비, 2019년 1월~2023년 3월)

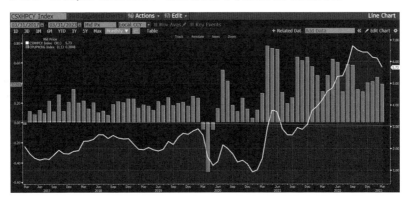

전년 대비: 흰색 실선, 전월 대비: 파란색 막대   (출처) 미 노동부(노동통계국), Bloomberg

김 주임은 긴장하는 순간에는 표준말을 쓰는 습관이 있습니다.

"여기에 파월 의장이 항상 유심히 보는 Super Core CPI 수치가 상승 폭 둔화로 전환하면서 희망을 가진 거 같고."

실제 Super Core CPI, 즉 주거비를 제외한 핵심 서비스 물가는 전월 대비 0.4%(2월 0.5%), 전년 대비 5.7%(2월 6.1%)로 상승 폭이 꺾였습니다. 시장에서 흥분할 만한 상황입니다.

"만약 내가 국채나 회사채를 들고 있다면, 지금이 매도 적기인 거 같은데?"

"네? 비록 CPI 레벨이 여전히 높긴 하지만, 이제 헤드라인 기준으로 5%대라면, 연준도 기껏해야 1번 올려서 5~5.25% 수준으로 올리는 데에서 멈추지 않겠습니까? 부장님께서는 기준금리가 Core CPI 전년 대비 상승 폭 레벨 수준에 이르게 되면 당분간 관망하면서 물가 상황을 보지 않겠느냐고 말씀하신 게 기억이 납니다."

김 주임이 자리에서 일어나 오만기 씨 쪽으로 갑니다.

"일단 우리 항목별로 한번 보제이. 보도자료 출력본 여기."

오만기 씨에게 출력본 한 장을 건넵니다.

김 주임이 펜으로 박스와 밑줄을 쳐가면서 설명합니다.

"[그림 3-49]에 박스 친 곳을 보면 주택 관련 물가가 여전히 상승 폭의 대부분을 설명하는데, 이에 못지않게 에너지 가격이 월중 −3.5% 빠져서 상승 폭이 작았다고 보고 있네. 그리고 첫 번째 밑줄 친 부분 보면 이렇게 정리할 수 있지?

그림 3-49 보도자료(2023년 4월 12일)

```
Consumer Price Index Summary

Transmission of material in this release is embargoed until
8:30 a.m. (ET) Wednesday, April 12, 2023     USDL-23-0674

Technical information: (202) 691-7000  *  cpi_info@bls.gov  *  www.bls.gov/cpi
Media contact:        (202) 691-5902  *  PressOffice@bls.gov

CONSUMER PRICE INDEX - MARCH 2023

The Consumer Price Index for All Urban Consumers (CPI-U) rose 0.1 percent in March on a seasonally
adjusted basis, after increasing 0.4 percent in February, the U.S. Bureau of Labor Statistics reported
today. Over the last 12 months, the all items index increased 5.0 percent before seasonal adjustment.

The index for shelter was by far the largest contributor to the monthly all items increase. This more
than offset a decline in the energy index, which decreased 3.5 percent over the month as all major
energy component indexes declined. The food index was unchanged in March with the food at home index
falling 0.3 percent.

The index for all items less food and energy rose 0.4 percent in March, after rising 0.5 percent in
February. Indexes which increased in March include shelter, motor vehicle insurance, airline fares,
household furnishings and operations, and new vehicles. The index for medical care and the index for
used cars and trucks were among those that decreased over the month.

The all items index increased 5.0 percent for the 12 months ending March; this was the smallest 12-month
increase since the period ending May 2021. The all items less food and energy index rose 5.6 percent
over the last 12 months. The energy index decreased 6.4 percent for the 12 months ending March, and the
food index increased 8.5 percent over the last year.
```

(출처) 미 노동부(노동통계국)

1) 상승 항목: 주거, 자동차보험, 비행기 티켓, 가구 및 주택유지 비용operations, 신
   차 가격

2) 하락 항목: 중고차

　마지막에 보면, 전년 대비 5% 상승은 2021년 5월 이후 가장 낮은 수
치라고 말하고 있어. 다만 Core CPI는 오히려 5.6% 상승했는데, 핵심지
표에서 빠지는 음식료 가격은 전년 대비 8.5% 상승하고 에너지 가격은
6.4% 하락했다 나오네. 그러믄 다음 표에서 오만기 씨가 항목별로 증감
내역을 간략하게 짚어줄라?"

　"네, 그렇게 하겠습니다."

그림 3-50 항목별 변동 요약(2023년 4월 12일)

	Seasonally adjusted changes from preceding month							Un-adjusted 12-mos. ended Mar. 2023
	Sep. 2022	Oct. 2022	Nov. 2022	Dec. 2022	Jan. 2023	Feb. 2023	Mar. 2023	
All items	0.4	0.5	0.2	0.1	0.5	0.4	0.1	5.0
Food	0.8	0.7	0.6	0.4	0.5	0.4	0.0	8.5
Food at home	0.7	0.5	0.6	0.5	0.4	0.3	-0.3	8.4
Food away from home(1)	0.9	0.9	0.5	0.4	0.6	0.6	0.6	8.8
Energy	-1.7	1.7	-1.4	-3.1	2.0	-0.6	-3.5	-6.4
Energy commodities	-4.1	3.7	-2.1	-7.2	1.9	0.5	-4.6	-17.0
Gasoline (all types)	-4.2	3.4	-2.3	-7.0	2.4	1.0	-4.6	-17.4
Fuel oil(1)	-2.7	19.8	1.7	-16.6	-1.2	-7.9	-4.0	-14.2
Energy services	1.2	-0.7	-0.6	1.9	2.1	-1.7	-2.3	9.2
Electricity	0.8	0.5	0.5	1.3	0.5	0.5	-0.7	10.2
Utility (piped) gas service	2.2	-3.7	-3.4	3.5	6.7	-8.0	-7.1	5.5
All items less food and energy	0.6	0.3	0.3	0.4	0.4	0.5	0.4	5.6
Commodities less food and energy commodities	0.0	-0.1	-0.2	-0.1	0.1	0.0	0.2	1.5
New vehicles	0.7	0.6	0.5	0.6	0.2	0.2	0.4	6.1
Used cars and trucks	-1.1	-1.7	-2.0	-2.0	-1.9	-2.8	-0.9	-11.2
Apparel	0.0	-0.2	0.1	0.2	0.8	0.8	0.3	3.3
Medical care commodities(1)	-0.1	0.0	0.2	0.1	1.1	0.1	0.6	3.6
Services less energy services	0.8	0.5	0.5	0.6	0.5	0.6	0.4	7.1
Shelter	0.7	0.7	0.6	0.8	0.7	0.8	0.6	8.2
Transportation services	1.9	0.6	0.3	0.6	0.9	1.1	1.4	13.9
Medical care services	0.8	-0.4	-0.5	0.3	-0.7	-0.7	-0.5	1.0

(출처) 미 노동부(노동통계국)

"2월 중부터 에너지 가격이 많이 빠졌지 않습니까? 맨 위에 제가 그린 박스를 보시면 에너지 전반이 하락하는 모습입니다. 그러나 4월 초(4/2) OPEC+에서 원유 감산을 선언하고 원유 값이 많이 상승했기 때문에 이는 다음 달 CPI에는 반영될 것입니다. 그리고 저희가 어제 만하임 중고차 지수를 통해서 보았던 중고차 가격도 전월 대비 하락하였고요.

가장 관심이 높은 주거비 물가Shelter 추이 역시 한풀 꺾이는 모습을 보이고 있습니다. 주거비는 보통 계약기간이 1년 이상 장기이기 때문에 물가 반영이 늦다고 들었습니다. 빠르면 올해 하반기부터 본격적으로 하락분이 반영된다면 주거비 물가는 빠른 속도로 빠질 것이고, Core CPI 또한 다시 Headline CPI 아래로 하회할 수 있을 겁니다."

"그런데 봐 전년 대비 주거비가 8%가 넘게 상승했는데, 둔화 폭이 아직은 적은 거 아닌가 생각이 드는데?"

오만기 씨가 영문보고서 한 장을 김 주임에게 주면서 답변을 이어나갑니다.

"CPI 발표 직후에 Apartment List라는 회사에서 나온 리포트 중에서, 자신들이 만든 아파트 지수와 전년 대비 주거비 상승을 보여주면서 분석한 내용입니다.

보니까 아파트 지수는 이번 3월에 전년 대비 2.6% 상승에 그쳤는데, 그 이유는 아파트 지수 산출은 신규 리스 계약을 기준으로 계산하는 반면에 CPI 주거비 항목은 신규, 기존 계약 지속 여부 상관없이 주거 전반적인 임대료를 기초로 산출하기 때문이라고 설명하고 있습니다. 그러면서 자신의 지수가 선행지표 역할을 할 것이고, CPI 주거비 항목의 둔화도 곧 보게 될 것이라는 것이 보고서의 내용입니다."

그림 3-51 아파트 주거비 vs CPI 주거비 추이

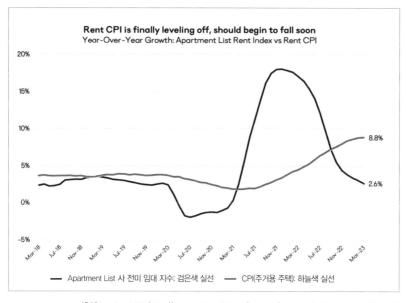

(출처) Apartment List (https://www.apartmentlist.com/research/rent-growth-inflation-april-2023-cpi)

"아직 긴장을 늦추지 말거래이. 월초 고용지표 발표 때처럼 고용이 계속 버텨주고 임금 상승률이 확 꺾이지 않는 한 CPI 역시 빠지기 힘들끼야. 오만기 씨, 아까 말한 것처럼 연준이 물가 상승률만큼 기준금리를 올리는 선에서 관망하며는 봐, 발표 직후의 금리 하락 폭, 주가 상승 이런 것을 기대할 수 있지 않을까?"

"넵, 맞습니다. 채권시장은 물가가 둔화되는 신호가 분명하게 나타나고 있어서 금리는 하락할 것으로 예상합니다. 연준의 기준금리 정책의 변화 신호를 보낸다면 회사채의 크레디트 스프레드 역시 축소할 것입니다. 주식도 마찬가지로 물가 둔화와 함께 주가가 상승할 것으로 보입니다. 특히 금리가 낮아지면서 성장주인 IT 주식이 유망할 것으로 보입니다. 반면에 달러 가치는 하락할 것입니다. 물가의 둔화가 확실한 경기침체 사인이 아니라면 말이죠. 경기침체로 인한 물가 하락은 안전자산 선호현상을 높여서 달러 가치가 올라가지만, 현시점에서의 물가의 둔화는 기준금리의 상당기간 동결 가능성을 크므로, 단기 금리에 영향을 받는 달러 가치는 하락할 것으로 보입니다.

따라서 금리가 하락(명목금리 하락) 및 인플레이션이 둔화하고 있지만, 여전히 5%대인 인플레이션 상승률을 감안할 때, 실질금리 하락 가능성은 매우 크다고 생각합니다. 이런 측면에서 어제 주임님께서 3,000만 달러 TIPS 매수하신 것은 매우 현명한 선택이었다고 생각합니다."

김 주임은 예의 경상도 사투리 톤으로 돌아갑니다.

"오만기, 와 니는 이리 이쁘노? 이 형아가 아는 위스키 빠 하나 있다 아이가. 한잔하러 가자~."

부록

TIPS(Treasury Inflation Protected Securities)

계산법

김 주임이 설명을 시작합니다.

"TIPS는 부장님께서 말씀하신 공식을 약간 변형하면 '실질금리=명목금리-(기대)인플레이션'입니더. TIPS는 실질금리 하락에 베팅을 하는 채권이고예.

작년부터 인플레이션이 상승하고 기대인플레이션까지 상승을 하니, 연준에서 기준금리라는 일종의 명목금리를 인상하여 채권 가격이 많이 빠졌습니다. TIPS도 기준금리를 계속 올리니까 대표적인 기대인플레이션인 10년 Breakeven(≈ 10년 국채−10년 TIPS)이 하락하는 모습을 보였구예. 그래서 봐 실질금리가 상승하여 TIPS 가격도 빠진 것이 사실입니더.

그림 3-52 10년 만기 TIPS 추이(2022년 1월~2023년 4월)

(출처) Bloomberg

① 영역에서는 미국이 기준금리를 급격하게 올린 구간입니다. 3월부터 시작하여 베이비(Baby, 25bp 인상) - 빅(Big, 50bp 인상)-자이언트(Giant, 75bp 인상) 요래 급격하게 올려서 실질금리 역시 따라 올라가는 모습을

보였습니다. 다만, 당시 기준금리 4% 올리는 기간 중에 실질금리는 1%에서 최고점 1.55% 레벨로 55bp(=0.55%) 상승에 그쳤습니다. 당시 10년물 국채가 3% 넘게 상승했다는 점을 감안하면 인플레이션 헤지 수단으로 적절합니다.

여기에 ② 영역으로 가면 연준이 25bp 인상으로 다시 베이비 스텝을 유지하고, 이제는 기껏해야 1~2번 인상하면 뫄 중단할 수 있다는 시장 기대가 형성되어 있습니다. 글타면, 명목금리는 내려가고 인플레이션은 천천히 둔화하는 모습을 보일 가능성이 크다고 판단되며, 이라믄 실질금리 내려가는 속도가 명목금리보다 빠를 것입니다. 반면에 디플레 영역이 오더라도 명목금리 하락 폭만큼은 따라오지는 못하지만, 뫄 실질금리는 인플레이션이 마이너스 영역으로 들어오지 않는 한 TIPS는 소폭이라도 상승할 낍니다."

신 부장은 가이스트 출신 김 주임의 설명을 마치 강의를 듣는 학생처럼 몰입합니다. 별다른 코멘트 없이 다음을 주문합니다.

"궁금한 건 TIPS를 거래할 때 어떻게 계산하는지인데, 한번 보여줄래?"

"넵, 알겠심더. TIPS는 인플레이션만큼 원금을 조정해서 뫄 계산한다 아입니꺼? 그라믄 쿠폰 이자율이 그대로 유지되더라도, 인플레이션이 높아진다면 원금이 조정을 통해 증가하게 되므로 이자를 많이 받게 됩니다. 이게 TIPS의 Payoff(투자를 통해 얻는 현금흐름)입니다.

그림 3-53 채권 개요

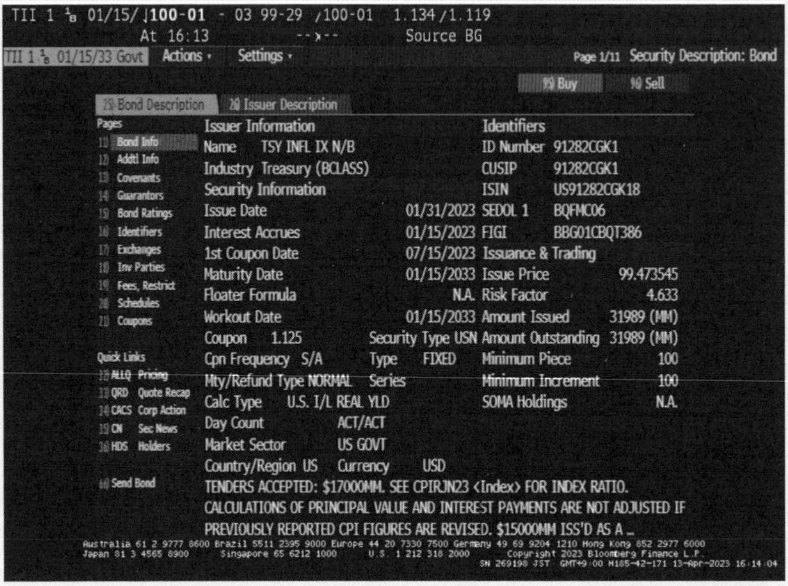

(출처) Bloomberg

지는 지금 만기 2033년 1월 15일, 쿠폰 1.125%인 TIPS를 100만 달러(액면 기준) 사려고 합니다. 이자 지급주기는 보통 달러 표시 채권이 그렇듯, 6개월 주기입니다. 즉 다음번 이자 받을 날은 2023년 7월 15일이 되겠십더. 이때 원금을 조정하는 기준인 CPI는 CPI-U Index NSA^Not Seasonal Adjusted 기준입니다. 이 인덱스를 봐 동의를 의미하는 경상도 사투리 'Hamo'의 앞자를 따서 H라 하겠십더. 차기 이자 지급일에 받는 이자는 다음과 같십더.

1) 1,000,000(원금) × ($H_{2023.7.15.}$ ÷ $H_{2023.1.15.}$) × 1.125%(이자율) × 1/2(반기 지급)

그라고 제가 만약 오늘 기준으로 매입할 때는 으뜨게 결제 금액이 나오능가를 말씀드리겠심더. 일단 공식은 다음과 같심더.

2) 결제금액 = 1,000,000(원금) × (H$_{2023.4.14.}$ ÷ H$_{2023.1.15.}$) × (1 + 1.125%(이자율) × 89일/181일 × 1/2

여기서 181일은 이자 지급일간 날짜 차이(2023년 1월 15일~2023년 7월 15일)입니다. 참고로 TIPS는 ACT/ACT, 즉 실제 경과일을 실제 지급일간 차이로 나누어 주고, 이를 다시 1/2(반기 지급)을 곱해주는 형식으로 이자를 계산합니다.

그럼 H는 어떻게 계산하느냐 물어볼 수 있습니다. CPI는 매월 발표되고, 발표치는 전월 말일에 나왔다고 가정을 합니다. 그러면 월말이 아닌 일자는 일별 보간법을 써서 계산하게 되는데, 여기서 필요한 CPI 지표는 기준일 대비 3개월 전, 그리고 2개월 전 CPI입니다.

그럼 우선부터 H$_{2023.1.15.}$부터 계산해보겠심더.

자, 1월 15일 기준, 필요한 지표는 3개월 전 월말 10월 말, 그리고 2개월 전 월말 11월 말입니다. 당시 발표치는 다음과 같심더.

H$_{22.10.31}$ = 298.012, H$_{22.11.30}$ = 297.711

이걸 1월 한 달간의 Ref. CPI Index를 계산합니다. 이때 계산 대상 월 첫 번째 날의 Ref. CPI는 전전월 CPI 지표로 적용합니다. 즉 2023년 1월 1일의 Ref. CPI는 298.012입니다.

2023년 1월 Ref. CPI 는 H$_{22.10.31}$와 H$_{22.11.30}$의 보간법을 사용하게 됐심

더. 계산하면 다음과 같습니다.

35 H₂₃.₁.₁₅ 계산

$298.012 + (297.711 - 298.012) \times (14 \div 31) = 297.87606$

여기서 14일은 1월 15일에서 1월 1일을 뺀 일수, 31일은 1월 전체 일수를 의미합니다. 기준이 되는 두 개의 CPI 관계가 10월에서 11월 사이에 하락하였기 때문에 1월 한 달간은 Ref. CPI가 하락하는 추이를 보이게 됩니다.

그러면 오늘 거래한다고 가정할 때, 결제일을 T+3으로 하면 4월 14일이 됩니다. 이것을 기준으로 H₂₀₂₃.₄.₁₄를 계산해보겠심더. 이때 필요한 CPI 값은 1월 말과 2월 말 CPI가 되겠심더.

$H_{23.1.31} = 299.170, H_{23.2.28} = 300.840$

이라면 4월 14일 금방 나오겠지예.

$299.170 + (300.840 - 299.170) \times (13 \div 30) = 299.89367$

이 채권을 매입할 때, 1월 15일에서 4월 14일까지의 인플레이션 상승분 Factor를 구합니다. 둘 나눠주면 됩니다. 쉽지예?"

Inflation Factor $= 299.89367 \div 297.87606 = 1.00677$

오만기 씨가 손을 들며 질문합니다. TIPS 계산법은 처음이라 정말 생소합니다.

"주임님, 그런데 왜 11월 말일자 CPI 인덱스를 1월 1일자에 쓰는지 궁금합니다."

"봐, 이는 마치 1 드하기 1은 봐 2 하는 거 하고 똑같은 기야. 내가 현정화라카믄 현정화인기야. 일종의 룰인기라. 외워두는 수밖에 읍어."

다시 김 주임이 설명을 이어나갑니다.

"소수점 6자리에서 반올림하여 나온 위 inflation factor를 원금에 곱하게 됩니더. 사실 TIPS 종류별로 요롷게 친절하게 미 재무부에서 공지하고 있심더. 불필요하게 봐 계산하실 필요는 없습니더."

그림 3-54 Ref. CPI 표

Security: Description: CUSIP Number: Dated Date: Original Issue Date: Additional Issue Date(s): Maturity Date: Ref CPI on Dated Date:		1-5/8% 5-Year TIPS Series AE-2027 91282CFR7 October 15, 2022 October 31, 2022 December 30, 2022 October 15, 2027 296.22858	1-1/8% 10-Year TIPS Series A-2033 91282CGK1 January 15, 2023 January 31, 2023 January 15, 2033 297.87606	1-1/2% 30-Year TIPS TIPS of February 2053 912810TP3 February 15, 2023 February 28, 2023 February 15, 2053 297.25400	
Date		Ref CPI	Index Ratio	Index Ratio	Index Ratio	
April	1	2023	299.17000	1.00993	1.00434	1.00645
April	2	2023	299.22567	1.01012	1.00453	1.00663
April	3	2023	299.28133	1.01031	1.00472	1.00682
April	4	2023	299.33700	1.01049	1.00490	1.00701
April	5	2023	299.39267	1.01068	1.00509	1.00719
April	6	2023	299.44833	1.01087	1.00528	1.00738
April	7	2023	299.50400	1.01106	1.00547	1.00757
April	8	2023	299.55967	1.01124	1.00565	1.00776
April	9	2023	299.61533	1.01143	1.00584	1.00794
April	10	2023	299.67100	1.01162	1.00603	1.00813
April	11	2023	299.72667	1.01181	1.00621	1.00832
April	12	2023	299.78233	1.01200	1.00640	1.00851
April	13	2023	299.83800	1.01218	1.00659	1.00869
April	14	2023	299.89367	1.01237	1.00677	1.00888
April	15	2023	299.94933	1.01256	1.00696	1.00907
April	16	2023	300.00500	1.01275	1.00715	1.00925
April	17	2023	300.06067	1.01294	1.00733	1.00944
April	18	2023	300.11633	1.01312	1.00752	1.00963
April	19	2023	300.17200	1.01331	1.00771	1.00982
April	20	2023	300.22767	1.01350	1.00789	1.01000
April	21	2023	300.28333	1.01369	1.00808	1.01019
April	22	2023	300.33900	1.01388	1.00827	1.01038
April	23	2023	300.39467	1.01406	1.00846	1.01057
April	24	2023	300.45033	1.01425	1.00864	1.01075
April	25	2023	300.50600	1.01444	1.00883	1.01094
April	26	2023	300.56167	1.01463	1.00902	1.01113
April	27	2023	300.61733	1.01482	1.00920	1.01131
April	28	2023	300.67300	1.01500	1.00939	1.01150
April	29	2023	300.72867	1.01519	1.00958	1.01169
April	30	2023	300.78433	1.01538	1.00976	1.01188
CPI-U (NSA) for:		December 2022	296.797	January 2023 299.170	February 2023 300.840	

(출처) 미 재무부 (https://treasurydirect.gov/instit/annceresult/tipscpi/2023/CPI_20230314.pdf)

"이제 다 끝났심더. 아래 블룸버그의 가격 계산표(그림 3-55)에서처럼 봐, 100만 달러를 봐 Inflation Factor에 조정하고 계산하믄 끝입니더. 아 가격은 99-27(99.84375, 미국 국채 및 TIPS는 32진수법을 따름)입니더."

그림 3-55 가격 계산

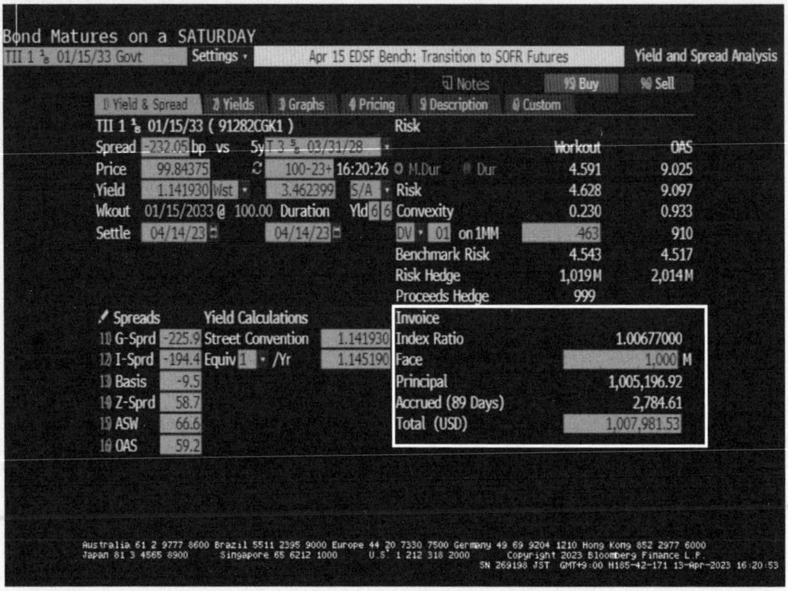

(출처) Bloomberg

한번 들어서는 100% 이해하기 힘들 것 같습니다. 오만기 씨는 하나하나 필기해가면서 '내일 꼭 공부해야지'라고 생각합니다. 마치 지금은 이 복잡한 순서들을 감당할 수 없는 것처럼 말이죠.

"좋아, 요약하면 원금에 인플레이션 지표가 조정되는데, 조정하는 인플레이션 지표가 오늘을 기준으로 하면 2개월 전 월말일, 3개월 전 월말일 발표 지수를 기준으로 하는 거지. 그래서 원금 조정분은 이 과거 지표를 통해서 조정이 되니까, 아까 봤던 금년 1월의 경우에는 만약 이 달에 거래하면 원금이 오히려 감소하는 모양을 보여. 그리고 김 주임이 말한, 향후 인플레이션 전망이 나쁘지 않다는 것은 채권 가격, 즉 99-27으로부터 상승할 것이라는 기대를 말한 것이고, 맞나?"

"하무요."

"좋아. 3,000만 달러 매입해도 좋아. 그런데 말이야. 사실 인플레이션 조정하는 과정은 좀 복잡하니까, 아예 머리 싸매지 않게 TIP US ETF 사는 게 낫지 않아? 허허."

05

임금: 시간당 임금 상승률, ECI
(Employment Cost Index)

시간당 임금 상승률
2023년 4월 7일(금)

　한국 시각 밤 10시. 미국과 유럽은 부활절 휴일입니다. 대부분의 투자은행 직원들은 모처럼 여유 있게 휴일을 즐기고 있습니다. 그러나 30분 전 예정대로 미국 노동부가 발표하는 2023년 3월 고용지표 세부내역이 나왔습니다.

비농업 고용 순증감 실제 +235K 예상 K 전월 +311K

실업률 실제 3.5%, 3.6%, 전월 3.6%

참여율 실제 62.6%, 62.5%, 전월 62.4%

시간당 임금 상승률(전월 대비) 실제 0.3%, 예상 0.3%, 전월 0.3%

시간당 임금 상승률(전년 대비) 실제 4.2%, 예상 4.3%, 전월 4.6%

런던지점 찰리는 주말에 여자 친구와 토트넘 경기를 보기 위한 준비

그림 3-56 미 국채 금리 일중 변화(2023년 4월 7일)

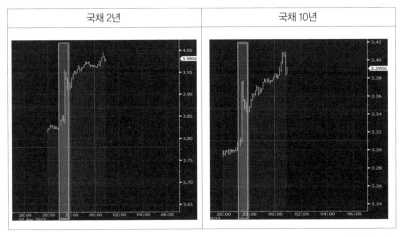

(출처) Bloomberg

에 한창입니다. 그 와중에 핸드폰에서 울리는 팝업을 확인합니다.

'엄마나, 금리가 엄청 뛰는구먼.'

부활절 휴일이지만, 미 국채 현·선물은 오전에 한해 열리고 있습니다.

'여전히 고용은 견고하구먼. 주중 내내 고용지표가 둔화되었다느니, 이런 건 아직 추세가 아니야. 임금 상승률은 월별 변화율이 아직 견고해서 둔화라고 보기는 어렵겠어.'

고용지표에 대해서는 다음 주 신 부장이 정례 월간 회의에서 설명하기로 했습니다만, 찰리는 임금 상승률의 본질에 대해서 먼저 알고 싶어 합니다.

한국은 이미 밤인데, 훨씬 고참인 신 부장에게 직접 연락하는 것은 실례일 듯싶습니다. 그래서 예전 친구인 뉴욕지점 테드가 추천한 차영하 과장에게 연락을 조심스럽게 해봅니다. 텔레그램에 외화채권부 차영하 과장이 등록되어 있는지 봅니다.

'작년 말에 차 과장이 런던에 출장왔을 때 등록해놨구나.'

'안녕하세요, 차 과장님. 런던지점 찰리입니다. 밤늦게 죄송합니다. 혹시 오늘 고용지표 결과 중 임금에 대해 좀 설명해주실 수 있는지요.'

30분이 지나도 연락이 없습니다. 역시 밤에 문자를 보내는 건 실례인 듯, 찰리는 머리를 긁적입니다. 그때 알림음 소리가 납니다.

'안녕하세요, 찰리 님. 오늘은 좀 늦었으니 혹시 내일 토요일 한국 시각으로 오후에 가능하세요?'

'물론입니다. 그러면 언제가 편하세요?'

약 1분 후 차 과장의 문자가 도착합니다.

'한국 시각 오후 5시 어떠십니까? 런던은 아침 9시로 알고 있습니다.'

'네, 그때 하시지요.'

다음 날 오후 5시, 차 과장이 카카오톡 화상전화를 걸어옵니다.

"안녕하세요, 차영하입니다."

"안녕하세요, 차 과장님. 주말에 번거롭게 해서 죄송합니다. 그런데 영국을 포함한 전 유럽이 월요일까지 부활절 연휴로 쉬거든요. 그런데 고용지표가 예상보다 좋게 나와서 이걸 어떻게 해석해야 할지 몰라서요. 그런데 뉴욕지점 테드 매니저가 뭐 물어볼라면 차 과장님께 물어보라고 해서 이렇게 감히 요청하게 되었습니다."

칭찬에 유독 약한 차 과장은 슬며시 미소를 보입니다. 사실 업무 잘한다고 칭찬을 받으면, 그것이 사실 블러핑이라고 해도 기분이 좋은 건 숨길 수가 없지요.

"감사합니다. 신 부장님께서 다음 화요일에 고용지표 전반에 대해서 설명해주신다고 들었습니다. 그럼 여기서는 시간당 임금 상승률에 대해서 살펴보시죠. 어떤 부분이 궁금하신가요?"

"우선 시간당 임금 상승률이 어떻게 조사되어 나오고, 보도자료에서 주로 어떤 표를 봐야 하는지 궁금합니다."

차 과장이 PC의 텔레그램 메신저를 통해서 보도자료를 송부합니다.

"이 시간당 임금 상승률은 노동부가 발표하는 2개의 서베이 중 기업 서베이the Current Employment Survey, CES로부터 나옵니다. 여기서 우리가 중요하게 여기는 시간당 임금 상승률뿐만 아니라 주간 상승률도 같이 나옵니다. 사실 표에서 우리가 살펴보는 임금 상승률을 볼 수는 없고, 보도자료 내용에 나오는 요약본을 통해서 확인할 수 있습니다.

그러면 직접 전월 대비, 전년 대비 시간당 임금 상승률을 직접 계산해볼까요? CES의 데이터는 보도자료 중 Table B에서 확인을 할 수 있는데요. 보도자료에서 제가 박스로 표시한 부분을 보시면 Table B-3을 통해서 구할 수 있을 것 같습니다.

찰리 님께서 한번 해보시겠어요? 박스 참고하셔서 풀어보심 됩니다."

찰리가 풀이를 텔레그램 메시지로 보냅니다.

전월 대비 변화율=(33.18−33.09)÷33.09≈0.272%

전년 대비 변화율=(33.18 – 31.83)÷31.83≈4.241%

"맞습니다. 우리가 그렇게 중요하게 생각하는 임금 상승률은 이렇게 수기로 찾아야 하는 불편함이 있습니다. 아, 그리고 전월(3월) 및 전전월(2월)분은 예비치입니다. 확정치는 최초 발표 2개월 후 나오게 됩니다."

그림 3-57 보도자료(2023년 4월 7일)

In March, **average hourly earnings for all employees** on private nonfarm payrolls rose by 9 cents, or 0.3 percent, to $33.18. Over the past 12 months, average hourly earnings have increased by 4.2 percent. In March, average hourly earnings of private-sector **production and nonsupervisory employees** rose by 9 cents, or 0.3 percent, to $28.50. (See tables B-3 and B-8.)

The **average workweek for all employees** on private nonfarm payrolls edged down by 0.1 hour to 34.4 hours in March. In manufacturing, the average workweek was unchanged at 40.3 hours, and overtime remained at 3.0 hours. The average workweek for **production and nonsupervisory employees** on private nonfarm payrolls was unchanged at 33.9 hours. (See tables B-2 and B-7.)

(출처) 미 노동부(노동통계국)

"제가 첫 단락에 박스로 표기한 부분을 요약해보았습니다.

3월, 민간 비농업 분야의 시간당 평균 임금은 전월 대비 9센트 또는 0.3% 상승한 33달러/시간 수준입니다. 지난 12개월 동안 시간당 평균 임금은 4.2% 상승했습니다. 3월 민간 부문 생산직과 비감독직 근로자들의 시간당 평균 수입은 전월 대비 9센트 또는 0.3% 증가한 28.5달러/시간 수준입니다(Table B-3 및 Table B-8 참고).

"그러면 과장님, 왜 연준은 임금 상승률을 고용지표 못지않게 중요하게 생각하는 것인지요? 그리고 일반적인 소비자 물가와 다루는 차이점이 있습니까?"

그림 3-58 보도자료(2023년 4월 7일)

ESTABLISHMENT DATA
Table B-3. Average hourly and weekly earnings of all employees on private nonfarm payrolls by industry sector, seasonally adjusted

Industry	Average hourly earnings				Average weekly earnings			
	Mar. 2022	Jan. 2023	Feb. 2023ᵖ	Mar. 2023ᵖ	Mar. 2022	Jan. 2023	Feb. 2023ᵖ	Mar. 2023ᵖ
Total private.............................	$31.83	$33.02	$33.09	$33.18	$1,104.50	$1,142.49	$1,141.61	$1,141.39
Goods-producing........................	32.04	33.28	33.34	33.50	1,284.80	1,337.86	1,333.60	1,336.65
Mining and logging................	35.58	36.97	37.17	37.24	1,636.68	1,711.71	1,706.10	1,716.76
Construction........................	34.14	35.69	35.83	35.98	1,321.22	1,399.05	1,397.37	1,399.62
Manufacturing......................	30.64	31.67	31.67	31.83	1,247.05	1,282.64	1,276.30	1,282.75
Durable goods..................	32.19	33.18	33.19	33.39	1,319.79	1,360.38	1,354.15	1,358.97
Nondurable goods..............	28.03	29.09	29.06	29.17	1,124.00	1,157.78	1,147.87	1,155.13
Private service-providing.............	31.78	32.96	33.03	33.10	1,067.81	1,104.16	1,103.20	1,102.23
Trade, transportation, and utilities....	27.44	28.38	28.55	28.59	935.70	973.43	973.56	977.78
Wholesale trade.................	34.76	36.24	36.15	36.23	1,366.07	1,409.74	1,402.62	1,405.72
Retail trade......................	22.85	23.52	23.78	23.79	690.07	715.01	718.16	720.84
Transportation and warehousing...	27.45	28.27	28.45	28.47	1,040.36	1,088.40	1,092.48	1,087.55
Utilities..........................	46.88	48.82	49.02	49.48	1,983.02	2,050.44	2,068.64	2,102.90
Information............................	45.48	47.75	47.94	47.96	1,678.21	1,747.65	1,745.02	1,740.95
Financial activities....................	41.06	42.51	42.54	42.67	1,543.86	1,589.87	1,591.00	1,595.86
Professional and business services.....	38.25	39.68	39.76	39.95	1,403.78	1,448.32	1,451.24	1,450.19
Private education and health services...	31.43	32.70	32.66	32.67	1,052.91	1,095.45	1,090.84	1,091.18
Leisure and hospitality................	19.76	20.78	20.80	20.96	511.78	536.12	532.48	530.29
Other services........................	28.36	29.50	29.51	29.24	916.03	952.85	950.22	941.53

p Preliminary

(출처) 미 노동부(노동통계국)

찰리가 정곡을 찌르는 질문을 하자, 임금 상승률 그래프를 올리려다 살짝 당황한 차 과장.

"아아~, 좋은 질문이십니다. 저도 자세히는 모르지만, 과거에 신 부장님께서 설명한 내용을 중심으로 '복(사하여)붙(여넣기)'하여 말씀을 드리겠습니다.

물가 상승의 경로는 통화정책부터 살펴보면 다음과 같습니다.

1) 금리인하 등 완화적인 통화정책

2) 시중에 돈이 풀림(M2, M3 증가)

3) 기업의 투자 여건 개선으로 투자 확대

4) 기업 실적 향상

5) 고용 확대 및 이익 향상에 따른 급여 인상

6) 개인 소비 증가 및 소비자 물가 상승

이렇게 보면, 연준의 목표는 임금을 낮추고 개인의 소비 성향을 둔화시킴으로써 물가를 잡는 메커니즘을 따라갑니다. 그런데 임금은 일반 소비자 가격과 달리, 가격 탄력성이 떨어집니다. 즉 어지간히 기업 실적이 안 좋게 나와도 임금을 낮추기는 쉽지 않습니다. 연준은 기업들이 고용니즈를 줄여서 결국 불가피한 인력 감축 등 비용을 절감하는 지점까지 기준금리를 올리고 돈줄을 죄는 정책을 펼치게 되지요. 이러한 통화정책이 효과를 거두고 있다는 선행지표로써 시간당 임금 상승률의 추이를 보게 되는 것입니다."

"과장님 말씀을 정리하면, 시간당 임금 상승률이 계속 둔화를 보이고, 이것이 소비자 물가 하락으로 이어지는 경로를 확인할 때까지 연준은 통화정책을 계속 조일 거라는 말씀이시죠?"

"그렇습니다."

"그렇다면 어느 정도까지 시간당 임금 상승률이 떨어지는 모습을 볼까요?"

"제가 우선 정리한 시간당 임금 상승률의 추이를 보여드리고 설명드릴게요."

차 과장이 그래프를 텔레그램 메신저로 송부합니다(그림 3-59).

"현재 전년 대비 시간당 임금 상승률은 작년 3월 이후 둔화하는 모습을 보이고 있습니다. 그러나 팬데믹 이전 수준인 3.2% 수준까지는 아직 괴리감이 있죠. 반면 올해 월별 임금 상승률은 3월까지 총 0.8%로 연율화하면 3.2% 수준입니다. 만약 월별 0.2~0.3%를 유지하고 전년 대비 임금 상승률이 4% 밑으로 떨어진다면, 연준은 의도대로 임금 상승이 둔화하고 있다고 판단하고 생각을 바꿀 수 있을 것입니다. 단, 비농업 고용

그림 3-59 시간당 임금 상승률 추이(2018년 1월~2023년 3월)

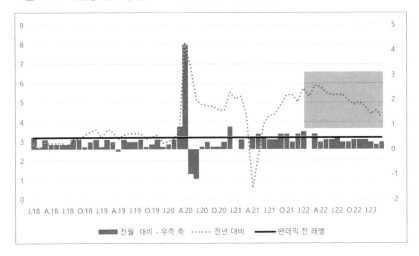

팬데믹 전 레벨: 팬데믹 직전 전년 대비 상승률(2019년 7월~2020년 1월) 평균 　　(출처) 미 노동부, Bloomberg

자수 증가가 150만 이하로 확연히 둔화하고, 실업률이 상승하는 모습을
같이 보일 때 확신을 가질 수 있겠죠.”

“아, 그렇군요. 임금은 물가와 관계가 있으니까, 이를 금융시장에 대입
하면 이렇겠네요.”

1) 채권시장: 임금 상승은 물가에 부담을 주어 금리상승으로 이어짐. 현재와 같은
　　긴축 통화정책 시에는 임금 상승이 위험자산인 크레디트 채권에는 부정적 영향
　　이 있어, 스프레드 확대가 예상됨. 그러나 경기 회복국면에서의 임금 상승은 위
　　험자산에 호재로 작용하여 스프레드 축소로 이어질 수 있음.

2) 주식시장: 크레디트 채권과 유사한 모습을 띠게 됨. 예상치를 뛰어넘는 임금 상
　　승은 긴축 사이클에서는 부정적 영향으로 하락할 수 있음. 그러나 경기 회복국
　　면에서는 개인 소득 증가에 따른 소비 확대, 기업 실적 상승으로 이어져 주가

상승으로 이어질 수 있음.

3) 달러: 긴축 시 달러는 강세를 보임. 경기회복 중에도 달러 가치는 미국의 경제 체력이 튼튼해지고 있다는 증거로 작용, 강세를 보임. 단, 경기 회복기에 신흥국 회복 속도가 빨라질 경우 달러 가치는 하락.

이제야 임금 상승이 물가 경로와 금융시장 각 상품별 흐름에 어떻게 영향을 미치는지 찰리의 머릿속에 쏙쏙 들어옵니다.

"맞습니다. 부디 좋은 투자 결실을 맺기를 바랍니다."
"감사합니다. 즐거운 주말 보내세요."

2023년 4월 28일(금)

안예슬 대리는 PCE 물가지표, 미시간대학 소비심리지수(확정치) 및 대표적인 임금지표인 ECI^Employment Cost Index 결과를 보기 위해서 불타는 금요일을 반납하고 열일 중입니다.

밤 9시 30분에 발표한 PCE 지표는 지속적으로 둔화하는 모습을 보이고 있지만, 음식료와 에너지를 뺀 Core PCE는 4% 중반대에 머무르고 있습니다. 그 이유는 바로 서비스, 특히 임금과 관련한 물가 때문입니다.

지난 1월 말, 신 부장이 연수 강의 준비하면서 ECI의 중요성에 대해 말한 내용이 기억이 납니다.

"파월 의장 등 연준 인사들이 가장 눈여겨보고 있는 임금지표가 바로 ECI야. 비록 분기에 1회 나오지만, 이 지표는 단순히 기본급과 인센티브를 포함한 통상임금뿐만 아니라, 복리 후생을 포함하는 내용이라서 노

그림 3-60 PCE vs Core PCE 세부 항목 추이(2018년 1월~2023년 3월)

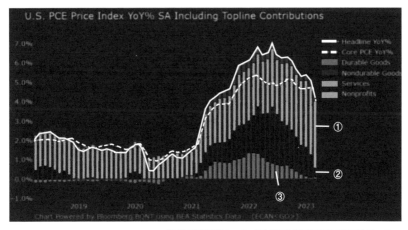

(출처) 김현석의 '월스트리트 나우', 한국경제신문(2023년 4월 29일), Bloomberg

헤드라인 PCE: 흰색 실선, Core PCE: 흰색 점선
막대그래프: ① 서비스 항목, ② 내구재, ③ 비내구재

동자들의 실질 급여 수준을 알 수가 있지.

> 파월 의장: (인플레이션이 하락하고 있다는 더 많은 증거가 있어야 한다는 코멘
> 트 후) And soon after that, we'll have another ECI wage report, which,
> as you know, is a report that we like because it adjusts for composition
> and it's very complete.
> ⇨ FOMC 직후, 우리는 또 다른 ECI 임금보고서를 접하게 될 겁니다. 여러분
> 이 알고 계시듯이, 이 보고서는 우리(연준)가 좋아하는 지표입니다. 그 이유는
> 그것은 지표 산출 요소를 조정하여 완벽한 지표로 만들어졌기 때문입니다.

(출처) FOMC Conference(2023년 2월 1일)

조사 방법에 있어서도 매월 초 발표하는 시간당 임금 상승률은 시간
당 급여를 받는 노동자를 대상으로 조사한 지표인 반면, ECI는 시급 노

동자와 월급 노동자 모두를 포함한 광범위한 자료야. 실제 2만 7,800개의 민간기업 업종을 대표하는 약 6,900개소, 7,500개의 직업을 대표하는 지방정부 등 공공기관 약 1,400개소의 자료를 수집하여 만들었다고 하네(2023년 4월 기준).

ECI는 노동부 산하 노동통계국에서 익분기 첫 번째 월의 마지막 주 목요일 또는 금요일에 발표해. 지수는 2005년 100을 기준으로 산출하며, 전분기 대비 증감률은 계절 조정 기준이며, 전년 동기 대비 증감률은 계절 조정 전의 통계자료를 기준으로 산출하게 돼.

일반적으로 인플레이션이 2%를 유지하기 위해서는 임금 상승률이 약 3% 수준을 유지해야 한대.[16] 그 부분을 주목해서 보도록 해봐."

PCE 발표와 함께 블룸버그 팝업창에 ECI 발표를 알립니다.

전분기 대비 실제 1.2%, 예상 1.1%, 전분기 1.1%
전년 동기 대비 실제 4.8%, 예상 4.6%, 전년 동기 4.5%

'팬데믹 이전의 분기 증가율 0.8% 수준(연율 3.2% 수준으로 연준이 목표로 하는 인플레이션율 2%를 달성 가능하게 하는 조건)으로 떨어지려면, 고용시장에 칼바람이 불어야 하겠구나.'

안 대리는 신 부장의 말을 회상하며, 보도자료상 나오는 추이 그래프를 살펴봅니다.

---

16 삼성증권 "미국 인플레이션의 분석과 전망" (2022년 9월 30일), page 9

그림 3-61 임금 추이

Chart 1. 전분기 대비 변화율(계절조정, 민간 노동자, 총 보수 기준) Chart 2. 전년동기 대비 변화율(계절 비조정, 민간 노동자 기준)

(출처) 미 노동부(노동통계국)

안 대리의 신 부장 코멘트 회상은 계속 됩니다.

"임금 자체는 경제 상황에 매우 비탄력적이야. 생각해봐. 안 대리, 월급을 내년에 당장 이유 없이 10% 삭감할 미친놈은 없을 거야. 바로 고소당할 사항이니까. 그런데 물가를 적정 수준으로 통제하려면 소비의 원천이 되는 임금 수준을 적정 수준으로 떨어뜨려야 해. 경제 상황 자체가 임금 수준을 떨어뜨리는 데 한계가 있기 때문에 어떻게 하느냐? 바로 임금을 받는 노동자들을 대량 해고하는 방법으로 총수요를 감소시키는 방법을 사용하게 되지. 정리하면 단위당 임금을 잡는 것이 아니라 임금의 합을 줄여버리는 방법이야.

필립스 곡선 알지? 뉴질랜드 태생의 윌리엄 필립스라는 교수가 만든 물가와 실업률 간의 관계, 즉 둘 간의 관계는 경험적인 이론Empirical Theory에 바탕을 두고, 서로 반비례라는 것이지. 중앙은행이 통화정책을 실행하는 데 물가를 잡기 위해서는 해고를 늘리는 환경을 조성하면 된다는 것이었지.

그런데 1970년대 물가도 상승하고 실업률도 올라가는 스태그플레이션이 나타나면서, 이 필립스 곡선은 최대의 위기를 맞기도 했어. 그렇지만 볼커는 물가를 잡기 위해 강력한 긴축 정책을 펼쳤고, 그 과정에서 수많은 실업자들이 양산되었지. 그렇지만 임금 중심의 인플레이션이 꺾이기 시작하고 물가가 통제 범위 안으로 들어오기 시작한 거야."

안 대리는 1980년대 당시 임금 상승률 자료가 있는지 찾아봅니다.
'찾았다. 시간당 임금이 옛날(1960년)부터 있었구나.'

그림 3-62 시간당 임금 추이(1960년~2023년 3월)

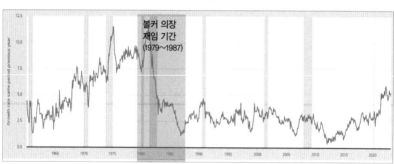

신 부장 왈, 보도자료 요약과 함께 세부 지표를 함께 보면서 분석하라는 당부를 항상 마음 깊이 담아두고 지표를 살펴봅니다.

'Civillian Workers는 민간 업종 및 주(州), 연방정부 종사자들을 합친 노동자로, 그들을 기준으로 한 전분기 대비 상승률은 1.2%구나(① 참조).
그리고 ECI는 1) 임금Wages and Salaries, 2) 복지benefit 비용으로 나누어

그림 3-63 요약 지표(2023년 4월 28일)

Table A. Major series of the Employment Cost Index
[Percent change]

Category	3-month, seasonally adjusted		12-month, not seasonally adjusted, current dollar			12-month, not seasonally adjusted, constant dollar		
	Dec. 2022	Mar. 2023	Mar. 2022	Dec. 2022	Mar. 2023	Mar. 2022	Dec. 2022	Mar. 2023
Civilian workers[1]	①		②					
Compensation[2]	1.1	1.2	4.5	5.1	4.8	-3.7	-1.3	-0.2
Wages and salaries	1.2	1.2	4.7	5.1	5.0	-3.6	-1.2	0.0
Benefits	1.0	1.2	4.1	4.9	4.5	-4.2	-1.4	-0.5
Private industry								
Compensation[2]	1.1	1.2	4.8	5.1	4.8	-3.5	-1.2	-0.2
Wages and salaries	1.2	1.2	5.0	5.1	5.1	-3.3	-1.2	0.1
Benefits	0.9	1.1	4.1	4.8	4.3	-4.0	-1.5	-0.6
Health benefits	–	–	2.2	4.7	3.1	–	–	–
State and local government								
Compensation[2]	1.1	1.1	3.2	4.8	4.9	-4.9	-1.5	-0.1
Wages and salaries	1.1	0.9	3.1	4.7	4.7	-5.1	-1.5	-0.2
Benefits	1.0	1.5	3.5	5.0	5.0	-4.7	-1.3	0.2

[1] Includes private industry and state and local government.
[2] Includes wages and salaries and benefits.
Note: All estimates in the table can be found in the public database at www.bls.gov/eci/data.htm. Dashes indicate data not available.

(출처) 미 노동부 (노동통계국)

보는구나. 이를 나누어서 전년 대비 증가율을 보면, 임금이 전년 대비 5.0%, 복지가 약 4.5% 상승했구먼(② 참조).'

안 대리의 회고는 계속됩니다.

"그래서 임금 경직성이 지속되면 연준이 긴축을 계속할 수밖에 없고, 우선 채권 금리는 장·단기 금리 차이 역전과 일반적인 상승을 동반하게 되지. 주식시장의 경우에는 적절한 임금 상승은 소득을 증가시키고, 미국 GDP의 70%를 차지하는 소비를 촉진시켜 기업의 이익을 증가시키는 선순환 구조를 가지게 돼. 그러나 지금처럼 임금이 저렇게까지 오르게 되면, 기업의 비용에 부담을 주게 되어 실질 총생산량[17]은 그만큼 감소하게 돼."

---

17 단위당 노동시간×단위당 생산량. 여기서 단위당 임금은 단위당 노동시간과 반비례한다. 왜냐하면 임금이 상승할수록 기업이 부담해야 할 비용이 증가하게 되어, 일할 시간을 줄이게 됨. 결국 총 생산량 및 노동생산성은 감소한다.

분기에 1회 발표하는 노동생산성 지표 - 비농업 생산성Nonfarm Productivity
가 생각납니다. 비록 동일한 시간에 발표하는 월별 비농업 순고용자 수
지표에 밀리긴 하지만, 임금 상승과 생산량이 역의 관계[18]를 가짐을 알
수 있습니다.

그림 3-64 ECI 및 시간당 생산성(전분기 대비) 추이(2008년 1분기~2022년 4분기)

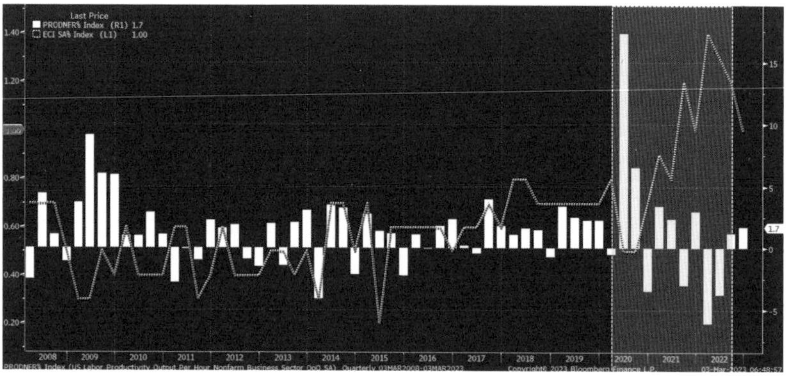

시간당 생산성: 흰색 막대그래프(우축 축), ECI(노동비용지수): 파란색 점선(좌측 축)　　(출처) Bloomberg, 미 노동부

"여기에 연준이 긴축을 지속한다는 시그널을 주게 되어, 주가도 하락
모드로 갈 수 있지. 달러의 경우, 노동시장이 강해지면 당연히 미국의 경
기가 그만큼 세지는 것이니 가치가 상승하는 효과를 거두게 돼. 여기에
기준금리 인상 가능성이 커지는 것도 한몫하지."

그러나 미 국채 금리는 하락하고 주가는 상승하고 있습니다. 아이러니
한 일입니다.

---

18 예를 들어, 아이폰을 만드는 노동자 1단위당 생기는 임금이 1이라고 가정하면, 1만큼의 아이폰을 생산
했는데, 생산성이 떨어져서 이제 0.5만큼 밖에 못 만든다면, 똑같은 1이라는 생산성을 유지하기 위하여
노동자에게 주어야 할 임금이 2로 늘어난다.

그림 3-65 미 국채 금리 일중 변동(2023년 4월 28일)

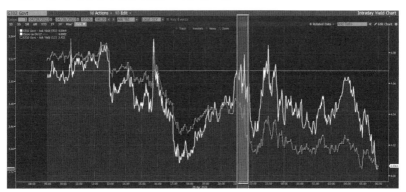

국채 2년: 흰색 실선(우측 축), 국채 10년: 파란색 점선(좌측 축)

(출처) Bloomberg

그림 3-66 S&P 500, 달러 인덱스 일중 변동(2023년 4월 28일)

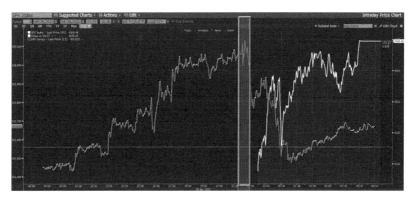

S&P 500: 흰색 실선(우측 축), 달러 인덱스: 파란색 점선(좌측 축)

(출처) Bloomberg

'분명 신 부장님께서는 여전히 강한 노동시장 지표가 나오면 금리와 달러가 상승하고, 주가가 하락하는 모습을 보일 텐데, 왜 이렇게 반대 현상이 나타나지?'

이때 신 부장의 추가 한마디가 떠오르는 건 과연 우연의 일치일까요?

"그런데 지표가 강하게 나와서 금융시장이 과거에 일어난 일을 가지고 항상 그렇게 일어날 것이라고 예측을 하는 것은, 각주구검(刻舟求劍)[19]의 모습이란다."

그의 말이 맞습니다. 아침에 일본 중앙은행Bank of Japan이 현재의 완화적인 통화정책을 그대로 유지하겠다고 이야기하고, 독일의 4월 CPI가 7.2%(전월 7.4%)로 상승세가 다소 둔화하는 모습을 보인 데다가 미 부채한도 이슈가 점점 헤드라인에 등장하면서 꼬리위험에 노출되어 있기 때문이라고 볼 수 있습니다. 반면 빅테크들의 실적이 예상치를 상회하는 모습을 보이면서 주가는 상승을 지속하고 있습니다.

'맞아, 정답은 없어. 그러나 노동시장은 여전히 견조하네.'

---

19 각주구검(刻舟求劍): 배에서 칼을 물속에 떨어뜨리고 뱃전에 빠뜨린 자리를 표시해두었다가 배가 정박한 뒤에 칼을 찾으려 했다는 고사(故事)에서, 미련하고 융통성이 없음의 비유

생산자물가: PPI

2023년 4월 13일(목)

어제 CPI 지표에서 차영하 과장을 포함한 전 세계 채권매니저들은 연준이 기껏해야 1회 금리인상 후에 중단할 것이라는 기대를 가지기에 충분했습니다. 그는 지난주 고용지표 발표일부터 어제까지 3일 동안 분할 매수로 약 1억 달러 규모의 10년 국채를 매수했습니다. 국내 최고의 채권 브로커인 CD증권 유지불 이사를 통해서 말이지요.

그림 3-67 국채 10년 추이(2023년 4월 3~12일), **미국 영업시간 기준**

박스 부분: 차 과장 매수 구간

(출처) Yahoo Finance

3일 연속 야근으로, 정작 가장 중요한 CPI 날에는 오만기 씨와 김 주임 투톱에게 맡기고 하루 쉽니다. 그리고 오늘 밤 9시 30분에는 생산자 물가지수, PPI^{Product Price Index} 발표일입니다. 일반적으로 PPI는 CPI 발표 1~2일 후에 나옵니다.

'3월까지 유가가 계속 떨어지고, PPI 및 CPI의 선행지표인 ISM 제조업 Price paid 지수(4월 3일 발표)가 부진해서 PPI가 의미있게 올라가기가 어려울 거야.'

차 과장이 과감하게 3.4% 근처에서 매수한 이유입니다.

그림 3-68 WTI 추이(2023년 1월~2023년 4월)

그림 3-69 ISM Price paid(2021년 1월~2023년 3월)

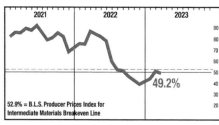

드디어 9시 30분, 블룸버그 팝업으로 지표를 안내합니다. 그리고 채권, 주식 그리고 달러 그래프의 움직임도 바빠집니다.

Headline PPI 전월 대비 실제 −0.5%, 예상 0%, 전월 0%

Headline PPI 전년 대비 실제 +2.7%, 예상 3%, 전월 4.9%

Core PPI[20] 전월 대비 실제 +0.1%, 예상 0.3%, 전월 0.2%

Core PPI 전년 대비 실제 +3.6%, 예상 3.8%, 전월 4.8%

그림 3-70 미 2년, 10년 국채 일중 변동(2023년 4월 13일)

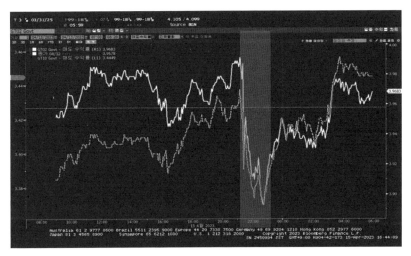

2년 국채 금리: 흰색 실선(우측 축, %), 10년 국채 금리: 파란색 점선(좌측 축, %)　　　(출처) Bloomberg

---

20 Headline PPI less foods, energy, and trade services

그림 3-71 S&P 500 선물 및 달러 인덱스 일중 변동(2023년 4월 13일)

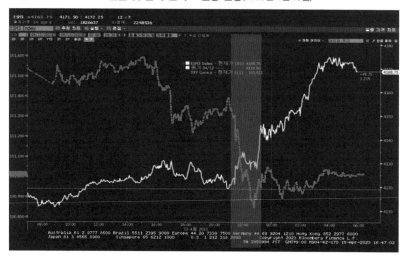

달러 인덱스(파란색 점선, 좌측 축), S&P500 선물(흰색 실선, 우측 축)

(출처) Bloomberg

그림 3-72 보도자료 1(2023년 4월 13일)

(출처) 미 노동부(노동통계국)

⇨ 3월, 최종 수요재 지수 하락분(전월 대비 0.5% 하락) 중 최종 수요 재화 가격 하락이 약 3분의 2를 설명합니다. 실제 최종 수요 재화 가격은 1.0% 하락했습니다. 최종 수요 서비스 부문 가격은 0.3% 하락했습니다.

'구성 항목 중 3분의 2가 하락하다니, 이건 일시적이겠지만 디스인플레이션(낮은Low to moderate level (+))이 아니라 디플레이션Negative Price Increase 수준이구나,'

그렇습니다. PPI 상품, 서비스를 구성하는 항목 전체 지수는 확연히 마이너스를 보입니다.

그림 3-73 PPI 추이(2022년 3월~2023년 3월)

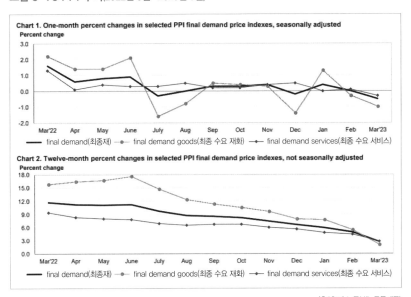

(출처) 미 노동부(노동통계국)

final demand=final demand goods+final demand service
goods와 service의 차이는 다음과 같습니다. 서양식 레스토랑에서 종업원의 친절한 안내와 서빙을 받으면서 스테이크 한 접시를 주문했을 때, 종업원의 친절한 서비스와 같은, 눈에 보이지 않는 인건비는 최종 수요 서비스service 항목에, 눈에 보이는 스테이크 한 접시에 들어간 생산비용은 최종 수요 재화 goods입니다.

'추이를 한번 볼까? 이게 Table A에 있었지?'

경제지표 산출법이 동일하지만, 계절적 요인을 감안해야 하는 전월 대비 변화율은 계절조정, 계절 요인이 없는 전년 동기 대비 변화율은 계절조정 전 수치를 가지고 비교하게 됩니다.

그림 3-74 항목별 추이(최종재)

| Month | Total final demand | Final demand less foods, energy, and trade | Final demand goods | | | | Final demand services | | | | Change in final demand from 12 months ago (unadj.) | Change in final demand less foods, energy, and trade from 12 mo. ago (unadj.) |
			Total	Foods	Energy	Less foods and energy	Total	Trade	Transportation and warehousing	Other		
2022												
Mar.	1.6	0.9	2.2	2.3	5.7	1.0	1.3	2.3	5.7	0.3	11.7	7.1
Apr.	0.6	0.5	1.4	1.6	1.9	1.2	0.1	0.2	2.0	-0.2	11.2	6.8
May	0.8	0.5	1.4	0.7	4.0	0.7	0.4	0.6	2.5	0.1	11.1	6.8
June	0.9	0.3	2.1	-0.1	8.4	0.5	0.3	0.5	0.8	0.1	11.2	6.4
July	-0.3	0.2	-1.6	1.3	-8.3	0.2	0.3	0.8	-0.3	0.1	9.7	5.8
Aug.	0.0	0.2	-0.8	-0.2	-4.4	0.2	0.5	1.0	-1.1	0.4	8.7	5.6
Sept.	0.3	0.3	0.5	1.5	1.0	0.0	0.2	-0.3	-0.2	0.5	8.5	5.6
Oct.	0.3	0.2	0.4	0.7	1.5	0.0	0.2	0.2	0.0	0.2	8.2	5.5
Nov.(1)	0.4	0.4	0.3	3.3	-2.3	0.3	0.4	0.5	-0.4	0.5	7.4	4.9
Dec.(1)	-0.2	0.2	-1.4	-0.2	-6.3	0.1	0.5	1.0	0.0	0.3	6.6	4.7
2023												
Jan.(1)	0.4	0.6	1.3	-1.3	5.5	0.6	0.0	-1.1	-0.5	0.6	5.9	4.5
Feb.(1)	0.0	0.2	-0.3	-2.2	-0.3	0.3	0.1	0.0	-0.9	0.3	4.9	4.5
Mar.	-0.5	0.1	-1.0	0.6	-6.4	0.3	-0.3	-0.9	-1.3	0.1	2.7	3.6

'이번에 에너지 가격 급락분이 반영돼서 전월 대비 마이너스 상승을 보인 거야. 그렇다면 4월 유가 상승분을 반영하면 PPI가 다시 상승할 수는 있겠어. 그런데 진짜 에너지 가격은 매월 널뛰기를 하는구먼. 그래서 이것들을 빼고 생각하는 게 맞아.'

이때 채팅창이 뜨면서 태평양 넘어 낯익은 이름이 입력하고 있습니다.
'하이, 차 과장님, 저녁 늦게까지 계시네요. 유노우?'
뉴욕지점 테드입니다.
'안녕하세요. PPI 발표가 있어서 상황 보고 제가 보유하고 있는 채권 좀 정리할까 해서 남아 있었습니다.'

'혹시 시간 되시면 저 몇 가지만 여쭤봐도 될까요? Take your time, man(편하게 생각하세요)!'

'물론입니다. 화상 회의방을 제가 열지요.'

차 과장이 화상 회의방을 열자, 바로 테드가 들어옵니다.

"아니, 우리 지점장님, 저 꼰대 유 노우? 저한테 지금 발표한 PPI에 대해서 오늘 지표뿐만 아니라, 방법론, 구성, 금융시장에 미치는 의의 이런 거 정리해서 오후까지 보고하라고 하셔서요. 과장님의 해박하신 지식을 좀 전해 받고 정리해볼까 하고요. 하하하."

"과찬이십니다. 그러면 방법론부터 말씀드릴까요?"

"That's very good idea. It is a real core value(그거 아주 좋은 생각이십니다. 그게 진짜 핵심 가치이죠)."

차 과장이 회의방 전자칠판에 공식 하나를 적고 시작을 합니다.

PPI 구성 항목 = (최종재 – 중간재) + (상품Commodity 지표) + (산업 및 상품 순산출 지표)

"PPI 지표는 크게 제가 적은 세 가지 SET을 산출하게 되는데요. 총 지표 개수가 약 6만 4,000여 개가 됩니다. 엄청 많죠? 그런데 모두 볼 필요는 없을 거 같습니다. 우리 같이 채권 매니저들에게는 첫 번째 SET, 최종재-중간재를 주로 봅니다. 특히 최종재Final Demand의 가격 변화율을 보고 향후 물가 방향을 예측합니다.

PPI는 생산자, 서비스공급자(유통 포함)의 매도 가격, 반면에 CPI는 구매 가격을 기준으로 산출을 합니다. 일반적으로 PPI가 CPI에 전이된다고 말하잖아요. 당연히 생산자의 매도 가격이 올라가면 구매자가 구입하고자 하는 가격이 올라갈 테니까 말이죠. 식당에 가면 이런 문구가 문 앞에 붙여져 있는 걸 종종 봅니다."

차 과장이 사진 한 장을 업로드합니다.

그림 3-75 가격 인상 공지

공지 ▨▨식당 가격 인상 안내입니다.

공지사항   2022-03-02   조회수 3286

안녕하세요.

최근 코로나의 장기화로 원자재 가격이 대폭 상승하게 되었습니다.
이로 인해 저희 ▨▨식당도 부득이하게 가격을 인상하게 되었습니다.

일시 : 2022년 3월 10일 (목요일)
인상 금액 : 모든 메뉴 ₩ 1,000원~ ₩ 2,000원 인상 예정입니다.

원가 상승으로 인해 부득이하게 인상하게 된 점 양해 부탁 드립니다.
항상 고객님들께 추억의 맛을 선사하기 위해 최선을 다하는 오뎅식당이 되겠습니다.

감사합니다.

"이렇게 가격이 전이되는 구조를 가지고 있기 때문에, 비록 PPI가 CPI에 비해서 주목도는 떨어지지만 향후 CPI를 예측하는 데 도움이 되는 지표임은 분명합니다. 여기서 파생된 아이디어이긴 한데요. PPI와 CPI

의 차이를 가지고 우리는 향후 기업들의 매출 마진(매출총액 - 매출원가)을 추측할 수 있습니다."

"아, 그런 신박한 아이디어가 있었네요. 그 말은 생산자물가가 안정되어 있다면, 소비자 물가가 어느 정도 올라갈 수익을 얻을 수 있다?"

"그렇습니다. 그래서 일본이 그렇게 지난 30년 동안 디플레이션을 극복하기 위해서 별별 통화정책과 재정정책을 쓰고 있는 것입니다. 소비자 물가가 0%, -1% 이러면 기업이 성장하기 어렵다는 것이죠."

그림 3-76 CPI vs PPI 추이 및 Gap(CPI - PPI, 2021년 1월~2023년 3월)

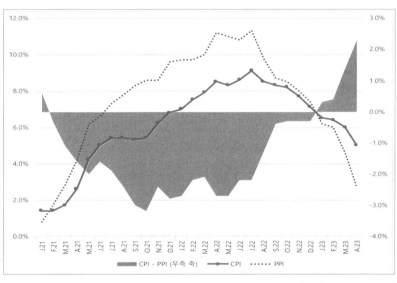

(출처) Investing.com, 필자 편집

"PPI와 CPI는 경로 차이가 있기 때문에, 즉 PPI가 아무리 상승을 해도 당분간은 CPI에 바로 반영되지 않습니다. 우리나라도 전기료, 가스 값이 진즉에 올라야 하는데 정부 개입으로 못 올리고 있잖아요. 그 결과 한전,

가스공사들의 수익성이 크게 악화되고 있고요. 그래서 지금 제가 올린 그래프는 '아, PPI와 CPI 간 시간 차이가 있어서 바로 저런 기업마진을 시현하기는 어렵겠지만, 몇 달 저렇게 유지한다면 이익이 증가할 수 있겠구나' 하는 예상 정도로 사용하시면 되겠습니다."

"이 그래프는 저만 좀 알고 있겠습니다. 하하."

차 과장은 화제를 다시 방법론으로 돌리고 설명을 이어갑니다.

"PPI는 1902년 처음 발표된 물가지표계의 단군 할아버지입니다. 미 노동부 노동통계국은 매월 약 1만 개 이상의 개별상품과 상품군의 PPI를 발표합니다. 처음에는 PPI가 광산Mining, 제조업의 모든 산업에서 생산하는 모든 제품을 포함하다가 서비스, 건설 산업의 생산가격을 포함하여 지표 산출을 하였습니다. 2023년 1월 현재, 미 인구조사국 2017년 측정기준, 약 69%의 서비스 산업을 포함하고 있습니다.

앞서 말씀드린 세 가지 SET의 구분 방법은 다음과 같습니다.

1) 최종재 중간재: 생산단계, 구매층, 제작 정도 등으로 구분
2) 원자재: 최종 사용 방법, 상품의 유사성 정도로 구분
3) 순산출분: 산업, 산업군의 순산출량 가격 지표 산출을 위해서, 다양한 산업군에서 샘플링

물가지표의 구성 항목 비중은 지표 산출 방법론에서 빼놓을 수 없는 건데요. 왜냐하면 PPI를 포함한 주요 경제지표들이 항목별 비중을 감안한 가중평균방법을 따르기 때문입니다. PPI의 비중은 다음과 같습니다. 제가 최종재 기준으로 표를 올려놓을게요."

표 3-6 PPI 최종재 주요 항목(2023년 3월 기준)

구 분			비중*
Goods (30.7%)	Headline	Food	6.0%
		Energy	5.8%
	Core	Finished Consumer goods(완성 소비재)	10.8%
		Government Purchased goods(정부 구입)	2.0%
		Goods for export(수출품)	6.1%
서비스 (66.6%)	Core	Trade Services (무역서비스)	19.6%
		Transportation & Warehousing services(운송, 보관)	5.2%
		무역, 운송, 보관 서비스 이외 서비스	41.7%
건설	Core	Construction(건설 서비스)	2.7%

* Table 1. Producer price index percentage changes and weights for Final Demand-Intermediate Demand groupings, seasonally adjusted 의 'Relative Importance Dec. 2022' 참조

(출처) 미 노동부 노동통계국

"금융시장에 참여하는 채권, 주식, 외환 트레이더(매니저)들은 PPI의 최종재 수요Final Demand 추이를 집중하면 된다는 말씀이시죠? 저도 Table A를 보니까 에너지 가격이 널뛰기를 하더라고요."

"네, 에너지 가격 변동이 심하다면, 그 중간재에도 영향이 갔으니까 최종재의 가격 변화가 있었겠죠? 중간재 가격흐름을 한번 살펴볼까요? 제가 사실 이거 보다가 테드 님 채팅 보고 이야기하는 거라, 잠시 제가 좀 의미 있게 변한 것들 박스로 표기하고 올려드릴게요(그림 3-77).

중간재는 가공품Processed과 미가공품Unprocessed 으로 나누어집니다. 특히 미가공품 쪽에서 하락 폭이 컸습니다. 에너지가 전월 대비 11.9% 하락 하고, 가공품도 5.1% 하락했네요. 그나마 가공품 쪽에서는 미가공품에 인건비 등이 포함되니 그 폭은 줄었음을 알 수 있습니다.

중간재의 미가공품에서 가공품으로, 그리고 가공품이 최종재로 바뀌

그림 3-77 항목별 추이(중간재)

Month	Processed goods for intermediate demand					Unprocessed goods for intermediate demand				
	Total	Foods and feeds	Energy goods	Less foods and energy	Total, change from 12 months ago (unadj.)	Total	Foodstuffs and feedstuffs	Energy materials	Nonfood materials less energy	Total, change from 12 months ago (unadj.)
2022										
Mar.	2.1	2.0	6.6	0.9	22.1	2.4	7.3	-4.3	8.4	43.3
Apr.	2.0	3.2	4.2	1.2	22.0	5.8	3.8	9.3	2.8	50.1
May	2.2	1.2	4.4	1.7	21.6	5.4	0.3	14.6	-4.2	46.4
June	1.9	0.1	8.4	0.1	21.9	4.8	-0.7	11.1	-1.8	50.3
July	-2.1	0.5	-8.0	-0.4	17.2	-8.8	-1.1	-14.2	-5.9	32.5
Aug.	-1.2	-0.2	-3.7	-0.6	14.3	4.8	-0.9	10.9	0.5	36.9
Sept.	-0.1	-0.1	2.0	-0.8	12.9	-3.1	1.3	-6.6	-0.6	29.2
Oct.	-0.2	-0.2	1.5	-0.8	10.1	-9.7	-0.7	-18.1	-4.1	9.3
Nov.(1)	-0.5	0.8	-1.9	-0.2	7.6	-3.1	0.0	-6.7	-0.7	3.5
Dec.(1)	-2.5	-0.6	-4.8	-0.4	4.9	1.5	-0.2	5.0	-1.7	10.6
2023										
Jan.(1)	1.1	0.2	5.3	0.1	3.9	-4.7	-5.6	-7.4	1.5	2.7
Feb.(1)	-0.4	-2.0	-1.4	0.1	2.1	-4.8	-1.0	-11.0	0.5	-10.4
Mar.	-1.0	-0.1	-5.1	0.1	-1.0	-5.0	-1.3	-11.9	-0.3	-17.0

(출처) 미 노동부(노동통계국)

는 프로세스에서 생산 단계별 물가흐름을 따라가면서 파악해야 합니다. 그게 원칙이죠. 다만 최종재 가격에 중간재 가격이 이미 반영이 되어 있고, 소비자가 맞닥뜨릴 구매 가격이 최종재 가격에 기업마진을 붙여서 나온다는 점을 감안하면, 최종재 가격 변화를 보고 채권 금리의 흐름을 예측할 수 있다는 것을 말씀드립니다. 저희는 급박하게 시장에 대응해야 할 의무가 있는 사람들이잖아요."

"That is so impressive(그거 참 인상 깊은 말이네요)!"

테드가 엄지와 검지를 겹쳐 하트 표시를 뿅뿅 날립니다.

"감사합니다. 낯간지럽긴 합니다. 하하! 자, 그러면 마지막으로 금융시장에 미치는 영향을 봐야죠. 오늘 보았듯이 이제 인플레이션은 어느 정도 둔화되었다고 시장에서 판단할 충분한 가치가 있다고 봅니다.

경기침체 우려가 아닌 이상, 지금의 둔화는 디스인플레이션, 즉 낮은 수준의 상승으로 가는 과정이라고 생각할 수 있습니다. 이 경우에 연준의 기준금리 인상 퍼레이드는 멈출 것이며, 그러면 단기 금리부터 하락할 것입니다. 그러나 장기 금리의 경우에는 이것이 연착륙 및 또 다른 '골디락스', 즉 낮은 인플레이션과 중간 규모의 성장을 예상한다면 장·단기 금리 차가 커지면서 하락 폭이 크지는 않을 것입니다.

만약 오늘과 같은 마이너스 PPI가 몇 달 지속되면, 이것은 디플레이션 및 경기침체 신호가 될 수 있습니다. 생산자물가가 마이너스라는 것은 중간재 공급 기업들의 줄도산을 의미합니다. 자신들의 마진이 떨어지는데 굳이 생산할 필요가 있겠습니까? 그러면 채권 금리는 내려가고 크레디트 스프레드는 확대될 것입니다.

주식시장도 마찬가지입니다. 오늘 인플레이션 둔화 사인으로 주식은 상당히 오를 겁니다. 특히 금리가 낮으면 항상 즐거워하는 기술주 중심으로 말이죠. 그러나 디플레이션 국면이 오래가면 경기침체 두려움으로 주식시장은 얼어붙게 됩니다. 다행히 현재까지는 전자의 모습이고요.

마지막으로 달러, 당연히 내려갑니다. 기준금리 인상을 멈추면 단기 금리에 영향을 받는 환율 특성상, 달러 가치는 떨어질 겁니다. 달러 가치가 떨어진다는 것은 미국의 제조업이 해외 수출이 증가한다는 것이므로 성장에 도움이 될 수 있습니다. 그러나 동시에 달러 가치 급락 시에는 수입 물가 상승[21]으로 다시금 인플레이션 자극으로 나타납니다. 다행히 현재는 그런 단계는 아니어 보입니다."

테드는 오늘도 영양가 있는 정보를 충분히 받았습니다. 환하게 웃는 모습으로 다시 한번 '하트 뿅뿅'을 차 과장에게 날립니다.

---

21 원달러 1,200원/달러 ⇨ 1,000원/달러로 달러 가치 하락했다고 가정하면 2,400만 원어치 소나타 1대를 미국에서 수입할 때에는 2만 달러(2,400만 원÷1,200원/달러)에서 2만 4,000달러(2,400만 원÷1,000원/달러)로 하락한다.

"감사합니다. 유노우. 지금 인플레이션 충분히 둔화된 거 같습니다. 기술주도 흥하니, 채권쟁이로서 오늘 애플 채권 5년물 좀 찾아봐야겠습니다. 물론 이자율 스와프[22]하면서 크레디트 스프레드만 열어놓고요."

---

22 고정금리 지급 & 변동금리 수취 계약으로, 금리 구성(=안전자산(미 국채) 금리 + 크레디트 스프레드) 중 안전자산 부분을 제거한다. 방법은 보유 중인 크레디트 채권과 동일한 원리금 스케줄 및 만기, 보유 원금 조건을, 거래 상대방에게 그대로 이전하는 대신 동일한 스케줄, 만기 및 원금조건에 맞는 변동금리 이자를 수취하는 스와프 계약을 맺음으로써 안전자산 포지션을 제거한다.

4

의장님,
고용이 제일
중요한가요?

JOLTs(구인 및 이직 보고서)
2023년 4월 4일(화)

어머니 칠순 여행 때문에 일주일 동안 일본 여행을 다녀온 안예슬 대리는 회사 업무가 낯설게 느낍니다. 바삐 움직이는 블룸버그 내 숫자, 그리고 고참들의 업무 요청 건들이 한꺼번에 몰립니다.

"안 대리, 이번 테슬라 해외채권 한도 증액 건 어떻게 진행되고 있나?"
"어이 예슬, 다음 주 장대성 그룹장과 저녁식사 말이야, 장소 좀 물색해봐. 그룹장님 품위 있는 곳 좋아하는데 말이야. 우선 호텔 중에 인당 2만 5,000원 내외 하는 곳 알아봐."
갑자기 전화가 따르릉 해서 받으면,
"대리님, 안녕하세요. 켄튀르키예 인베스트먼트 투블록 세일즈 매니저입니다. 이번에 저희 새로운 펀드상품 있는데, 오늘 한번 찾아뵈도 될까요? 레버러지 100배로 미 국채 3개월물 투자해서 수익률 목표 연 25%짜리 펀드입니다. 호호."

'에이, 업무시간에는 일에 집중하고 저녁에 채권시장 봐야겠다.'

저녁이 지나 밤입니다. 연일 경제지표 부진에 '미스터 둠' 두동강 차장도 사무실에 남아서 블룸버그를 찬찬히 살펴보고 있습니다.

"차장님, 오늘 특별한 지표 발표가 있습니까?"

"밤 11시에 JOLTS Job Openings and Labor Turnover Survey 발표하잖아. 중요한 지표인데 안 대리 몰랐어?"

평소 꼼꼼한 일처리로, 뼛속까지 은행맨인 두 차장에게 높은 점수를 받던 안 대리의 질문에 두 차장은 의아해합니다.

"아, 죄송합니다. 오늘 복귀해서 잊었습니다. 그런데 JOLTS보다 이번 주 금요일 발표하는 3월 고용지표가 더 중요하지 않겠습니까? JOLTS는 2월 말 기준 아닙니까?"

"비록 후행지표이긴 하지만, JOLTS는 구인, 구직, 해고 및 퇴사 등 고용과 관련한 기업, 그리고 구직자들의 행위가 담겨진 보고서라는 점에서 향후에 임금과 실업률의 변화에 어떤 영향을 줄 것인지를 예측하는 가늠자의 역할을 해. 실제로 연준에서 통화정책을 결정할 때 이 JOLTS, 특히 채용공고 횟수에 주목하고 있어. 자, 지난 2월 1일 FOMC 기자회견 당시, Q&A 중 기자와 파월 의장 간 질문과 대답이야."

그림 4-1 FOMC Press Conference 중(2023년 2월 1일)

> NEIL IRWIN. Hi, Chair Powell. Neil Irwin with Axios. You and some of your colleagues have emphasized the possibility that job openings could come down and that would let some of the air out of the labor market without major job losses. We saw the opposite in the December JOLTS this morning. Job openings are actually rising. That also coincided with slowdown in wage inflation. Do you believe that openings are an important indicator to be studying to understand where the labor market is and where wage inflation might be heading?

> CHAIR POWELL. So you're right about the data, of course. What we did see—we've seen average hourly earnings and now the employment cost index abating a little bit still off of their highs of six months ago and more but still at levels that are fairly elevated. The job openings number has—in JOLTS, has been quite volatile recently. Yeah, I did see that it moved up—back up this morning. I do think that it's probably an important indicator. The ratio, I guess, is back up to 1.9 job openings to unemployed people, people who are looking for work. So it's an indicator, but nonetheless, we—you're right, we do see wages moving down. If you look across the rest of the labor market, you still see very high payroll job creation. And, you know, quits are still at an elevated level. So many, many—by many, many indicators, the job market is still very strong.

당시에 기자가 '연준에서는 JOLTS 중 Job Opening이 내려가서 대량 해고 없이 노동시장을 식힐 가능성을 강조하고 있다면서, 12월 Job Opening은 증가하지 않았냐'고 물어본 거야.

여기에 파월 의장은 'Job Opening이 최근에 꽤 변동성이 있었다. 그러면서 이것이 중요한 지표라고 정말 생각한다'라고 전제하면서 대답을 이어나가지?"

둘의 대화 중에 벌써 시간이 11시가 다 되어갑니다. 참고로 JOLTS 발표는 미국 동부 시각 기준 오전 10시(한국 시각 밤 11시)입니다.

드디어 발표의 시간, 두 차장이 탄식을 내던집니다.

"헉, 이렇게나 많이 빠지다니. 진짜 침체가 오려나?"

Job Openings 실제 9.93million, 예상 10.5million, 전월 10.56million

그림 4-2 미 국채 금리 일중 변동(2023년 4월 4일)

2년: 흰색 실선(우측 축) 10년: 파란색 점선(좌측 축)   (출처) Bloomberg

그림 4-3 S&P 500, 달러 인덱스 일중 추이(2023년 4월 4일)

S&P 500: 흰색 실선(우측 축), 달러 인덱스: 파란색 점선(좌측 축)   (출처) Bloomberg

순간 금융시장은 요동을 칩니다.

"우선 안 대리, 미 국채 10년물 Spot 가격에 레귤러 세틀,[1] 총 5,000만 달러, CD그룹 통해서 매입해줄래?"
"네, 알겠습니다. CD 유지불 상무 현재 로그인되어 있습니다."
안 대리가 몇 번의 블룸버그 대화를 통해서 3.40% 레벨에서 매입 완료합니다.

"역시 CD그룹이 한 발 빠르긴 하네. 수고했어, 안 대리."
"정말 JOLTS 중 Job Opening, 즉 채용공고 횟수가 줄어버리니까 금융시장이 난리네요. 주식시장은 경기침체 시그널로 받아들여 하락하네요."
"맞아, 어제 ISM 제조업 지표도 5개월 연속 50을 밑돌고, 그렇게 꾸준하던 채용공고 횟수도 보도에 따르면 작년 5월 이후 처음으로 1,000만 개 미만으로 떨어진 것으로 나오니 경기침체 시그널로 받아들인 걸로 보여. 나도 그렇게 보이고 말이야."

신난은행 공식 침체기에 강한 남자, 두 차장은 빠른 긴축 통화정책으로 경제에 탈이 날 것으로 확신하고 있습니다.

"차장님, 그러면 JOLTS는 어떻게 구성이 되어 있고, 어떻게 만들어지

---

1 일반적으로 달러 표시 채권의 레귤러(Regular) 세틀(결제)은 거래일로부터 2영업일 후 결제를 의미한다. 단, 미 국채의 경우, 거래일로부터 1영업일 후 결제를 의미한다. 여기서 거래일 및 결제일은 모두 미국 동부시각 기준이다.

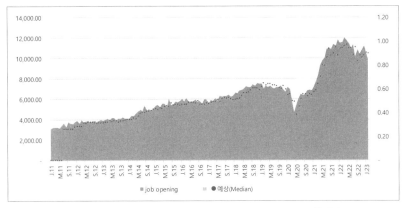

그림 4-4 Job Openings(채용공고) **횟수 추이**(2010년 1월~2023년 2월)

(출처) 미 노동부, Bloomberg

는 지 궁금합니다.”

안 대리의 질문에 두 차장은 이번 발표 보도자료 2부를 출력, 1부를 안 대리에게 건넵니다.

“JOLTS는 크게 세 가지 항목으로 구성되어 있어.

1) Job Openings(채용공고)

2) Hires(고용)

3) Separations(퇴직)

주요 용어의 정의를 한번 보자고.

1) Employment(고용): 조사 당월의 12일째 기준, 채용되어 급여를 받고 있는 사람이며, 풀타임, 파트타임, 정규직, 단기 계약직, 시간급 등을 다 포함함. 급여기간 중 파업하는 자, 무급여 가족기업 근무자, 법인이 아닌 사업 관련 경영자, 소유

자 등은 제외함. 고용 항목은 JOLTS의 공식 발표 항목은 아니나, 타 지표 계산을 위해 사용.

　e.g) 채용비율 = the number of hires employment

2) Job Openings 조건: 구체적인 포지션이 존재, 30일 이내 채용 및 구직자의 업무가 시작되어야 함. 고용주는 적극적으로 구인 포지션 채용 노력을 해야 함. 적극적인 채용 노력의 근거는, 신문 등 미디어, 인터넷을 통한 공고 등이 있음

3) Hires: 조사 당월 동안 신규채용 또는 재입사자를 포함. 단, 해고 후 재입사의 경우에 재입사 시기 기준 해고일로부터 7일 이상이어야 함.

　단, 승진, 파업 종료 후 복귀, 인사이동, 용역업체 등으로부터 파견 나온 직원 등은 제외함.

4) Separation(퇴직) 종류: Quits(자발적 퇴사), Layoffs(해고), Discharges(M&A, 구조조정, 계약 종료 등으로 인한 퇴직) 등으로 나눌 수 있음.

처음 JOLTS 보고서 접하고 이거 해석하는 데 족히 3일은 걸렸던 거 같아. 아무래도 미국의 노동시장 구조가 우리나라와는 많이 다르잖아."

일단 안 대리 머릿속에는 JOLTS의 골격을 잡았습니다. '세 가지 항목으로 구성되는데, 특히 퇴직의 경우에는 자발적으로 나갔느냐, 아니면 타의에 의해서 나갔느냐에 따라 구분되는구나' 하고 말이지요.

"그러면 이 지표의 표본Sample은 어떻게 구성이 되기에 미국을 대표하는 고용보고서가 되었는지요?"

"샘플은 계층화된 무작위 표본Stratified Random Samples으로 구성이 되어 있어. 표본의 수는 약 2만 1,000개의 비농업 산업 및 정부기관이고 말이

야. 여기서 말하는 계층화란 소유 구분, 지역, 산업군, 그리고 기업규모 등에 따라 분류된다는 것을 의미하고. 그리고 이 지표는 계절 조정을 거친 통계라서 추이의 일관성을 분석하는 데 용이하지."

이제 이 지표를 분석하기 위한 사전 지식은 어느 정도 설명한 셈입니다. 본격적으로 오늘 발표한 지표를 분석할 차례입니다.

"차장님, 그러면 오늘 지표 분석을 본격적으로 했으면 좋겠습니다."
"자, 그러면 보도자료를 보자고(그림 4-5).

①에서는 2월 말 기준 JOLTS 결과를 알려주고 있지. 그래프를 보면 채용공고는 확연하게 감소하고 있고, 신규채용 및 퇴사는 전월 대비 각각 소폭 하락 및 보합 정도 보이고 있네.

그러면 ②에서 채용공고 감소 폭과 원인을 볼 수 있는데, 전월 대비 63만 2,000명이 감소했고 총 채용공고 수 990만 개는 작년 5월 이후 처음으로 1,000만 개를 하회하는, 즉 기업들의 신규채용 열기가 한풀 꺾이는 모습을 보이는 거지. 한 달 후 발표 내용을 보면서 정말 식었는지는 체크해봐야겠지만, 어제 3월 ISM 제조업 지표 중에 고용지표가 46.9%로 50%를 하회하는 모습을 보였잖아? 기업들의 구인 니즈는 현재 시점에서는 꺾이고 있다는 합리적인 추론을 할 수 있겠지?

세부 항목을 보면, 비즈니스 서비스 분야에서 27만 8,000개, 헬스케어 및 사회복지 분야에서 14만 5,000개가 감소한 반면, 건설(12만 9,000개), 미술, 엔터테인먼트, 오락 분야(+3만 8,000개)에서는 증가했다고 나오네. 그리고 내가 주목해서 보는 건 3)에 표시를 했는데, 전월 대비 총 퇴사자는 580만 명으로 별로 줄지 않았지(1월 590만 명). 세부 항목을 보면

그림 4-5 보도자료(2023년 4월 4일)

①

JOB OPENINGS AND LABOR TURNOVER – FEBRUARY 2023

The number of job openings decreased to 9.9 million on the last business day of February, the U.S. Bureau of Labor Statistics reported today. Over the month, the number of hires and total separations changed little at 6.2 million and 5.8 million, respectively. Within separations, quits (4.0 million) edged up, while layoffs and discharges (1.5 million) decreased. This release includes estimates of the number and rate of job openings, hires, and separations for the total nonfarm sector, by industry, and by establishment size class.

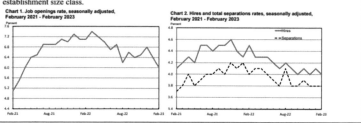

② **Job Openings**

On the last business day of February, the number and rate of **job openings** decreased to 9.9 million (-632,000) and 6.0 percent, respectively. The largest decreases in job openings were in professional and business services (-278,000); health care and social assistance (-150,000); and transportation, warehousing, and utilities (-145,000). The number of job openings increased in construction (+129,000) and in arts, entertainment, and recreation (+38,000). (See table 1.)

Hires

In February, the number and rate of **hires** changed little at 6.2 million and 4.0 percent, respectively. Hires increased in federal government (+8,000). (See table 2.)

Separations

Total separations include quits, layoffs and discharges, and other separations. Quits are generally voluntary separations initiated by the employee. Therefore, the quits rate can serve as a measure of workers' willingness or ability to leave jobs. Layoffs and discharges are involuntary separations initiated by the employer. Other separations include separations due to retirement, death, disability, and transfers to other locations of the same firm.

③

In February, the number of **total separations** changed little at 5.8 million. The rate was little changed at 3.7 percent. The number of total separations decreased in transportation, warehousing, and utilities (-45,000) but increased in educational services (+21,000) (See table 3.)

In February, the number of **quits** edged up to 4.0 million (+146,000), and the rate was little changed at 2.6 percent. Quits increased in professional and business services (+115,000); accommodation and food services (+93,000); wholesale trade (+31,000); and educational services (+18,000). The number of quits decreased in finance and insurance (-39,000). (See table 4.)

In February, the number of **layoffs and discharges** decreased to 1.5 million (-215,000). The rate was little changed at 1.0 percent. Layoffs and discharges decreased in professional and business services (-157,000). (See table 5.)

The number of **other separations** was little changed in February at 291,000. Other separations increased in finance and insurance (+19,000) and in wholesale trade (+10,000). (See table 6.)

(출처) 미 노동부

Quits, 즉 자발적 퇴사자는 400만 명으로 전월(390만 명) 대비 쬐금 늘었지. 자발적 퇴사가 많다는 건, 내가 지금 소득이 충분하니까 당장 회사 다니면서 진 빼기 싫다는 부류와 어디든 갈 수 있다는 자신감의 발로에 기인한다고 보는데, 그것은 구인하는 회사가 여전히 많다는 것을 의미해.

또한 아래 문단에 보면 (정리)해고자의 수는 오히려 감소했지? 그래서 채용공고 자체가 감소해서 회사의 니즈가 식었다고 볼 수도 있지만, 그렇다고 해고자 수가 급격하게 늘어나서 노동시장이 급격하게 식어버린 상황은 아닌 거야.

아까 파월 의장이 2월 기자회견 때 언급한 공식을 리마인드하면,

> The ratio, I guess, is back up to 1.9 job openings to unemployed people, people who are looking for work.
> ⇨ 내가 생각하기에 그 비율(=구인 공고÷구직 중인 실업자)이 1.9X로 회복했습니다.

실업자 1인당 채용공고 수를 유심히 보는데, 이번 수치는 약 1.6개로 팬데믹 이전 1.2개보다 많기 때문에, 오늘 채용공고 수가 급감했더라도 고용시장에 찬바람이 불었다고 볼 수 없는 또 다른 합리적인 이유가 될 수 있지."

"아, 그래서 기자가 질문할 때, 대량 해고 없이 기업의 구인 니즈를 줄여나감으로써 연착륙을 유도한다는 말이 여기서 나오는군요. 차장님 말씀을 종합하면, 아직 경기침체를 논하기는 이른 상황인데 왜 10년물 채권을 매입하기로 결정하셨는지 궁금합니다."

안 대리는 최근 지표가 좋지 않게 나오고 있음에도 경기침체라고 판단하기 이름에도 불구하고 지표 발표 직후 두 차장의 국채 매입 이유가 궁금합니다.

"난 꽃놀이패라고 봤어. 적어도 인플레이션 압력으로부터는 벗어나고 있다는 거지. 연준이 목표로 하는 것은 경기침체 없는 인플레이션 둔화야. 그렇게 진행된다면 기준금리 인상을 멈출 것이고, 인플레이션이 계속 하락한다면 인하 쪽으로 방향을 틀 거라는 거지. 반면에 작년부터 긴축을 너무 빠르게 진행했잖아. 그래서 3월에 실리콘밸리 은행이 망하고, 퍼스트리퍼블릭 은행 등 지역 은행의 예금 유출로 인해 위기설이 나돌기도 한 거지. 만약 경착륙Hard Landing[2]이 되더라도 인플레이션은 잡아야 한다는 것이 그들의 생각이니까, 경기침체가 오면 안전자산 선호현상으로 국채 수요가 늘어날 거라고 생각했어."

"역시 두 차장님은 자타공인 경기 하강기의 채권왕이십니다. 마치 마크 스피츠나지Mark Spitznage[3]를 보는 것 같습니다."

평소 표정 없기로 유명한 두 차장도 안 대리의 말에 기분이 좋습니다.

"3페이지에는 1~2쪽 요약본과 관련한 표가 수록되어 있어. 대략적인 추이를 볼 수 있어. 그리고 부록에는 세 가지 대분류 항목Job Openings, Hires,

---

2 비행기가 착륙 시 급강하하여 비상착륙을 하는 것과 같이, 신용여건 및 경제 활동이 급격하게 위축되어 심각한 경기침체로 이어지는 것을 의미한다. 반면 연착륙(Soft Landing)은 과열된 경기를 점진적으로 진정시키면서, 경기침체의 최소화 또는 아예 없이 인플레이션을 안정시키고 성장 동력을 유지하는 현상을 의미한다.

3 미국 마이애미 소재 헤지펀드 운용사 Universa Investments CEO. 니콜라스 탈레브의 블랙스완 전략을 추종하는 대표적인 비관론자로서, 2020년 1분기 팬데믹 당시 약 4,144%의 수익률을 시현하였다(출처: https://finance.yahoo.com/news/mark-spitznagel-univesa-cio-on-risk-mitigation-204157461. html).

그림 4-6 실업자 1인당 채용공고 수 비율 추이(2010년 1월~2023년 2월)

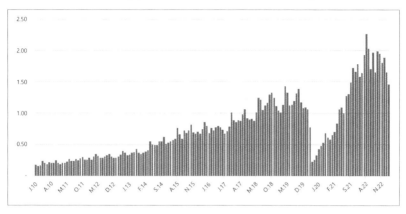

원본(채용공고 당 실업자 수 비율)의 역수로 변환 후 자료　　　　　(출처) 미 노동부, 세인트루이스 연은 (FRED)

.Separations 상세내역의 추이를 볼 수 있는 표가 첨부되어 있고 말이야. 오늘은 여기까지만 이야기하지만, 꼭 부록에 있는 표도 같이 보면서 분석해보라고."

"네, 차장님. 그런데 마지막 질문 하나만 하겠습니다. 그런데 발표 직후에 왜 달러 인덱스는 하락했을까요? 시장참여자들이 경기침체에 대한 우려가 높아지면 안전자산인 달러는 올라야 하지 않나요?"

"이론상으로는 안 대리 말이 맞아. 그런데 지난 일요일(2023년 4월 3일) 사우디와 러시아가 주도하는 OPEC+가 최대 일일 116만 배럴을 감산하기로 하면서 원유 가격이 올랐잖아. 원유 가격이 상승하면 달러 가치는 하락하는 모습을 보이지. 왜냐하면 현재까지는 원유 결제는 100% 달러로 하게 되어 있는데(이것을 '페트로 달러'라고 함), 두 개의 매개가 서로 교환 수단이니까 둘의 관계는 보통 역의 관계를 가지게 돼. 여기에 요즘

그림 4-7 보도자료 중 Page 3(2023년 4월 4일)

Table A. Job openings, hires, and total separations by industry, seasonally adjusted									
Category	Job openings			Hires			Total separations		
	Feb. 2022	Jan. 2023	Feb. 2023ᵖ	Feb. 2022	Jan. 2023	Feb. 2023ᵖ	Feb. 2022	Jan. 2023	Feb. 2023ᵖ
LEVELS BY INDUSTRY (in thousands)									
Total...................................	11,601	10,563	9,931	6,800	6,327	6,163	6,071	5,900	5,820
Total private..........................	10,516	9,536	8,937	6,384	5,917	5,772	5,678	5,557	5,485
Mining and logging...............	33	36	35	21	26	26	17	22	26
Construction.......................	421	283	412	418	387	369	327	356	349
Manufacturing.....................	826	732	694	504	420	422	455	406	415
Durable goods..................	511	462	475	276	219	222	250	217	216
Nondurable goods..............	315	270	219	228	201	200	206	189	199
Trade, transportation, and utilities...........	1,903	1,837	1,627	1,407	1,335	1,266	1,275	1,300	1,254
Wholesale trade................	338	304	310	182	179	198	153	167	189
Retail trade.....................	1,008	901	829	865	798	738	852	768	744
Transportation, warehousing, and utilities.	557	633	488	361	358	331	270	365	320
Information........................	255	138	147	86	85	99	65	104	113
Financial activities...............	501	451	476	252	214	195	200	208	183
Finance and insurance..........	354	337	350	172	124	104	143	124	105
Real estate and rental and leasing.......	147	114	127	79	90	91	57	84	78
Professional and business services........	2,255	2,101	1,823	1,386	1,158	1,122	1,242	1,129	1,063
Education and health services..............	2,171	2,012	1,862	879	902	879	788	768	803
Educational services............	189	178	178	111	99	104	101	75	96
Health care and social assistance......	1,982	1,834	1,684	767	803	775	687	693	706
Leisure and hospitality.............	1,743	1,588	1,501	1,187	1,182	1,180	1,108	1,061	1,107
Arts, entertainment, and recreation.......	200	188	226	162	161	192	134	141	153
Accommodation and food services......	1,543	1,400	1,275	1,025	1,021	987	974	920	954
Other services....................	408	359	360	245	210	215	200	202	174
Government........................	1,084	1,027	995	416	410	391	393	343	334
Federal..........................	167	169	138	44	40	48	41	35	39
State and local..................	917	858	857	372	370	343	352	309	295
State and local education........	354	323	322	183	198	174	184	158	149

(출처) 미 노동부

중국이 사우디하고 무진장 친하잖아. 사우디가 자국 생산분을 중국에 판매하면서 위안화로 결제하기로 하면서 페트로 달러 체계를 위협하고 있는 것도, 달러 가치 하락에 영향을 줄 수 있어.

중요한 것은 'A가 일어나면 무조건 B가 일어날 것이다'라고 해석하는 게 아니라, 여러 요인을 분석해가면서 금융 상품의 방향성을 예측하는 훈련을 길러야 해."

"넵, 알겠습니다. 감사합니다."

ADP 고용 현황

2023년 4월 5일(수)

ADP change in U.S. private employment 실제 145K, 예상 210K, 전월 261K

"지점장님, 미 고용지표가 예상치보다 안 나왔습니다."

런던 시각 오후 1시 15분(한국 시각 밤 9시 15분). 런던지점 해외채권 선임 매니저인 찰리는 매월 초마다 외부 점심 약속은 생략합니다. 점심 직후 발표하는 미국 지표들을 점검하고, 주로 미국 회사채를 매입하는 역할을 맡고 있기 때문입니다.

"찰리, Is employment indicator gonna be released this Friday, isn't it(고용지표 모레 발표 아냐)?"

"맞습니다. 그런데 오늘은 ADP Automatic Data Process사에서 발표하는 민간 고용자 순증감 지표입니다."

"에이, 찰리, that is not as important as nonfarm payroll(그거 비농업 고용자 순증감 지표만큼 안 중요해)."

초등학교 때 영국으로 이민 온 찰리를 위해 런던지점장은 되도록 영어를 사용하려 하지만, 찰리는 오히려 한국말을 더 유창하게 하는 보기 드문 스타일인지라 한국말로 대답합니다.

"그런데 예상치보다 훨씬 덜 나와서 금융시장 변동성이 커집니다."

"얼레? Let me see."

그림 4-8 미 2년, 10년 국채 금리 일중 변동(2023년 4월 5일)

미 2년 국채 금리: 흰색 실선(우측 축, %), 미 10년 국채 금리: 파란색 점선(좌측 축, %)　(출처) Bloomberg

그림 4-9 S&P 500, 달러 인덱스 일중 변동(2023년 4월 5일)

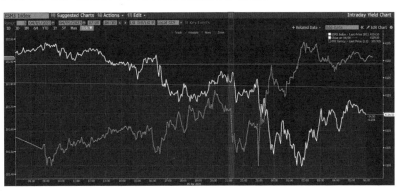

S&P 500 선물: 흰색 실선(우측 축), 달러 인덱스: 파란색 점선(좌측 축)　(출처) Bloomberg

"찰리, how about credit spread? It is likely that credit spread must be widening due to economic indicators'consecutive drop this week(크레디트 스프레드는 어때? 이번 주 경제지표가 연속으로 떨어져서 벌어졌을 거 같은데)?"

"체크해보겠습니다."

"지점장님, 지난 3월 중순 미국의 지역 은행 파산 위험과 크레디트스위스 위기에 고점(3.15일 164bp)을 찍은 후, 투자등급Investment Grade, IG 채권 스프레드는 하락 추이에 있습니다. 다만, 이번 주에는 2bp 확대된

그림 4-10 크레디트 스프레드 추이(2023년 1월~2023년 4월)

[단위: bp(=0.01%)]

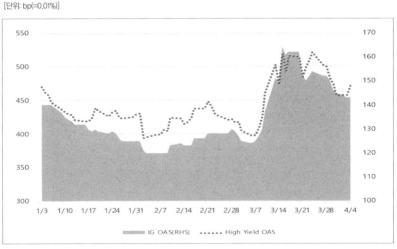

(출처) ICE, 세인트루이스 연은

IG OAS: ICE BofA US Corporate Index Option-Adjusted Spread, %, 일별 계산, 계절 비조정
High Yield OAS: ICE BofA US High Yield Index Option-Adjusted Spread, %, 일별 계산, 계절 비조정

145bp 수준입니다."

"그래, 신 부장이 작년 해외 지점장들에게 강의할 때 ADP 지표는 노동부 발표 고용지표 대비 그 중요성이 떨어진다고 했어. 혹시 신 부장하고 통화가 가능하면 물어봐야겠네."

런던지점장은 텔레그램을 통해 신 부장에게 문자를 보냅니다.

'안녕하세요, 신 부장님. 방금 발표한 ADP 민간 고용 순증감과 관련해서 몇 가지 문의사항이 있는데, 혹시 20분만 문자로 가능하실런지요?'

신 부장이 타이핑 중입니다.

'안녕하세요, 지점장님, 저도 지표 봤습니다. 원래는 금요일 고용지표의 참고용으로 보는데, 예상치를 크게 밑도니까 인플레이션의 마지막 고리인 고용시장의 변화에 대해서 주목하는 것 같습니다.'

'그러게 말입니다. 그런데 ADP의 민간고용 순증감 지표와 노동부의 Nonfarm payroll 간에는 어떤 차이가 있기에 노동부의 고용지표가 더 중요하다고 말하는 것인지요?'

'제가 지금 바깥인데, 아무래도 타자가 길어질 거 같아서 집에서 제대로 대화를 나누심이 어떠실지요?'

'아, 죄송합니다. 그렇게 해주시면 감사하겠습니다.'

15분 후 런던지점장 앞으로 신 부장이 인트라넷 회의방을 오픈하고 초대 메일을 전송합니다. 런던지점장이 접속에 성공합니다.

"신 부장님, 죄송합니다. 즐거운 저녁 보내고 계실 텐데 말이죠."

"아닙니다. 저희 장대성 본부장님하고 저녁 중이었습니다. 그분 술 안 드시잖아요. 금방 끝났습니다. 아, 아까 두 지표 간 차이에 대해서 말씀주셨죠? 우선 ADP는 정부기관이 아니죠. 이 회사는 원래 클라우드를 기반으로 한, 인적자원관리 솔루션을 제공하는 기업입니다. 나스닥에 상장되어 있구요. 이 고용지표를 발표하는 기관은 ADP 산하 ADP Research Institute입니다. 지표는 스탠포드 대학 부설 연구원인 Stanford Digital Economy Lab과 함께 산출합니다.

정부 공식 발표가 아니니 데이터에 대한 시장 신뢰, 그리고 금융당국의 의존도가 낮게 되어, 발표 직후 금융시장에 미치는 영향은 작습니다. 오늘 상황은 좀 예외로 보이고요. 그러나 이 지표는 노동부 발표 고용지표보다 일반적으로 이틀 먼저 발표하는 선행지표의 역할을 한다는 점에서 주목할 필요가 있죠."

"그러면 두 지표 간 조사 방법의 차이를 말씀해주시겠습니까?"

신 부장이 표 하나를 캡처해서 회의방에 업로드합니다.

표 4-1 ADP Employment vs Nonfarm Payroll 비교

구분	ADP Employment	Nonfarm Payroll
자료 출처	Members'payroll data	BLS(Bureau of Labor Stat.)
자료 범위	민간 비농업 기업	민간 비농업, 정부기관, 자영업
업데이트 주기	Weekly	Monthly, including the 12th of the month

"표에서 데이터 출처가 ADP는 기업들의 급여 자료를 기반으로 합니다. 반면에 Nonfarm payroll은 정부기관인 노동통계국에서 서베이한

자료를 기반으로 지표를 산출합니다. ADP는 민간 비농업 기업에만 한정하여 지표를 산출하고 있습니다. 반면에 Nonfarm payroll은 정부 고용이 포함되어 있지요. 한편 급여 데이터의 주기를 보면 ADP가 일주일 단위의 데이터를 수집, 활용하는 데 반하여, 노동통계국은 월별 데이터, 특히 매월 12일이 포함된 기간의 데이터를 활용하여 Nonfarm payroll을 발표합니다. 참고로 미국은 우리나라처럼 정규직이라는 개념이 없고 다 계약직인 데다가 월급 주기도 일, 주, 월 등 다양합니다.

종합해보면 ADP Employment는 공식 비농업 고용 순증감 지표 발표 2일 전에 나오는 '따끈따끈'한 지표로써, 일종의 선행지표 역할을 합니다. 실제로 둘 간에는 높은 상관관계를 가지고 있습니다. 그러나 민간기업 발표 자료라는 한계와 데이터의 범위의 한계 때문에 노동부의 고용지표 발표자료와 괴리를 보이는 경우도 종종 있으며, 그 신뢰성 측면

그림 4-11 ADP Employment vs Nonfarm Payroll 추이(2021년 1월~2023년 3월)

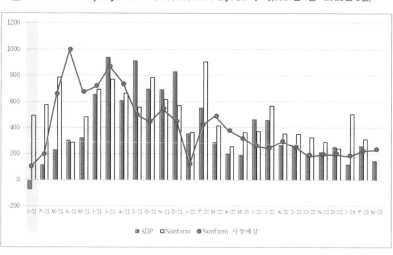

(출처) ADP, 미 노동통계국, 블룸버그

에서 떨어집니다.

　제가 두 지표의 추이 및 괴리, 그리고 시장 예상 대비 방향성에 대한
표를 하나 올리겠습니다. 참고해주십시오.

　[그림 4-12]에서 제가 왼쪽 맨 끝, 음영 처리한 부분이 두 지표 간의
괴리가 벌어진 대표적인 예입니다. 당시 2021년 1월 ADP가 전월 대비
감소한 것으로 나타나자 Nonfarm payroll 역시 부진할 것이라고 예상
했었습니다(회색 동그라미). 그런데 실제 지표는 예상보다 훨씬 잘 나왔죠.
마찬가지로 2개월 후, 3월 ADP가 예상(550K)의 반토막(229K) 이상 낮게
나오니, Nonfarm도 잘 안 나올 거라고 생각했는데, 실제 784K가 나와
예상치(660K)보다 잘 나온 거죠.

　ADP를 근거로 Nonfarm payroll를 추정해서는 안 된다는 것을 보여
주는 예입니다.

**그림 4-12 ADP Employment vs Nonfarm payroll 시장 예상 대비 (+)/(−) (2021년 1
월~2023년 2월)**

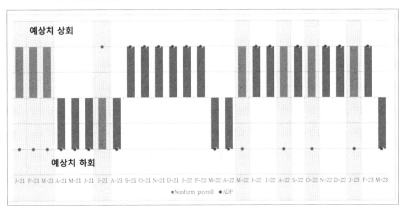

예상치 상회: 1, 하회: −1, 부합: 0　　　　　　　　　　　　(출처) ADP, 미 노동통계국, 블룸버그

시장 예상치와 실제치를 비교한 그래프인데요. 음영 부분은 예상치를 상회한 지표와 하회한 지표가 공존하는 시기입니다."

"That was so crazy(미쳤군요)~ It is so unbelievable(믿을 수가 없군요)!"

"앗, 찰리?"

찰리의 영어 감탄사에 런던지점장이 뒤를 돌아봅니다.

"하하, 그래서 저는 이번 고용지표가 컨센서스 중간값(235K)보다 잘 나올 거 같다는 직감적 직감을 가지고 있습니다. 다만, 지난 월요일 ISM 제조업 PMI 중 고용 PMI 수치가 매우 낮았고, 다음 날 2월 채용공고 수치 역시 급감(990만)한 모습을 보였습니다. 이를 토대로 합리적인 추론을 하자면, 오늘 ADP 고용지표는 고용시장이 본격적으로 식고 있다는 증거가 아닐까 생각을 합니다."

"그러게 말입니다. ADP 수석 이코노미스트가 발표 후 코멘트에서 '(오늘 고용지표 결과는) 경기가 둔화하고 있다는 여러 가지 징후 중 하나이다'라고 말한 부분이 인상적이네요."

런던지점장이 그녀의 코멘트를 캡처하여 회의방에 올립니다.

"부장님, 혹시 오늘 보도자료에서 왜 떨어졌는지 간단히 분석해주실 수 있으신지요?"

"물론이죠."

찰리의 요청에 신 부장은 흔쾌히 대답합니다.

"발표 보도자료는 순고용 증감 및 임금 증가율에 대한 분석으로 구성되어 있습니다.

그림 4-13 ADP Employment 결과 발표 중

Private employers added 145,000 jobs in March

- The job market is beginning to find its balance as consumer demand ebbs and the cost of borrowing goes up.

View press release

"Our March payroll data is one of several signals that the economy is slowing. Employers are pulling back from a year of strong hiring and pay growth, after a three-month plateau, is inching down."

Nela Richardson
Chief Economist, ADP

(출처) https://adpemploymentreport.com/

간단히 업종별 증감을 보면, 상품 분야에서는 제조, 서비스업 분야에서는 금융 서비스, 비즈니스 서비스 분야, 즉 고학력 스펙 중심으로 하락한 모습을 보이고 있네요. 비용 절감을 위해서겠죠.

그리고 임금에서는 직장을 유지하는 피고용인의 임금이 전년 대비 6.9% 상승하여 지난 달 7.2%보다 떨어졌다고 나오네요. 직장을 옮긴 피고용인의 임금은 전년 대비 14.2% 상승하였네요(전월 14.4% YoY)."

그림 4–14 보도자료 중(2023년 4월 5일)

<u>**JOBS REPORT**</u>

Private employers added 145,000 jobs in March
The job market is beginning to find its balance as consumer demand ebbs and the cost of borrowing goes up.

<u>Change in U.S. Private Employment:</u>	**145,000**
Change by Industry Sector	
• **Goods-producing:**	**70,000**
○ Natural resources/mining	47,000
○ Construction	53,000
○ Manufacturing	-30,000
• **Service-providing:**	**75,000**
○ Trade/transportation/utilities	56,000
○ Information	-7,000
○ Financial activities	-51,000
○ Professional/business services	-46,000
○ Education/health services	17,000
○ Leisure/hospitality	98,000
○ Other services	8,000
Change by U.S. Regions	
• **Northeast:**	**141,000**
○ New England	41,000
○ Middle Atlantic	100,000
• **Midwest:**	**132,000**
○ East North Central	84,000
○ West North Central	48,000
• **South:**	**-228,000**
○ South Atlantic	-60,000
○ East South Central	-87,000
○ West South Central	-81,000
• **West:**	**95,000**
○ Mountain	-5,000
○ Pacific	100,000
Change by Establishment Size	
• **Small establishments:**	**101,000**
○ 1-19 employees	38,000
○ 20-49 employees	63,000
• **Medium establishments:**	**33,000**
○ 50-249 employees	75,000
○ 250-499 employees	-42,000
• **Large establishments:**	**10,000**
○ 500+ employees	10,000

(출처) ADP

https://adp-ri-nrip-static.adp.com/artifacts/us_ner/20230405/ADP_NATIONAL_EMPLOYMENT_REPORT_Press_Release_2023_03%20FINAL.pdf?_ga=2,240877003,915575158,1680846372-595384937,1677972253

그림 4-15 보도자료 중(2023년 4월 5일)

PAY INSIGHTS

Pay gains fell faster in March
Pay growth decelerated for both job stayers and job changers. For job stayers, year-over-year gains fell to 6.9 percent from 7.2 percent in February. Pay growth for job changers was 14.2 percent, down from 14.4 percent.

Median Change in Annual Pay (*ADP matched person sample*)
- Job-Stayers   6.9%
- Job-Changers   14.2%

Median Change in Annual Pay for Job-Stayers by Industry Sector
- Goods-producing:
  - Natural resources/mining   7.3%
  - Construction   7.0%
  - Manufacturing   6.5%

- Service-providing:
  - Trade/transportation/utilities   7.0%
  - Information   6.3%
  - Financial activities   6.8%
  - Professional/business services   6.4%
  - Education/health services   7.2%
  - Leisure/hospitality   9.6%
  - Other services   6.6%

(출처) ADP https://adp-ri-nrip-static.adp.com/artifacts/us_ner/20230405/ADP_NATIONAL_EMPLOYMENT_REPORT_ Press_Release_2023_03%20FINAL.pdf?_ga=2,240877003,915575158,1680846372-595384937,1677972253

"어후, 한국은 임금 상승률이 정규직 기준으로 2%도 안 되는데, 여기는 6.9%면 행복할 거 같은데요?"

런던지점장의 푸념입니다. 사실 그는 파운드 가치 폭락으로 원화로 환전 시 월급이 줄어든 상황입니다.

"부장님, 그러면 ADP 고용지표가 금융시장에 미치는 영향은 아까 말씀 주신대로 노동부가 발표하는 고용지표와의 방법론 차이 등으로 말미암아 미미하다는 말씀이지요?"

"그렇습니다. 한 가지 장점은 공식 고용지표 발표 2일 전에 나오는 거라 때로는 선행지표의 역할을 하기도 합니다. 오늘처럼 예상치를 크게 벗어날 경우에는 금융시장에 의미 있는 영향을 주기도 합니다. ADP 사의 발표자료 첫 페이지 왼쪽 상단의 자사 로고를 보시면 'Always Designing for People'이라고 적혀 있죠? 오늘은 적어도 그런 역할을 한 것 같습니다. 그러나 ADP 발표 전후로 매매를 서두르는 것은 자칫 큰 손실로 이어질 수 있다는 것을 명심하십시오. 둘 간의 지표상 괴리가 생각보다 큽니다."

"고생하셨습니다, 신 부장님. 푹 쉬십시오. 제가 6월에 건강검진 차 한국에 들어가는 데 한번 모시겠습니다."

"감사합니다. 그런데 제가 참고로 통풍이 심해서 술을 잘못합니다. 그나마 먹는 술이 조니워커 블루?"

실업급여 청구건수

2023년 4월 6일(목)

밤 8시 30분, 신 부장과 김승리 주임이 저녁식사를 마치고 사무실로 복귀합니다. 금주 모든 지표가 부진합니다. 비록 내일 미 노동부가 발표하는 고용지표 발표를 앞두고 있지만, 오늘 발표하는 최초 실업급여 청구건수마저 부진하다면 연준이 통화 긴축을 통해서 이루고자 했던 실물 경기 둔화[4]의 끝을 보게 될 것입니다.

"부장님예, 오늘 실업급여 청구건수가 발표되지 않습니꺼? 이 지표가 고용 상황을 알아보는 선행지표로 역할을 하고 있다는 사실은 잘 알고 있습니더. 그라믄 와 이 지표는 다른 지표와 달리 매주 목요일마다 퍼뜩 퍼뜩 발표되는 깁니꺼?"

"먼저 이 지표가 어떻게 수집되는지 설명하기 전에, 실업급여 청구건수 주요 지표들을 좀 알 필요가 있어."

신 부장은 A4 용지에 2개의 지표를 적습니다.

---

4 H.O.P.E.: Housing(주택) → Order(신규주문) → Profit(기업이익) → Employment(고용) 순으로 경기둔화 영향을 미친다(리서치 회사 파이프 샌들러). (출처) 한국경제신문, 김현석의 월스트리트 나우(2023년 4월 7일)

1) 신규 실업급여 청구(Initial Claims)

2) 계속 실업급여 청구(Continued Claims)

"금융시장에 가장 민감하게 반응하는 지표는 Initial Claims야. 왜냐하면 갑작스러운 해고 등으로 일자리를 잃으면, 그들이 가입한 실업급여 보험의 혜택을 볼 수가 있으니까 그걸 우선 신청함으로써 생계를 이어 나갈 수 있으니까 말이야. 각 주 정부가 신규 실업급여 청구건수를 매주 일요일에서 토요일까지의 자료를 미 노동부에 전달하면 노동부는 다음 주 목요일 오전에 발표하게 되지.

미국의 실업보험 프로그램에 따라 실업급여 청구를 하게 되면 최초 청구일로부터 최장 26주 동안 실업급여의 혜택을 누릴 수가 있어. 그러니까 지속적으로 실업급여를 받고 있는 건수를 통해서, 당시의 취업 상황을 파악할 수 있지. 그런데 김 주임은 언제 입행을 했어?"

"마 2018년에 입행했다 아인교?"

"그때는 취업하기에는 그닥 어려울 때는 아니겠네?"

"아입니더, 그때 저희 가이스트 졸업생 3명 중 2명이 취업이 안 돼서 다 대학원으로 갔다 아입니꺼? 진짜 어렵습니더."

"맞아, 미국은 정규직이라는 개념이 없잖아. 회사 안 좋아지면 해고를 많이 하지. 그리고 회사 실적 전망이 좋아지면 채용을 늘리고 말이야. 그러한 취업 사이클을 파악하는 데에는 계속 실업급여 청구건수를 보면 도움이 될 거야.

자, 지금 내가 보여주는 그래프는 두 지표의 흐름, 그리고 경기침체의 기준선인 신규 실업급여 청구건수 40만 건 기준을 보여주는 거야."

그림 4-16 실업급여 추이(2000년 1월~2023년 3월 24일)

[단위: 1,000건]

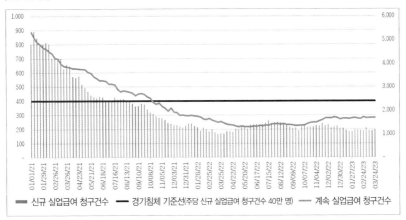

(출처) 미 노동부, Bloomberg

"두 지표는 모두 계절 조정 전후 데이터를 발표하고 있어. 계절 요인 조정은 노동부 산하 기관인 Labor's Employment and Training Adminstration[ETA]에서 담당하고 있어."

"마, 대학교 때 통계 수업 때, '이 지표는 계절조정을 거쳤다. 안 거쳤다. 뭐 이렇게 말하는데, 도대체 계절조정이라는 게 뭡니꺼?"

연간 지표는 계절적 요인을 탑니다. 예를 들어 아이스크림은 주로 여름에 집중적으로 팔리는 경향이 있고, 패딩은 겨울에 주로 팔립니다. 금융시장에서 시장참여자들이 주목하고 있는 경제지표의 종류는 1) 시장 예측치 대비 실제 수치와 2) 전월 대비 변화율입니다. 그런데 전월 대비 변화율이 의미 있는 분석 대상이 되기 위해서는 비교하려는 대상의 조건이 동일해야 합니다. 동일한 조건을 맞추기 위해서는 계절, 휴일 등의 상이한 요인들을 조정해야 합니다. 이것이 계절 조정입니다.

"이 실업급여 청구건수에 사용하는 계절조정 요인Factors은 크게 두 가지가 있어.

1) Multiplicative Seasonal Factor: 곱셈형 요인
2) Additive Seasonal Factor: 덧셈형 요인

둘 간의 차이는 곱셈형 요인은 시계열의 수준에 비례하는 반면, 덧셈형 요인은 시계열 수준에 영향을 받지 않음을 가정하고 있어. 만약 팬데믹과 같은 이벤트로 실업급여 청구건수가 늘어나는 상황이 발생하면, 곱셈형 요인을 적용한 계절조정 시 비례적으로 큰 계절효과가 발생을 해. 그래서 상대적으로 안정적인 시계열을 보이는 상황에서는 곱셈형을 선호하고 큰 이벤트로 인한 시계열 변동성이 커지게 되는 경우에는 덧셈형을 선호하게 돼요."

"그라믄 두 지표는 고용시장에서 어떤 의미를 갖게 되는교?"
"신규 실업급여 청구건수는 향후 비농업 신규 고용 증감 수, 실업률 등 월별 지표의 선행지표로 사용할 수 있어. 다만 신규 실업급여 청구건수는 기술적인 요인, 예를 들어 휴일 유무 등의 영향으로 편차가 커질 수가 있어. 따라서 4주간 평균치를 같이 보는 것이 좋아. 계속 실업급여 청구건수는 미국 경기의 현재를 파악하는 데 유용한 지표야. 현재 고용시장 상황이 좋은 지 안 좋은지 파악하는 스냅샷으로 사용하고 있어."

"마, 이번에 20만 건 넘을까요? 20만 건이 안 되는 게 넘 이상해서요."
"그러게 말이야. 이번 주에 각종 지표에서 확인한 고용 상황이 좋지는

않은데, 실업급여 청구건수가 잘 나오면, 고용시장을 논리적으로 설명하기 어려울 거야."

"마, 오늘 지표도 잘 나오면,

탄탄한 고용시장 ⇨ 임금 상승 높은 압력 유지 ⇨ 물가 상승 압력 유지

요런 패턴은 유지가 되겠네예."
"빙고!"

이야기를 나누는 동안 시간이 훌쩍 지나가서, 어느 덧 저녁 9시 30분입니다. 블룸버그 팝업창이 뜹니다.

신규 실업급여 청구건수 실제 228K, 예상 200K, 전주 246K
계속 실업급여 청구건수 실제 1,823K, 예상 1,700K, 전주 1,817K

"부장님, 이게 마 이상합니다. 숫자가 갑자기 올라뿌렸습더."
"노동부가 계절조정 요인을 변경했다고 발표했구먼. 2020년 팬데믹으로 인해서 2020년 3월부터 2021년 6월까지 계절 요인을 덧셈 방식으로 조정해왔는데, 이후 계절조정을 곱셈으로 바꿔서 소급 적용했다는 내용이네."

팬데믹 기간이 5년의 개정 기간 내에 유지되고 있지만, 실업급여 데이터 시리즈는 하이브리드 조정으로 처리가 될 것입니다. 2020년 3월부터

2021년 6월까지 기간을 포함한 팬데믹 중 가장 변동성이 큰 (경제) 기간은 수정되지 않을 것이며 덧셈 조정을 기반으로 한 계산법을 유지할 것입니다. 이 기간 이전, 또는 이후의 모든 데이터 시리즈는 곱셈 조정을 사용하여 조정됩니다. 일관성을 위해 이미 공표된 계절조정 요인은 내재적 곱셈 요인으로 변환된 덧셈 요인들을 이용한 곱셈 요인으로 표시되며 이는 수정 대상이 되지 않습니다(그림 4-17 및 그림 4-18 파란색 박스 참고)

"아, 그라믄 지금까지 그냥 덧셈 방식으로 계산해서 실제 고용 상황을 잘 반영을 못 했다 아입니꺼?"

"그렇지."

그림 4-17 계절 요인 변경 전후 신규 실업급여 청구건수 추이(2021년 7월~2023년 3월)

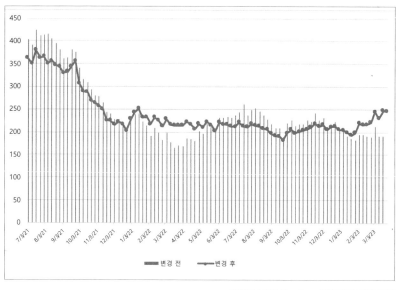

(출처) 미 노동부, Bloomberg, 세인트루이스 연은(FRED)

그림 4-18 보도자료 1page(2023년 4월 6일)

REVISION TO SEASONAL ADJUSTMENT FACTORS

Beginning with the Unemployment Insurance (UI) Weekly Claims News Release issued Thursday, April 6, 2023, the methodology used to seasonally adjust the national initial claims and continued claims reflects a change in the estimation of the models.

Seasonal adjustment factors can be either multiplicative or additive. A multiplicative seasonal effect is assumed to be proportional to the level of the series. A large increase in the level of the series will be accompanied by a proportionally large seasonal effect. In contrast, an additive seasonal effect is assumed to be unaffected by the level of the series. In times of relative economic stability, a multiplicative adjustment is generally preferred over an additive adjustment. However, in the presence of a large level shift in a time series, multiplicative seasonal adjustment factors can result in systematic over- or under-adjustment of the series. In such cases, additive seasonal adjustment factors are preferred since they tend to track seasonal fluctuations more accurately in the series and lead to smaller revisions.

Prior to the pandemic, the unemployment insurance claims series used multiplicative models to seasonally adjust the claims. Starting with March 2020, Bureau of Labor Statistics (BLS) staff, who provide the seasonal adjustment factors, specified both of the UI claims series as additive. After the large effects of the pandemic on the UI series lessened, the seasonal adjustment models were once again specified as multiplicative models. Statistical tests show that the UI series should, in normal times, be estimated using multiplicative adjustments.

While the pandemic period remains within the five-year revision period, the UI series will be treated as a hybrid adjustment. The most volatile economic period of the pandemic, including the period running from March 2020 to June 2021, was not revised and will continue to be based on additive adjustments. Before and after these periods, both series are adjusted using multiplicative adjustments. For consistency, the published seasonal factors are presented as multiplicative with additive factors converted to implicit multiplicative factors and will not be subject to revision.

Now that the pandemic impacts on the on the UI claims series are clearer, modifications have been made to the outlier sets in the seasonal adjustment models for both of the claims series. This led to larger than usual revisions during many weeks over the last 5 years, however, these changes should provide a more accurate picture of claims levels and patterns for both initial and continued claims.

For further questions on the seasonal adjustment methodology, please see the official release page for the UI claims seasonal adjustment factors or contact BLS directly through he Local Area Unemployment Statistics web contact form.

(출처) 미 노동부

"김 주임, 금융시장은 어떤가?"

"마, 처음에는 200K를 훌쩍 넘은 수치가 나오니까 화들짝 놀랐는지, 금리가 하락하다가 계절조정 변경으로 인한 상향 조정이라는 걸 알았는지 금리는 다시 오르기 시작합니다. 그라고 주식시장은 경기침체에 대한 우려가 커서 그런지, 지수선물이 빠지고 있습니다. 달러 인덱스는 상승하고 있습니다."

그림 4-19 미 국채 금리 일중 추이(2023년 4월 6일)

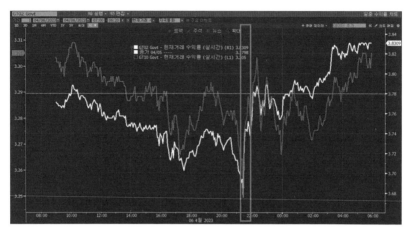

미 2년 국채 금리: 흰색 실선(우측 축, %), 미 10년 국채 금리: 파란색 점선(좌측 축, %)　　　　(출처) Bloomberg

그림 4-20 S&P 500 선물 및 달러 인덱스 일중 추이(2023년 4월 6일)

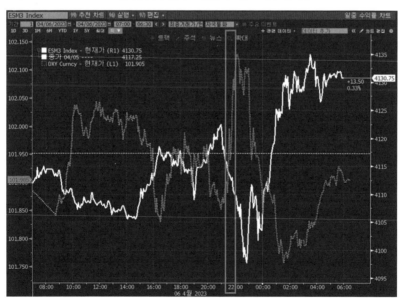

S&P 500 선물: 흰색 실선(우측 축), 달러 인덱스: 파란색 점선(좌측 축)　　　　(출처) Bloomberg

"실제로 실업급여 청구건수를 보면 신규의 경우에는 전주 대비 하락하는 모습, 계속 청구건수는 전주 대비 보합선을 유지했네. 결국 고용 상황은 절대수치는 높아졌지만, 아직 둔화라고 말하기에는 어려운 상황임이 분명해."

"그라믄, 여전히 고용시장이 견조해서 임금 압력은 있는 거고, 이 부분은 채권 금리에는 안 좋은 영향을 주지 않겠습니꺼? 주식시장도 봐 연준이 긴축할 수 있으니까 주가가 하락하고, 반면에 단기 금리와 정비례 관계에 있는 달러 인덱스는 상승하는 것 아입니꺼?"

"현재까지는 맞아. 그러면 오늘 보도자료 볼까?"

김 주임이 출력물 2부를 가져옵니다.

그림 4-21 보도자료 2-5page(2023년 4월 6일)

UNEMPLOYMENT INSURANCE DATA FOR REGULAR STATE PROGRAMS					
WEEK ENDING	**April 1**	**March 25**	**Change**	**March 18**	**Prior Year[1]**
Initial Claims (SA)	228,000	246,000	-18,000	247,000	214,000
Initial Claims (NSA)	206,931	224,193	-17,262	213,003	194,671
4-Wk Moving Average (SA)	237,750	242,000	-4,250	235,750	214,500
WEEK ENDING	**March 25**	**March 18**	**Change**	**March 11**	**Prior Year[1]**
Insured Unemployment (SA)	1,823,000	1,817,000	+6,000	1,804,000	1,633,000
Insured Unemployment (NSA)	1,845,171	1,877,310	-32,139	1,878,281	1,654,359
4-Wk Moving Average (SA)	1,804,000	1,793,500	+10,500	1,768,750	1,653,500
Insured Unemployment Rate (SA)[2]	1.3%	1.3%	0.0	1.2%	1.2%
Insured Unemployment Rate (NSA)[2]	1.3%	1.3%	0.0	1.3%	1.2%

INITIAL CLAIMS FILED IN FEDERAL PROGRAMS (UNADJUSTED)

WEEK ENDING	**March 25**	**March 18**	**Change**	**Prior Year[1]**
Federal Employees (UCFE)	390	372	+18	492
Newly Discharged Veterans (UCX)	328	305	+23	337

CONTINUED WEEKS CLAIMED FILED FOR UI BENEFITS IN ALL PROGRAMS (UNADJUSTED)

WEEK ENDING	**March 18**	**March 11**	**Change**	**Prior Year[1]**
Regular State	1,870,587	1,871,892	-1,305	1,672,711
Federal Employees	6,477	6,798	-321	8,875
Newly Discharged Veterans	4,237	3,952	+285	4,332
Extended Benefits[3]	1,727	1,474	+253	28,147
State Additional Benefits[4]	2,023	1,946	+77	1,906
STC / Workshare[5]	20,283	20,455	-172	12,382
TOTAL	1,905,334	1,906,517	-1,183	1,728,353

(출처) 미 노동부

"보도자료는 계절 요인 조정 전후의 실업급여 청구건수 추이를 보여준 후, 상세내역이 나와. 마지막으로 각 주별 데이터를 제공하지.

결국 절대수치는 높아졌지만, 추이는 오히려 전주 대비해서는 떨어졌고 대체로 큰 변화 없이 20만 건대를 유지하고 있어. 고용시장이 아직은 절대 식지 않았다는 것을 증명하는 거고. 그래서 채권 매입을 서두를 필요는 없겠다는 결론이 나오네. 내일 미 노동부가 발표하는 3월 고용지표 결과를 보고 국채를 좀 살지 말지 결정해보자고."

"마, 부장님?"

"어, 맥주 한잔할까?"

"아, 예 좋심더. 근데 내일 미국 부활절 휴일이라 주식시장은 열리지 않고, 채권시장 매매도 거의 읍을 거 같은데예."

노동부 발표 고용 현황: 비농업 순고용자 수 증감, 실업률, 참여율

2023년 4월 11일(화)

신 부장은 오늘 뉴욕, 런던 그리고 홍콩지점의 해외채권 운용역을 한 달 만에 만나는 자리를 갖게 됩니다. 지난 미팅 때에는 경기침체 지표에 대해서 설명했었는데, 해외지점의 반응이 뜨거웠다고 합니다. 실제 뉴욕 지점장은 이런 피드백을 쪽지로 남겼습니다.

'신 부장님, 우리 테드가 너무 좋았다고 하네요. 체감상 뉴욕 경기가 좋지 않았다고 생각했는데, 실제 뉴욕 연은이 제공하는 지표를 보니 어 떻게 채권 포트폴리오를 짜야 하는지 명확해졌다고 말하더군요. 이왕 시간 좀 투자하시는 거, 매월 두 번째 화요일에 해외지점 운용역들에게 지표 설명을 좀 해주세요.'

이렇게 시작하게 된 경제지표 모임입니다. 오늘 주제는 지난 금요일(4 월 7일) 미국 시각 아침에 발표한 미 노동부 주관 공식 고용지표와 관련 한 것입니다.

한국 시각 저녁 7시 30분(홍콩 시각 저녁 6시 30분, 런던 시각 오전 11시 30분, 그리고 뉴욕 시각 아침 6시 30분), 신 부장이 화상 회의방을 열자 모두 정시에 맞춰 입장을 합니다.

"안녕하세요, 오늘은 금융시장 영향도로 보았을 때, CPI와 더불어 가장 영향력이 높은, 미 노동부 발표 고용지표에 대해서 살펴보겠습니다."

테드가 마이크를 켜고 대화를 시도합니다.

"부장님, 지난 주 내내 고용과 관련한 지표가 안 좋아서 지난 금요일에 그 둔화가 방점을 찍고 통화정책 변화가 일어날 줄 알았습니다. 유 노우, 그런데 또 그 기대는 어긋났습니다."

"네, 맞습니다. 지난 목요일에 실업급여 청구건수 발표 때까지만 해도, 비록 전주 대비 감소하는(246K ⇨ 228K) 모습을 보이긴 했지만 계절조정 변경으로 인해서, 지지난 주 대비 약 5만 명이 증가한 것으로 나타났지요. 그래서 이번 금요일 결과도 둔화로 나타날 것이다. 이렇게 예상한 거죠. 시장 기대도 150~200K 정도로 낮게 봤고요.

그런데 저는 사실 지난 수요일에 발표한 ADP 민간 고용자 수 증감에서 예상치를 크게 하회(예상 145K, 실제 210K)하면서 '아, 공식 고용지표상 민간 고용자수 증가분이 예상치를 넘겠구나' 하는 비과학적인, 그러나 실증적인 경험을 토대로 예상은 했었습니다, 하하."

"어떻게 그걸 예상합니까? 두 지표 간 상관관계가 높지 않습니까? 당연히 저는 안 나올 거라 생각했는데…."

홍콩지점 마이클이 고개를 갸우뚱하며 대답합니다.

"지난주에 제가 런던지점장님과 찰리에게 보여준 그래프인데 참고로

그림 4-22 ADP Employment vs Nonfarm payroll 시장 예상 대비 (+)/(−) (2021년 1
월~2023년 2월)

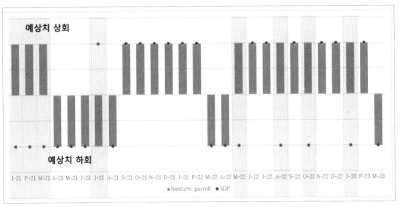

예상치 상회: 1, 하회: −1, 부합: 0 　　　　　　　　　　　　(출처) ADP, 미 노동통계국, 블룸버그

한번 보세요. 제가 업로드하겠습니다.

　시장 예상치와 실제치를 비교한 그래프인데요(그림 4-22). 음영 부분은
예상치를 상회한 지표와 하회한 지표가 공존하는 시기입니다."

"Hey, Charlie, why didn't you let us know such a precious
secret? Be shame on you(야, 찰리, 왜 우리한테 저런 귀한 비밀 안 알려줬어?
부끄러운 줄 알아라)!"

　테드가 흥분하며 찰리에게 쏘아붙입니다.

"What if the indicator would have been line with the market
expectation? I was so cautious of providing this information for
you guys by myself(만약 고용지표가 시장 기대대로 나왔으면 어땠을까? 나 나름
대로는 너네한테 정보 주는 거 매우 조심스러웠단 말이야)."

"워워, 어차피 다 부활절 휴일이어서 쉬었을 거 아냐. 그런 걸로 친구

끼리 의리 상하지 말자고. 오늘 내가 말하는 거 잘 들으면 앞으로 채권 운용하는 데 도움이 될 거야."

신 부장이 진정시킨 후 다시 강의 모드로 들어옵니다.
"노동부가 발표하는 고용지표는 크게 네 가지가 있습니다."
신 부장이 회의방에 있는 전자칠판을 이용하여 판서합니다.

1) 비농업 고용자 수 증감
2) 실업률
3) 참여율
4) 시간당 임금비용 증감률(전년 대비, 전월 대비)

"오늘은 물가와 직접적으로 관련 있는 시간당 임금비용을 제외한 1)~3)에 대해서 설명드리겠습니다. 우선 방법론을 먼저 말씀드릴게요. 고용지표의 근간이 되는 2개의 서베이가 있습니다. 이는 다음과 같습니다.

1) the Current Population Survey(CPS: household survery)
2) the Current Employment Survey(CES: establishment survey)

노동부는 가구당 서베이와 기업 서베이를 통한 자료를 수집합니다. 우선 가구당 서베이를 대표하는 CPS는 약 6만 가구 대상으로 조사하게 되는데, 이를 통해서 나온 데이터가 노동력Labor Force, 고용Employment, 실업Unemployment입니다. 상세한 데이터는 Table A섹션에서 나오는데요. 지난

주 발표한 실업률, 그리고 참여율 내역이 나와 있습니다. 제가 올리겠습니다."

그림 4-23 성별 및 연령별 고용 상태(2023년 4월 7일)

Table A-1. Employment status of the civilian population by sex and age									
HOUSEHOLD DATA Table A-1. Employment status of the civilian population by sex and age [Numbers in thousands]									
	Not seasonally adjusted			Seasonally adjusted(1)					
Employment status, sex, and age	Mar. 2022	Feb. 2023	Mar. 2023	Mar. 2022	Nov. 2022	Dec. 2022	Jan. 2023	Feb. 2023	Mar. 2023
TOTAL									
Civilian noninstitutional population	263,444	266,112	266,272	263,444	264,708	264,844	265,962	266,112	266,272
Civilian labor force	164,274	166,178	166,783	164,301	164,527	164,966	165,832	166,251	166,731
Participation rate	62.4	62.4	62.6	62.4	62.2	62.3	62.4	62.5	62.6
Employed	158,106	159,713	160,741	158,328	158,527	159,244	160,138	160,315	160,892
Employment-population ratio	60.0	60.0	60.4	60.1	59.9	60.1	60.2	60.2	60.4
Unemployed	6,168	6,465	6,043	5,972	6,000	5,722	5,694	5,936	5,839
Unemployment rate	3.8	3.9	3.6	3.6	3.6	3.5	3.4	3.6	3.5
Not in labor force	99,170	99,934	99,489	99,144	100,181	99,878	100,130	99,861	99,541
Persons who currently want a job	5,502	4,987	4,646	5,752	5,528	5,176	5,314	5,103	4,925
Men, 16 years and over									
Civilian noninstitutional population	128,355	130,072	130,150	128,355	128,983	129,050	129,998	130,072	130,150
Civilian labor force	87,408	88,382	88,958	87,495	87,793	87,864	88,334	88,474	88,999
Participation rate	68.1	67.9	68.4	68.2	68.1	68.1	67.9	68.0	68.4
Employed	83,902	84,666	85,420	84,294	84,557	84,880	85,186	85,266	85,776
Employment-population ratio	65.4	65.1	65.6	65.7	65.6	65.8	65.5	65.6	65.9
Unemployed	3,506	3,717	3,538	3,201	3,236	2,984	3,147	3,208	3,223
Unemployment rate	4.0	4.2	4.0	3.7	3.7	3.4	3.6	3.6	3.6

(출처) 미 노동부(노동통계국)

"팬데믹 이후에 노동 참여율이 부진하다는 이야기를 많이 들었습니다. 지금 62.6%라는 의미는 무엇인지요?"

마이클이 질문하자, 신 부장은 참여율과 실업률의 수식을 전자칠판에 적습니다.

참여율=(전체 노동가능인구÷Civilian Non-institutional Population)×100(%)

• Civilian Non-institutional Population: 16세 이상 노동가능 인구. 단, 군인 제외

실업률=(실업자 수÷전체 노동가능인구)×100(%)

• 실업자 수: 적극적으로 직장을 구하고 있는, 실직 상태의 개인

・노동가능인구: 취업자 및 적극적으로 직장을 구하는 개인의 합

그리고 참여율 추이를 나타내는 그래프를 업로드합니다.

그림 4-24 참여율 추이(2013년 3월~2023년 3월)

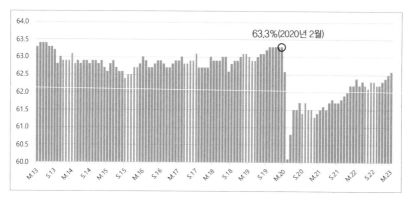

(출처) 세인트루이스 연은(FRED)

"사실 팬데믹 직전 참여율 63.3% 수준을 아직 회복하지 못했죠. 당연히 팬데믹 시기에는 병 옮을까 봐 바깥 활동을 자제했죠. 그런데 코로나 공포가 가시고 정상적인 경제 활동이 가능한 상황이 왔는데도, 직장에 복귀하려는 하지 않았죠.

팬데믹 때 연준과 연방정부가 엄청난 유동성을 공급하면서 개인의 가처분 소득이 증가했고, 주가가 급등을 하면서 부를 축적한 경우가 늘어났죠. 여기에 재택근무가 보편화되었죠. 그런데 2021년 하반기부터 기업들이 재택근무를 줄이려는 움직임이 늘어나면서 퇴사를 하고 재취업을 꺼리는 분위기가 형성되기도 하고요.

적극적으로 취업하려는 인구가 줄어든 것, 즉 참여율의 계산공식에서 분자가 줄어들면서 참여율 추이가 아직 팬데믹 이전 수준으로 돌아오지 못하고 있어요. 조금씩은 올라오고 있습니다만, 일손 부족으로 기업들은 채용 인력에게 지급할 임금을 높여서라도 데려오려고 하는 거고요. 사람이 소중하니까 해고하기 어려운 환경이 된 거죠. 그래서 실업률은 올라가지 못하고 있는 겁니다.

앞으로 참여율 증가를 통해서 구직하려는 인구가 늘어나면 자연스럽게 임금 압박이 둔화될 겁니다. 그리고 기업 실적 부진 등으로 구인 수요가 줄어들면 실업률도 증가할 가능성이 큽니다. 참여율의 증가 추이를 꼭 보시기 바랍니다.

실업률은 대표적인 후행지표입니다. 사실 실업률이 급격하게 높아지는 구간에서는 이미 침체기를 지났다고 보기도 합니다. 그러나 지금처럼 낮은 실업률이 높은 인플레이션 구간에 있을 경우에는 향후 1~2년 후 경기침체 예측력이 높다고 말합니다(Michael T. Kelly(2018, 2022[5]), Domash and Summers(2022)). 따라서 연준이 생각하는 경기둔화에서 침체로 빠지는 시점을, 설사 실업률이 정점을 찍기 전이라도 어느 정도 증가하는 추이를 보인다면 통화정책 변화를 예상할 수 있습니다. 단, 지금처럼 3%대 중반의 실질적인 자연실업률 수준에서는 통화정책의 변화는 기대하기 어렵습니다.

---

[5] Michael T. Kelly, 2022, Financial and Macroeconomic Indicators of Recession Risk(Fed Note), 낮은 레벨의 실업률과 높은 인플레이션 수준을 장·단기 금리 차 요인(Term Spread)과 함께 경기침체 모델에 대입하면 장·단기 금리 차의 설명력을 약화시키고 이들 설명력을 높인다고 주장한다.

그림 4-25 실업률 추이(2013년 3월~2023년 3월)

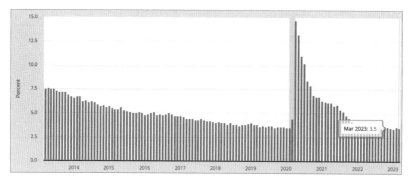

(출처) 세인트루이스 연은(FRED)

그리고 기업 서베이를 대표하는 CES는 약 66만 6,000개 개별 직장을 대표하는 12만 2,000개의 산업군 및 정부기관에 대한 조사를 하게 됩니다. 이 서베이의 자료는 매달 12일을 포함하는 주말까지를 포함하게 됩니다(CPS도 동일함). 참고로 이번 발표 분은 3월 18일(토)까지 포함한 자료입니다. 이를 통해서 비농업 고용 증감 및 시간당 임금 상승률을 발표하게 되는 것이지요. 이 내용은 Table B에 수록되어 있습니다.

그림 4-26 산업군별 비농업 고용자 증감 변화

Table B-1. Employees on nonfarm payrolls by industry sector and selected industry detail

ESTABLISHMENT DATA
Table B-1. Employees on nonfarm payrolls by industry sector and selected industry detail
[In thousands]

Industry	Not seasonally adjusted				Seasonally adjusted				Change from: Feb.2023 - Mar.2023(p)
	Mar. 2022	Jan. 2023	Feb. 2023(p)	Mar. 2023(p)	Mar. 2022	Jan. 2023	Feb. 2023(p)	Mar. 2023(p)	
Total nonfarm	150,411	152,839	153,997	154,517	151,424	155,007	155,333	155,569	236
Total private	128,085	130,515	131,256	131,686	129,351	132,557	132,823	133,012	189
Goods-producing	20,719	21,061	21,153	21,221	20,997	21,502	21,513	21,506	-7
Mining and logging	583	622	624	629	589	632	632	635	3
Logging	45.6	46.6	46.6	46.7	45.8	46.4	46.2	46.6	0.4
Mining, quarrying, and oil and gas extraction	537.5	575.2	577.1	582.1	543.4	585.4	586.2	588.0	1.8
Oil and gas extraction	112.1	116.7	116.6	116.8	112.6	117.5	117.4	117.5	0.1
Mining (except oil and gas)	176.5	180.9	182.4	183.3	180.7	186.7	187.7	187.5	-0.2
Coal mining	39.7	40.9	41.2	41.3	39.8	41.0	41.1	41.3	0.2
Metal ore mining	42.3	43.5	43.5	43.7	42.5	43.8	43.8	43.9	0.1
Nonmetallic mineral mining and quarrying	94.5	96.5	97.7	98.3	98.4	101.9	102.7	102.3	-0.4
Support activities for mining	248.9	277.6	278.1	282.0	250.1	281.2	281.1	283.0	1.9

(출처) 미 노동부(노동통계국)

그림 4-27 Nonfarm Payroll 추이(2021년 1월~2023년 3월)

(단위: 1,000명)

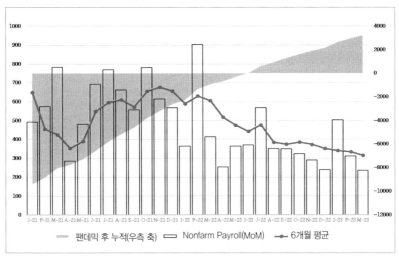

(출처) 미 노동부, Bloomberg

팬데믹 후 누적: 2020년 3월 이후 누적 - 연준에서 팬데믹 후 고용회복 여부를 관찰한 지표로 사용하였으며, 2022년 6월분 발표 시 팬데믹 이전 수준으로 회복함

마지막으로 이 지표는 매월 첫째 주 금요일 뉴욕시각 아침 8시 30분에 발표합니다. 또한 지난 주 발표한 3월 데이터와 전월인 2월 데이터는 예비치이고, 다음 달 수정을 거쳐 2개월 후 확정됩니다."

"6개월 평균 비농업 순고용자 수가 2021년 말 이후 감소 추이에 있는데, 어느 정도 되어야 연준이 만족스러워하는 수준이 될까요?"

찰리의 질문에 신 부장이 바로 대답합니다.

"기대하는 건 20만 건 밑으로 떨어지는 걸 수개월 동안 보고 싶어 할 거예요. 그러면서도 10만 건 이하의 급격한 둔화를 원하지는 않을 거고요."

"그러면 네 가지 지표 중 어떤 지표가 가장 금융시장에 미치는 영향이 큽니까?"

테드의 질문에 신 부장이 다소 난감한 표정을 짓습니다. 사실 어떤 지표에 비중을 두느냐는 그때그때 다르기 때문입니다.

"잘 아시겠지만, 저인플레이션하에 완전고용은 2% 장기 물가 유지와 더불어 연준의 2대 목표입니다. 완전고용을 나타내는 지표는 실업률입니다. 실제 연준이 3개월마다 발표하는 SEP^Summary of Economic Projection 에서도 물가, 실업률, GDP 예상치를 발표하죠. 만약 실업률이 현재보다 적어도 0.5%p 상승한다면 금융시장이 즉각적으로 반응할 것입니다.

그러나 실업률은 임금과 더불어 대표적인 후행지표입니다. 통화, 재정정책 등의 결과로 가장 늦게 나타나는 부분이 고용시장이기 때문입니다. 반면에 비농업 고용증감은 향후에 기업의 고용정책을 미리 알 수 있는 선행지표의 역할을 하고 있습니다. 따라서 시장 예상치 대비 실제 지표가 어느 정도로 나오는지에 따라 금융시장이 요동을 칩니다.

4월 7일 국채 시장은 미국 시각 오전에만 열렸는데요. 미 2년, 10년 국채 금리는 예상보다 강한 비농업 고용자 수 증가에 민감하게 반응하며 각각 전일 대비 15bp, 9bp 상승하였습니다.

작년부터 화두가 인플레이션이었기 때문에, 당연히 시간당 임금 상승률에 대해서 금융시장은 민감하게 반응합니다. 오늘은 고용에 대한 이야기만 할 것이므로 이 부분은 따로 저에게 문의해주시기 바랍니다.

고용시장이 뜨거워지면 당연히 채권시장에는 안 좋습니다. 현재 시점에서는 연준의 긴축 통화정책을 계속 이어나갈 수 있기 때문입니다. 금리는 상승하고 크레디트 스프레드는 확대될 가능성이 있습니다. 그러나

그림 4-28 미 국채 금리 일중 추이(2023년 4월 7일)

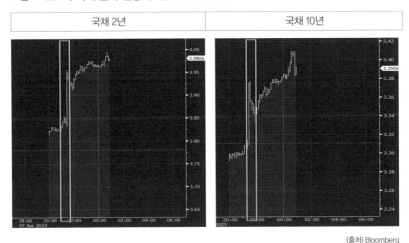

| 국채 2년 | 국채 10년 |

(출처) Bloomberg

경기가 바닥을 치고 고용시장이 회복하는 국면에서 지표가 예상을 상회하면, 채권 금리는 상승하지만 크레디트 스프레드는 축소할 것입니다.

주식시장 역시 지금은 고용시장이 적당히 식기를 원합니다. 그런데 오늘 예상치를 상회했으므로 주식시장이 오늘과 같이 하락하는 것입니다. 반면 회복 국면에서 오늘과 같이 나왔다면 주식시장은 엄청난 강세를 보였을 겁니다.

달러 인덱스는 긴축 모드 지속 우려로 강세를 보일 것입니다. 경기가 강해지는 회복 국면에서도 달러는 강세를 보일 가능성이 큽니다. 그러나 이는 상대적입니다. 회복 국면에서는 미국보다는 신흥국의 회복 속도가 빠릅니다. 그러면 달러는 약세를 보일 수 있지요.

이처럼 지금 현재 어떤 경제 상황이고, 금융당국에서 어떤 정책을 펼치고 있는지를 종합적으로 판단해서 금융시장에서의 투자 전략을 결정해야 합니다."

"그러면 지금 고용지표는 연준이 의도했던 대로 잘 나오고 있는 겁니까?"

마이클은 현재 연준이 의도대로 통화정책의 목표가 잘 달성된다고 생각한다면 곧 그들이 통화정책을 변경하여 완화적인 모드로 바꿀 수 있다고 보는 것 같습니다.

"물가가 일단 꺾였지만, 아직 절대레벨이 목표치인 연간 2% 상승보다는 훨씬 높고, 고용도 참여율이 팬데믹 수준까지는 올라가야 하며 실업률이 확 높아져야겠죠? 생각보다는 고용시장의 식는 속도가 좀 더딘 것 같습니다. 그러면 긴축을 당분간 이어나가겠죠?"

"그런데 그동안 부진했던 고용지표가 도대체 왜 잘 나온 겁니까? 그 이유를 좀 알고 싶습니다."

찰리의 질문에 신 부장은 보도자료 일부를 캡처해서 회의방에 올려놓습니다.

그림 4-29 보도자료 중 – 비농업 고용자 순증감 관련(2023년 4월 7일)

Establishment Survey Data

Total **nonfarm payroll employment** increased by 236,000 in March, compared with the average monthly gain of 334,000 over the prior 6 months. In March, employment continued to trend up in leisure and hospitality, government, professional and business services, and health care. (See table B-1.)

① **Leisure and hospitality** added 72,000 jobs in March, lower than the average monthly gain of 95,000 over the prior 6 months. Most of the job growth occurred in food services and drinking places, where employment rose by 50,000 in March. Employment in leisure and hospitality is below its pre-pandemic February 2020 level by 368,000, or 2.2 percent.

Government employment increased by 47,000 in March, the same as the average monthly gain over the prior 6 months. Overall, employment in government is below its February 2020 level by 314,000, or 1.4 percent.

③ Employment in **professional and business services** continued to trend up in March (+39,000), in line with the average monthly growth over the prior 6 months (+34,000). Within the industry, employment in professional, scientific, and technical services continued its upward trend in March (+26,000).

Over the month, **health care** added 34,000 jobs, lower than the average monthly gain of 54,000 over the prior 6 months. In March, job growth occurred in home health care services (+15,000) and hospitals (+11,000). Employment continued to trend up in nursing and residential care facilities (+8,000).

Employment in **social assistance** continued to trend up in March (+17,000), in line with the average monthly growth over the prior 6 months (+22,000).

In March, employment in **transportation and warehousing** changed little (+10,000). Couriers and messengers (+7,000) and air transportation (+6,000) added jobs, while warehousing and storage lost jobs (-12,000). Employment in transportation and warehousing has shown little net change in recent months.

Over the month, **health care** added 34,000 jobs, lower than the average monthly gain of 54,000 over the prior 6 months. In March, job growth occurred in home health care services (+15,000) and hospitals (+11,000). Employment continued to trend up in nursing and residential care facilities (+8,000).

Employment in **social assistance** continued to trend up in March (+17,000), in line with the average monthly growth over the prior 6 months (+22,000).

In March, employment in **transportation and warehousing** changed little (+10,000). Couriers and messengers (+7,000) and air transportation (+6,000) added jobs, while warehousing and storage lost jobs (-12,000). Employment in transportation and warehousing has shown little net change in recent months.

Employment in **retail trade** changed little in March (-15,000). Job losses in building material and garden equipment and supplies dealers (-9,000) and in furniture, home furnishings, electronics, and appliance retailers (-9,000) were partially offset by a job gain in department stores (+15,000). Retail trade employment is little changed on net over the year.

Employment showed little change over the month in other major industries, including **mining, quarrying, and oil and gas extraction; construction; manufacturing; wholesale trade; information; financial activities;** and **other services**.

(출처) 미 노동부(노동통계국)

⇨ 박스 ① 레저 및 호텔업은 3월 7만 2,000개 일자리가 증가했는데, 이는 지난 6개월 동안 월평균 증가량인 9만 5,000개보다는 낮은 수치입니다. 3월 일자리 증가의 대부분은 음식 서비스 및 주류 업장에서 5만 개가 증가한 데에 기인합니다. 레저 및 호텔업 고용 수준은 팬데믹 이전인 2020년 2월보다 36만 8,000명 또는 2.2% 낮습니다.

박스 ② 전문직 및 비즈니스 서비스 고용은 3월에도 증가세를 이어 갔습니다 (3만 9,000명 순고용). 이는 지난 6개월 월평균 증가(+3만 4,000명) 수준과 비슷합니다. 업종 내에서 전문직, 과학, 기술직 서비스는 순고용 상승 추이를 지속했습니다(2만 6,000명).
한 달 동안 헬스케어는 3만 4,000명 일자리가 늘어났는데, 이는 지난 6개월 평균 5만 4,000명보다는 낮습니다. 가정 헬스케어 서비스 1만 5,000명 증가, 병원 1만 1,000명이 증가하였습니다. 간호 및 주거 돌봄 시설에서의 고용 증가(8,000명)가 이어졌습니다.
사회복지 지원 고용이 1만 7,000명 증가하였는데, 이는 지난 6개월 평균 2만 2,000명 증가와 비슷한 수준입니다.

"특징을 보면, 여전히 서비스 업종 고용이 강세를 보이고 있네요. 다만, 그 증가분은 과거 대비 둔화되고 있음을 알 수 있어요. 지난 주 수요일에 발표한 ISM 서비스업 발표 내용 기억하시나요? 거기서 고용 쪽이 아직은 확장 기준인 50%를 상회하고 있지만, 전월 대비 둔화하고 있음을 보여줬어요(2월 54.0 ⇨ 3월 51.2). 제조업은 벌써 둔화되었고.

3월 고용지표가 3월 18일에 끝났다는 것도, 미국의 지역 은행발 위기 및 유동성 지원 이후 고용시장이 어떻게 변화하였는지 다음 달 지표를 기다려봅시다. 아무래도 지역 은행 쪽에서 정리해고가 좀 있지 않았을까 예상은 해봅니다. 그리고 어떻게 금융시장에 영향을 미칠 것인지 상상해봅시다."

테드가 질문합니다.

"5월 고용지표는 한국은 어린이날인 5월 5일에 발표하더라고요. 유노우, 그러면 조사 완료는 12일이 포함된 주 토요일까지니까 4월 16일(토)까지겠네요?"

"You are right!"

테드가 찰리에게 채팅으로 남깁니다.

"난 나의 소중한 지식을 공유했어. 앞으로 너도 그러길, 유 노우, 듀드?"

"알았어. 통화하자고."

한 지표 두 해석

2010년 8월 27일, 버냉키 당시 연준 의장은 잭슨홀 미팅에서 2008년 금융위기 이후 연준을 포함한 각국의 완화적인 통화정책에 대하여 긍정적인 평가를 하면서, 연준이 경기부양을 위해서 세 가지 추가 정책 옵션을 가지고 있다면서 다음과 같이 말합니다.[6]

1) 장기 채권(국채) 추가 매입
2) FOMC 소통방법 변화
3) 초과 지준율 인하

특히 1) 옵션, 추가 양적완화 실시를 시사하면서 채권시장은 이를 반영하여 금리가 하락하기 시작합니다. 당시 해외채권 운용역이었던 저는 그의 연설 직후부터 5년 이상 만기의 회사채를 적극적으로 매입하였습니다. 당연히 저는 채권 금리가 상당 폭 하락할 것이라고 믿었습니다.

---

[6] Chairman's speech, The Economic Outlook and Monetary Policy(2010. 8. 27)

장기 채권을 연준이 직접 매입을 한다는 것은 채권 매입 수요가 증가하기 때문에 당연히 그 가격이 상승(금리가 하락)하는 것을 의미하기 때문입니다. 그러나 그 해 11월 초, FOMC에서 2차 양적완화를 실시하겠다고 선언한 날부터 이상하게 채권 금리가 급등하기 시작합니다.

그림 C. 미 국채 10년 채권 금리 추이(2010년 8월~2011년 3월)

(단위: %)

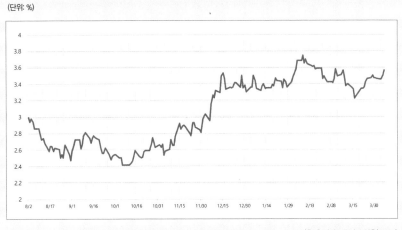

(출처) 세인트루이스 연은(FRED)

'왜 갑자기 금리가 치솟기 시작하지?' 저는 이해하기 힘들었습니다.

이때 시장에서는 몇 가지 해석이 나옵니다. 첫 번째 해석은 연준이 채권을 매입함으로써 시중에 돈이 풀리게 되고, 이는 향후 인플레이션이 상승할 수 있기 때문이라는 것입니다. 두 번째는 연준이 국채를 매입하게 되면, 나머지 투자자들은 이것을 팔고 위험자산으로 갈아탈 것이라는 경로 때문이라고 말합니다. 다른 한편에서는 그래도 도저히 이해할 수 없다는 의견으로 결국 국채 금리는 하향 조정될 것이라고 주장합니다.

'Bad News is Good News'라는 말이 있습니다. 2008년 금융위기, 2020년 팬데믹을 거치면서 우리는 그 어느 때보다도 중앙은행의 적극적인 개입을 보았습니다. 즉 경기가 안 좋을 것이라고 생각하면 그들이 개입할 것이기 때문에 원래는 침체 우려가 나올 만한 경기지표가 나오더라도 주가는 상승하고, 도리어 채권 금리도 같이 올라가는 현상을 자주 보게 됩니다. 예를 들어 고용지표가 둔화하는 모습을 보이면, 과거에는 경기침체 우려로 안전자산 선호현상이 심화되어 국채 금리는 하락하고 주가 역시 하락하게 됩니다. 반면에 달러 가치는 상승하게 됩니다. 그러나 이제는 연준이 긴축적인 통화정책이 막을 내리고 금리 인하로 피봇pivot하게 될 것이므로 금리는 하락하지만, 주가가 오히려 올라가고 달러 가치는 떨어지는 현상을 보고 있는 것입니다.

예를 들어보겠습니다.

"오늘 월스트리트에서는 금리 인하 소식이 주식시장을 상승시켰지만, 금리 인하로 인플레이션이 발생하리라는 예상이 나와 시장은 다시 하락했습니다. 그러나 금리 인하로 부진한 경기가 살아날 수 있다는 인식이 다시 시장을 상승시켰고, 이에 경제가 과열되어 금리를 더 높일 수도 있다는 우려가 제기돼 시장은 결국 하락했습니다(BobMankoff.com)[7]."

그야말로 '한 지표 두 해석'의 시대입니다. 특정한 지표 하나에만 과도하게 해석하여, 마치 공식에 대입하듯이 금융시장을 예측해서는 안 되는 시기입니다. 지표로 인하여 통화정책은 어떻게 변할 수 있으며, 다른

---

7 하워드 막스, 《투자와 마켓사이클의 법칙》, p 144(비즈니스북스)

경제 및 금융지표를 함께 고려하여 투자 전략을 세워야 합니다.

이제 1 더하기 1은 2라는 단 하나의 답을 기대하기 어려운 시대입니다. 저의 졸저를 통해서 조금이나마 미국의 경제지표에 대한 기초지식과 함께 이것을 어떻게 해석할지, 그리고 금융시장에는 어떤 영향을 미치는지 머릿속으로나마 경험하면서 독자 여러분의 투자에 조금이나마 이바지하고 싶은 생각뿐입니다.

20년 차 신 부장의 경제지표 이야기

초판 1쇄 발행 2023년 9월 8일
초판 2쇄 발행 2024년 10월 31일

지은이   신년기
펴낸이   임충진
편집   정은아
디자인   이창욱
펴낸곳   지음미디어
출판등록   제2017-000196호
전화   070-8098-6197
팩스   0504-070-6845
이메일   ziummedia7@naver.com
ISBN   979-11-980673-6-4 03320

값 22,000원